छायावाद : सौ साल बाद

[आलोचना]

छायावाद
सौ साल बाद

सम्पादन

पी. रवि

लोकभारती प्रकाशन

लोकभारती प्रकाशन
पहली मंजिल, दरबारी बिल्डिंग, महात्मा गांधी मार्ग
प्रयागराज-211 001

वेबसाइट : www.lokbhartiprakashan.com
ईमेल : info@lokbhartiprakashan.com

शाखाएँ : 1-बी, नेताजी सुभाष मार्ग, दरियागंज
नई दिल्ली-110 002
अशोक राजपथ, साइंस कॉलेज के सामने
पटना-800 006
1, अनमोल सोराबजी सन्तुक लेन, धोबी तलाव,
मरीन लाइंस, मुम्बई-400 002

पहला संस्करण : 2023

मूल्य : ₹595

विकास कम्प्यूटर एंड प्रिंटर्स
ट्रॉनिका सिटी-201 102
द्वारा मुद्रित

CHHAYAWAD : SAU SAL BAAD
Criticism (Edited) by P. Ravi

ISBN : 978-81-19133-76-5

भूमिका

छायावाद पर कई तरह के आरोप लगाए जाते थे। जैसे कि वह पलायनवाद है, यथार्थवादी नहीं, असामयिक है, उसमें अस्पष्टता या रहस्यवाद है आदि-आदि। विजयदेव नारायण साही छायावाद को पलायनवादी नहीं कहते हैं। उनके अनुसार छायावादी कवि यथार्थवादी हैं, उन्होंने यथार्थ का तिरस्कार नहीं किया। 'वस्तुतः प्रेमचन्द, प्रसाद और अन्य छायावादी कवि समान मनोभूमि पर स्थित हैं...वे यथार्थ का तिरस्कार नहीं करते। यथार्थ के प्रति उनकी एक दृष्टि है। वे यथार्थ को मूलतः अपरिभाषित, निर्माणातुर, अविरोधी, कच्ची और गीली मिट्टी की तरह देखते हैं, जिस पर आदर्श की कोई मुहर लगाई जा सकती है, जिसको किसी भी शक्ल या रूप रंगत में मोड़ा जा सकता है।' (लघुमानव के बहाने हिन्दी कविता पर एक बहस) नामवर सिंह भी इससे मिलते-जुलते शब्दों के जरिए छायावाद को असामयिक एवं पलायनवादी नहीं कहते हैं। उनके अनुसार छायावाद में 'राष्ट्रीय जागरण का पर्याप्त आभास मिलता है। धीरे-धीरे छायावाद का फलक विस्तृत हो गया। बीस वर्षों के इतिहास में छायावाद ने क्रमशः काफी रूप बदला। पैंतीस-छत्तीस तक आते-आते छायावाद वही नहीं रह गया, जो सोलह-अठारह में था।' (छायावाद) महादेवी वर्मा छायावाद पर लगाए गए रहस्यवाद का स्पष्टीकरण यों देती हैं। 'छायावाद ने कोई रूढ़िगत अध्यात्म या वर्गगत सिद्धान्तों का संचयन न देकर हमें केवल समष्टिगत चेतना और सूक्ष्मगत सौन्दर्य-सत्ता की ओर जागरूक कर दिया था, इसी से उसे यथार्थ रूप में ग्रहण करना हमारे लिए कठिन हो गया।' इस प्रकार छायावाद को सामयिक सिद्ध करने का प्रयास हुआ था। और आज उसके पुनःमूल्यांकन करते समय उसका विश्वबोध, सभ्यता विमर्श, प्रकृति-पारिस्थितिक चिन्तन, राष्ट्रीय जागरण तथा स्वाधीन-बोध—सब सामने आते हैं।

छायावाद का समय राजनीतिक-सामाजिक-आर्थिक दृष्टि से काल्पनिकता और रूमानियत का नहीं था, स्वतंत्रता आन्दोलन और नवजागरण का था। यह सच है कि इस सामाजिक यथार्थ से प्रारम्भिक दौर की छायावादी कविता तालमेल नहीं रखती है। रचना और आलोचना का प्राथमिक सरोकार मानव जीवन और समय से होता है। लेकिन काव्य-भाषा के रूप में खड़ीबोली को समृद्ध करना तत्कालीन चुनौती रही थी, जिसे नजरअन्दाज नहीं कर सकते थे। फिर भी आरम्भिक दौर में उसे असामयिक कहना अनुचित नहीं था। दुनिया और समाज को बेहतर बनाना या यों कहें कि बेहतर विश्व का निर्माण आलोचना का धर्म है, आलोचक का दायित्व है। जहाँ जीवन की समग्रता का सवाल उठता है, वहाँ भी प्राथमिकता पर ध्यान देना होगा। अपने समय और समाज से छायावादी कवि पलायन नहीं करना चाहते थे इसलिए वे जल्दी समय की माँग की पहचान करने लगें, और धीरे-धीरे नवजागरण और स्वतंत्रता आन्दोलन पर ही नहीं बल्कि मानव जीवन और सम्पूर्ण विश्व-प्रकृति पर मारक आघात करनेवाली आधुनिक सभ्यता तथा प्रभुवर्ग के सत्तामोह पर भी अपना ध्यान केन्द्रित करने लगें। यहाँ श्रद्धा अपने को सर्वेसर्वा मानते सत्ताधारी मनु से कहती है कि जनता को खुश करो और उसी खुशी में सन्तोष पाओ। कहीं इसे अभिव्यक्त करने के लिए छायावादी कवि इतिहास-पुराण का सहारा ले रहे थे, समाज को जगाने का प्रयास करते समय। एकात्म होते अन्याय और निरंकुश शक्ति की भीषणता, विश्वशक्ति से मुकाबला करने के लिए शक्ति की मौलिक कल्पना, तथा रणनीति की बातें तक वे करने लगें। इस समय गांधी, साम्राज्यवादी सत्ता के खिलाफ उनकी अहिंसात्मक लड़ाई, शक्ति की मौलिक कल्पना, आधुनिक सभ्यता के प्रति उनका आगाह और स्वतंत्रता आन्दोलन कवियों के सम्मुख अवश्य थे। यह मौलिक शक्ति जनशक्ति है, जनता की एकता है। इस सन्दर्भ में 'कामायनी' की इड़ा और जनता का एकजुट होना, 'राम की शक्तिपूजा' के राम के साथ नर-वानर सबका एकत्रित होना ध्यान देने योग्य है। इस तरह छायावादी कवि अपने ही इतिहास तथा परम्परा से सांस्कृतिक एवं नैतिक बल प्रदान करते रहें जिससे समाज आत्मसम्मान से भर उठे। छायावाद का प्रकृति चित्रण कहीं-कहीं आधुनिक पारिस्थितिक विमर्श की भी नींव डाल रहा था। आज के यांत्रिक बाजारी जीवन की हड़बड़ी में हम नवजागरण के उदार मानव प्रेम और रोमांस को भी खो गए हैं। प्रेम असल में जीवन रस है जिसके अभाव में जीवन सूखा, सूना

एवं यांत्रिक हो जाएगा। कहने का मतलब यह है कि छायावाद अपने समय में ही नहीं बल्कि आज़ भी प्रासंगिक है।

सौ बरस के बाद छायावाद का पुन:मूल्यांकन करना, उसकी प्रासंगिकता को रेखांकित करना तथा उसके अध्ययन-अध्यापन की आवश्यकता पर प्रकाश डालना इस पुस्तक का मकसद है। इस लक्ष्य की पूर्ति के लिए हिन्दी के मूर्धन्य आलोचकों ने सहयोग दिया है, जिनके प्रति मैं आभार प्रकट करता हूँ। रविभूषण जी ने इसके परिशिष्ट की सामग्रियाँ भी बटोरकर दी हैं, जिनके आगे मैं सिर झुकाता हूँ। सबसे अन्त में राजकमल प्रकाशन समूह के स्वामी के प्रति भी अपना आभार प्रकट करता हूँ, जिन्होंने इसका प्रकाशन किया है।

—पी. रवि

क्रम

प्रथम रश्मि

नामवर सिंह

छायावाद का आरम्भ सामान्यत: 1920 ई. के आसपास से माना जाता है। तत्कालीन पत्र-पत्रिकाओं से पता चलता है कि 1920 ई. तक 'छायावाद' संज्ञा का प्रचलन हो चुका था। मुकुटधर पांडेय ने 1920 ई. की जुलाई, सितम्बर, नवम्बर और दिसम्बर की 'श्रीशारदा' (जबलपुर) में 'हिन्दी में छायावाद' शीर्षक से चार निबन्धों की एक लेखमाला छपवाई थी। जब तक किसी प्राचीनतर सामग्री का पता नहीं चलता, इसी को छायावाद-सम्बन्धी सर्वप्रथम निबन्ध कहा जा सकता है। 'हिन्दी में उसका नितान्त अभाव देखकर' मुकुटधर जी ने 'इधर-उधर की कुछ टीका-टिप्पणी के सहारे' वह निबन्ध प्रस्तुत किया था। इससे स्पष्ट है कि उस निबन्ध से पहले भी छायावाद पर कुछ टीका-टिप्पणियाँ हो चुकी थीं।

लेखमाला के प्रथम निबन्ध 'कवि-स्वातंत्र्य' में मुकुटधर जी ने रीति-ग्रंथों की परतंत्रता से मुक्त होकर कविता में व्यक्तित्व तथा भाव, भाषा, छंद, प्रकाशन रीति आदि में मौलिकता की आवश्यकता पर जोर दिया है। दूसरा निबन्ध 'छायावाद क्या है?' सबसे महत्त्वपूर्ण है। आरम्भ में ही लेखक कहता है : "अंग्रेजी या किसी पाश्चात्य साहित्य अथवा बंग साहित्य की वर्तमान स्थिति की कुछ भी जानकारी रखनेवाले तो सुनते ही समझ जाएँगे कि यह शब्द 'मिस्टिसिज्म' के लिए आया है।" फिर भी छायावाद "एक ऐसी मायामय सूक्ष्म वस्तु है कि शब्दों द्वारा उसका ठीक-ठीक वर्णन करना असम्भव है, क्योंकि 'ऐसी रचनाओं में शब्द अपने स्वाभाविक मूल्य को खोकर सांकेतिक चिह्न मात्र हुआ करते हैं'।"

"छायावाद के कवि वस्तुओं को असाधारण दृष्टि से देखते हैं। उनकी रचना की सम्पूर्ण विशेषताएँ उनकी इस 'दृष्टि' पर ही अवलम्बित रहती है।...वह क्षणभर में बिजली की तरह वस्तु को स्पर्श करती हुई निकल जाती है।...अस्थिरता और क्षीणता के साथ उसमें एक तरह की विचित्र उन्मादकता और अन्तरंगता होती है जिसके कारण वस्तु उसके प्रकृत रूप में नहीं, किन्तु एक अन्य रूप में दीख पड़ती

है। उसके इस अन्य रूप का सम्बन्ध कवि के अन्तर्जगत से रहता है।...यह अन्तरंग दृष्टि ही 'छायावाद' की विचित्र प्रकाशन रीति का मूल है।" इस प्रकार मुकुटधर जी की सूक्ष्म दृष्टि ने 'छायावाद की मूल भावना' 'आत्मनिष्ठ अन्तर्दृष्टि' को पहचान लिया था। जब उन्होंने कहा कि 'चित्र दृश्य वस्तु की आत्मा का ही उतारा जाता है,' तो छायावाद की मौलिक विशेषता की ओर संकेत किया। छायावादी कवियों की कल्पना-प्रियता पर प्रकाश डालते हुए मुकुटधर जी कहते हैं : "उनकी कविता 'देवी की आँखें' सदैव ऊपर की ही ओर उठी रहती है; मर्त्यलोक से उसका बहुत कम सम्बन्ध रहता है; वह बुद्धि और ज्ञान की सामर्थ्य सीमा को अतिक्रम करके मन-प्राण के अतीत लोक में ही विचरण करती रहती है।"

"यहीं छायावादिता से आत्मिकता तथा धर्म भावुकता का मेल होता है। यथार्थ में उसके जीवन के ये दो मुख्य अवलम्ब हैं।"

छायावाद में प्रकृति का उपयोग प्राय: प्रतीक की तरह होता है, इस तथ्य की ओर संकेत करते हुए मुकुटधर जी कहते हैं कि "प्राकृतिक दृश्य और घटनाएँ सांकेतिक रूप से अदृश्य तथा अव्यक्त के प्रकाशन में साहाय्य पहुँचाती हैं।"

छायावाद के कलापक्ष पर विचार करते हुए मुकुटधर जी 'काव्य में चित्रकारी और संगीत का अपूर्व एकीकरण' उसका आदर्श मानते हैं।

लेखमाला के शेष दो निबन्धों का एक ही शीर्षक है : 'हिन्दी में छायावाद'। इनमें छायावाद पर लगाए गए 'अस्पष्टता' आदि आरोपों का स्पष्टीकरण करते हुए अन्त में श्री मुकुटधर पांडेय ने लिखा है :

"छायावाद की आवश्यकता हम इसलिए समझते हैं कि उससे कवियों को भाव-प्रकाशन का एक नया मार्ग मिलेगा। इस प्रकार के अनेक मार्गों, अनेक रीतियों का होना ही उन्नत साहित्य का लक्षण है।"

मुकुटधर पांडेय के इस निबन्ध की विस्तृत चर्चा इसलिए की गई है कि यह छायावाद पर पहला निबन्ध होने के साथ ही अत्यंत सूझ-बूझ भरी गम्भीर समीक्षा भी है। इस निबन्ध का ऐतिहासिक महत्त्व ही नहीं, बल्कि स्थायी महत्त्व भी है।

उस युग की प्रतिनिधि पत्रिका 'सरस्वती' में छायावाद का सर्वप्रथम उल्लेख जून 1921 ई. के अंक में मिलता है। किन्हीं सुशील कुमार ने 'हिन्दी में छायावाद' शीर्षक एक संवादात्मक निबन्ध लिखा है। संवाद में भाग लेनेवाले कुल चार व्यक्ति हैं : ब्राह्म कन्या विद्यालय में उच्च शिक्षा प्राप्त सुशीला देवी, उनके अरसिक किन्तु लक्ष्मी के कृपापात्र पति हरिकिशोर बाबू, चित्रकार रामनरेश जोशी और कवि सम्राट पंत जी। पहले केवल प्रथम तीन व्यक्तियों में जोशी जी के एक 'छायाचित्र' पर बातचीत होती है जिसे उन्होंने पंत जी की एक कविता के आधार पर बनाया है। चित्र के नाम पर बढ़िया फ्रेम में मढ़ा कोरा कागज है और उसके नीचे लिखा है 'छाया'। हरिकिशोर बाबू के अनुसार 'यह निर्मल ब्रह्म की विशद छाया है।' स्वयं

जोशी जी ने भी उसमें किसी प्रकार 'अनन्त की अस्पष्टता को स्पष्ट करने' का प्रयत्न किया था। अन्त में पंत जी आते हैं और वे भी कविता के नाम पर एक 'कोरा कागज' प्रस्तुत करते हैं जिसका आधार जोशी जी का वही चित्र है। हरिकिशोर बाबू के शब्दों में 'यह तो वाणी की नीरवता है, निस्तब्धता का उच्छ्‌वास है, प्रतिभा का विलास है, और अनन्त का विलास है।' कवि सम्राट अपने वक्तव्य में कहते हैं : "छायावाद का प्रधान गुण है अस्पष्टता। भाव इतना स्पष्ट हो जाएँ कि वे कल्पना के अनन्त गर्भ में लीन हो जाएँ। मेरी यह सम्मति है कि शब्द अक्षरों से बनते हैं और अक्षर, अविनाशी है वह तो अज्ञेय है, अनन्त है। अतएव हमें भाषा को वह रूप देना चाहिए जिससे वह नीरव हो जाए। वह कर्णश्रुत न होकर हृदयगम्य हो, इन्द्रियगोचर न होकर आत्मा से ग्राह्य हो।'

इस व्यंग्यात्मक निबन्ध से एक और बात सामने आती है कि उस समय के लोग छायावाद की कविता को टैगोर-स्कूल के छायाचित्रों के साथ रखकर देखते थे। यहाँ भी अभिव्यक्ति की अस्पष्टता को ही लेकर व्यंग्य किया गया है।

इस तरह उन कविताओं के लिए हिन्दी छायावाद और अंग्रेजी 'मिस्टिसिज्म' शब्द चल पड़े और इन दोनों में भी हिन्दी छायावाद अधिक प्रचलित हुआ। परन्तु जैसा कि 'सुकवि-किंकर' आचार्य महावीर प्रसाद द्विवेदी के मई 1927 की सरस्वती में प्रकाशित 'आजकल के हिन्दी कवि और कविता' शीर्षक निबन्ध से पता चलता है, छायावाद और 'मिस्टिसिज्म' पर्याय नहीं समझे जाते थे। आचार्य की समझ में नहीं आता था कि इन कविताओं को 'मिस्टिसिज्म' क्यों कहा जाता है, क्योंकि पं. मथुराप्रसाद दीक्षित के 'त्रैभाषिक कोश' के अनुसार मिस्टिक का अर्थ होता है गूढ़ार्थ, गुह्य, गुप्त, गोप्य, रहस्य आदि। इधर इन कविताओं में आचार्य द्विवेदी को आध्यात्मिक रहस्य दिखाई ही नहीं पड़ता था। रवीन्द्रनाथ की कविताओं में तो वे 'आध्यात्मिक रहस्य' मान लेते थे; परन्तु हिन्दी कवियों के प्रति वे शंकालु थे। इसलिए उनके अनुसार पंत, पांडेय आदि की कविताएँ छायावादी ही थीं। छायावाद का अर्थ ठीक-ठीक न समझते हुए भी वे उन कविताओं को छायावादी मानते थे। कहते हैं, "छायावाद से लोगों का क्या मतलब है, कुछ समझ में नहीं आता। शायद उनका मतलब है कि किसी कविता के भावों की छाया यदि कहीं अन्यत्र जाकर पड़े तो उसे छायावादी कविता कहनी चाहिए।" उनके विचार से 'अन्योक्ति-पद्धति' ही छायावाद है। इस तरह आचार्य उन कविताओं और छायावाद संज्ञा में सम्बन्ध स्थापित करके दोनों में निहित अर्थ को पकड़ने की कोशिश कर रहे थे।

ध्यान देने की बात है कि आचार्य द्विवेदी ने 'रहस्य' शब्द को तो ऊपर किया, परन्तु 'रहस्यवाद' शब्द का प्रयोग नहीं किया।

इसके साल भर बाद आचार्य रामचन्द्र शुक्ल का 'काव्य में रहस्यवाद' निबन्ध पुस्तकाकार निकला; जिससे पता चलता है कि 'रहस्यवाद' शब्द का प्रचलन पहले

से हो चुका था। पंत का 'पल्लव' तब निकल गया था। शुक्ल जी के निबन्ध से पता चलता है कि उनका ध्यन मुख्यत: पंतजी की उन कविताओं पर केन्द्रित था जिनमें रहस्य के प्रति प्राय: जिज्ञासा और कहीं-कहीं लालसा व्यक्त की गई थी। उनके अनुसार 'अज्ञात के प्रति जिज्ञासा' ही सच्ची रहस्य-भावना है। परन्तु उन्होंने देखा कि छायावादी कवि उस जिज्ञासा को आध्यात्मिकता का रूप दे रहे हैं; इसलिए छायावादी रहस्य-भावना को उन्होंने साम्प्रदायिक अथवा आध्यात्मिक रहस्यवाद समझ लिया। उन्हें छायावाद की इस रहस्यात्मकता का मूल स्रोत रवीन्द्रनाथ में दिखाई पड़ा और चूँकि रवीन्द्रनाथ ब्राह्म थे और ब्राह्मों का मत ईसाई धर्म से ज्यादा मिलता था, इसलिए शुक्ल जी ने इन सबमें एक तरह का बादरायण सम्बन्ध स्थापित कर लिया। वे इस निष्कर्ष पर पहुँचे कि ईसाई धर्म की ही आध्यात्मिकता ब्राह्म माध्यम से हिन्दी कविता में व्यक्त हो रही है। जब मूल भाव की एक-सूत्रता स्थापित हो गई तो उन्होंने छायावाद नाम के साथ भी उसका मेल मिला दिया। बुद्धि हो तो आदमी क्या नहीं कर सकता! उन्हें ईसाई मत में 'छाया' अर्थ देनेवाला एक 'फैंटसमैटा' शब्द मिल गया! बस क्या था? उन्होंने छायावाद शब्द को उससे जोड़ दिया और साबित कर दिया कि 'छायावाद' नाम और भाव-धारा दोनों दृष्टियों से यूरोप का प्रभाव है। जिस तरह उन्होंने यूरोपीय और हिन्दी आध्यात्मिकता के बीच में बंगला को माध्यम माना; उसी तरह उन्होंने हिन्दी छायावाद और ईसाई 'फैंटसमैटा' के बीच की बंगला कड़ी की भी कल्पना कर डाली और कह चले कि बंगला में भी इन कविताओं को छायावाद कहते थे। बंगला में छायावाद नामक कोई वाद या शब्द है या नहीं, इसकी छानबीन करना उनका प्रयोजन न था। उन्हें तो अपनी बात रखनी थी, रख दी। गलत हो चाहे सही।

यह प्रवाद कि बंगला में भी छायावाद नामक एक 'वाद' है, बहुत दिनों बाद पं. हजारीप्रसाद द्विवेदी द्वारा निर्मूल हुआ।

तात्पर्य यह कि शुक्ल जी ने छायावाद की केवल आध्यात्मिक कविताओं को अपने दृष्टि-पथ में रखा और इसीलिए रहस्यवाद को छायावादी कविताओं की विषयवस्तु कहा। उनका यह विचार अन्त तक बना रहा। शेष को वे शैली-मात्र मानते थे। जिस तरह आचार्य महावीरप्रसाद द्विवेदी छायावाद को 'अन्योक्ति पद्धति' समझते थे, उसी तरह आचार्य शुक्ल भी उसे शैली मानते थे जिसमें 'अन्योक्ति' के अतिरिक्त भी कई प्राकर की शैलियों का समावेश था।

आगे चलकर आलोचकों ने शुक्ल जी द्वारा प्रवर्तित इस द्वैतवाद को समाप्त करते हुए स्थापित किया कि भाव के क्षेत्र में जो रहस्यवाद है, वही शैली में लाक्षणिक वक्रता, अन्योक्ति-विधान, अप्रस्तुत योजना आदि करता है। इस तरह इन्होंने रहस्यवादी विषय और लाक्षणिक शैली दोनों को एक कर दिया। इस समन्वित रूप को प्रसाद जी ने 'रहस्यवाद' नाम दिया और नन्ददुलारे वाजपेयी ने छायावाद।

वाजपेयी जी का भी छायावाद आध्यात्मिक ही है। 'महादेवी वर्मा' शीर्षक निबन्ध (बीसवीं शताब्दी) में छायावाद की परिभाषा देते हुए वे कहते हैं कि "मानव अथवा प्रकृति के सूक्ष्म किन्तु व्यक्त सौन्दर्य में आध्यात्मिक छाया का भान मेरे विचार से छायावाद की एक सर्वमान्य व्याख्या हो सकती है।" वाजपेयीजी की आध्यात्मिक छाया शुक्ल जी का 'फैंटसमैटा' अथवा छायावाद ही है—केवल इस अन्तर के साथ कि उसमें धार्मिक स्थूलता नहीं है।

अपने को इस परिभाषा में बाँधकर वाजपेयी जी ने प्रसाद, पंत, निराला, महादेवी की बहुत-सी कविताओं को छोड़ दिया। उन्होंने अपनी परिभाषा का निर्माण छायावादी कवियों की केवल एक तरह की कविताओं के आधार पर किया। वाजपेयी जी की इस परिभाषा के पीछे नगेन्द्र आदि की यह प्रचलित उक्ति भी है छायावाद स्थूल के विरुद्ध सूक्ष्म का विद्रोह है।

छायावाद में निःसन्देह सूक्ष्मता काफी है, लेकिन इस सूक्ष्मता की सीमा के कारण हम निराला और प्रसाद की उन कविताओं से वंचित रह जाते हैं जिनमें अतीव मांसलता है। इसलिए इस परिभाषा में स्पष्ट ही अभिव्यक्ति दोष है।

जो हो, इन तमाम बातों से मालूम होता है कि शुरू-शुरू में जिस अस्पष्टता के लिए छायावाद शब्द चलाया गया, वही थोड़ा नाम बदलकर मुकुटधर पांडेय और आचार्य शुक्ल से होती हुई नन्ददुलारे वाजपेयी और नगेन्द्र तक आई और अब भी अनेक विद्यार्थियों का संस्कार बन गई है। सुशीलकुमार की अस्पष्टता, मुकुटधर पांडेय की आध्यात्मिकता, आचार्य द्विवेदी का रहस्य, शुक्ल जी का आध्यात्मिक छायाभास, वाजपेयी जी का 'आध्यात्मिक छाया का भान' और नगेन्द्र का 'स्थूल के प्रति सूक्ष्म का विद्रोह' सब एक ही है। इन सभी व्याख्याओं के अनुसार रहस्यवाद ही छायावाद है।

छायावादी कविताओं की आलोचना-प्रत्यालोचना के सिलसिले में जिस समय अंग्रेजी का 'मिस्टिसिज्म' शब्द आया, उसके कुछ ही दिन बाद 'रोमैंटिसिज्म' शब्द आ गया। शुक्ल जी ने इसका हिन्दी अनुवाद 'स्वच्छंदतावाद' किया और श्रीधर पाठक, रामनरेश त्रिपाठी आदि को स्वच्छंदतावादी कवि कहा। इस तरह शुक्ल जी ने 'स्वच्छंदतावाद' और 'छायावाद' में अन्तर किया। वे छायावाद को 'रोमैंटिसिज्म' कहने के पक्ष में नहीं थे। आश्चर्य की बात है कि प्रसाद, पंत, निराला को शेली इत्यादि से प्रभावित मानते हुए भी शुक्ल जी उन्हें रोमैंटिक मानने से इनकार करते थे।

परन्तु यहाँ भी शुक्ल जी का द्वैतवाद न चल सका। कवि, आलोचक और सामान्य पाठक छायावाद को रोमैंटिसिज्म का पर्याय समझने लगे। कुछ लोग शुक्ल जी द्वारा गढ़े हुए स्वच्छंदतावाद को भी छायावाद का पर्याय अथवा अंग मानने लगे तथा अन्य लोग छायावाद का द्वितीय उत्थान कहना अधिक युक्तिसंगत मान चले।

इस तरह प्रसाद, निराला, पंत तथा महादेवी की कविताओं की चर्चा के सिलसिले में अंग्रेजी के 'मिस्टिसिज्म' और रोमैंटिसिज्म तथा हिन्दी के रहस्यवाद, छायावाद और स्वच्छंदतावाद शब्द आए। व्यवहार में 'रहस्यवाद', 'मिस्टिसिज्म' का पर्याय हो गया है और छायावाद तथा स्वच्छंदतावाद रोमैंटिसिज्म के।

जहाँ तक रहस्यवाद, छायावाद और स्वच्छंदतावाद शब्द के शब्दार्थ और लोक-प्रचलित भाव का सम्बन्ध है, इन तीनों में निःसन्देह थोड़ा-थोड़ा अन्तर है। रहस्यवाद अज्ञात की जिज्ञासा है, तो छायावाद चित्रण की सूक्ष्मता और स्वच्छंदतावाद प्राचीन रूढ़ियों से मुक्ति की आकांक्षा।

परन्तु जहाँ युग विशेष की काव्यधारा के सम्बन्ध में इन शब्दों पर विचार किया जाता है तो रहस्यवाद, छायावाद और स्वच्छंदतावाद तीनों एक ही काव्यधारा की विविध प्रवृत्तियाँ मालूम होती हैं। वस्तुतः ऐसी बहुत-सी कवितएँ हैं जिनमें एक ही जगह रहस्यवाद, छायावाद और स्वच्छंदतावाद तीनों हैं। उदाहरण स्वरूप पंतजी के 'मौन-निमंत्रण' को ही लें। इसमें, अज्ञात की जिज्ञासा होने के कारण रहस्यवाद है, अभिव्यक्ति की सूक्ष्मता के कारण छायावाद है और कल्पना लोक में स्वच्छंद विचरण करने के कारण स्वच्छंदतावाद भी है। जब एक कविता में इन तीनों वादों अथवा प्रवृत्तियों को अलगाना कठिन है, तो पूरी काव्यधारा की क्या बात?

इसलिए उचित तो यही मालूम होता है कि जिस तरह अन्य साहित्यों में अनेक प्रवृत्तियों के पुंज रोमैंटिक काव्य को एक संज्ञा 'रोमैंटिसिज्म' दी गई है, उसी तरह अनेक प्रवृत्तियों के पुंज छायावादी काव्य को भी एक नाम देना चाहिए। कहना न होगा कि यह एक नाम छायावाद ही हो सकता है। छायावाद नाम सबसे पुराना होने के साथ ही प्रसाद, निराला, पंत और महदेवी की कविता के लिए रूढ़ भी हो गया है। ऐसी हालत में 'छायावाद' शब्द का अर्थ चाहे जो हो, परन्तु व्यावहारिक दृष्टि से यह प्रसाद, निराला, पंत, महादेवी की उन समस्त कविताओं का द्योतक है जो 1918 से 36 ई. के बीच लिखी गई। छायावाद की मनमानी परिभाषा करने की अपेक्षा उसके ऐतिहासिक और व्यावहारिक अर्थ को स्वीकार करना अधिक वैज्ञानिक है।

अपनी परिभाषा को पहले ही से संकुचित करके फिर यह निर्णय देना कि पंतजी शुद्ध छायावादी हैं और दूसरे नहीं; अथवा महादेवी जी शुद्ध छायावादी हैं अन्य नहीं; अपनी सीमा प्रदर्शित करना है। अपनी संकुचित परिभाषा के ही कारण कुछ लोग पंतजी की रचनाओं में भी केवल 'पल्लव' और 'पल्लव' में भी कुछ-एक कविताओं को ही छायावाद के अन्तर्गत स्वीकार करते हैं। इस तरह की बातें भाववादी दृष्टिकोण का परिणाम हैं।

वस्तुतः छायावादी कविताओं की परिभाषा का निश्चय उन कविताओं में पाई जानेवाली सभी प्रवृत्तियों के आधार पर होना चाहिए और यहाँ हमें न भूलना चाहिए

कि छायावाद उस राष्ट्रीय जागरण की काव्यात्मक अभिव्यक्ति है जो एक ओर पुरानी रूढ़ियों से मुक्ति चाहता था और दूसरी ओर विदेशी पराधीनता से। इस जागरण में जिस तरह क्रमशः विकास होता गया, इसकी काव्यात्मक अभिव्यक्ति भी विकसित होती गई और इसके फलस्वरूप 'छायावाद' संज्ञा का भी अर्थ-विस्तार होता गया। 'छायावाद' नामकरण जिन कविताओं के आधार पर हुआ था, वैसी ही कविता अगले वर्षों में भी नहीं होती रही; बल्कि उनकी विषयवस्तु तथा रूप-विन्यास का विस्तार हुआ। इसलिए छायावाद के आरम्भिक अर्थ में भी क्रमशः व्यापकता का आना स्वाभाविक है।

छायावाद : प्रकृति और प्रभाव

रघुवंश मणि

जब मैं अपने अध्यापनकाल के एकदम प्रारम्भ में विश्वेश्वरनाथ कैलाशबिहारी स्नातकोत्तर महाविद्यालय, अकबरपुर (अब अम्बेडकर नगर) में अंग्रेजी विभाग में अध्यापन कर रहा था तो हिन्दी विभाग के एक साथी मजाक के लहजे में कहते थे कि छायावाद का नाम छायावाद इसलिए पड़ा क्योंकि छाया का संस्कृत भाषा में एक अर्थ अनुवाद भी होता है। चूँकि उस दौर के हिन्दी के कवियों ने अंग्रेजी कविता का हिन्दी में अनुवाद कर मारा इसलिए उन्हें छायावादी कवि कहा गया। उनकी इस बात पर हम बहुत हँसते थे क्योंकि यह दूर की कौड़ी थी और उसमें हम सच्चाई की बहुत कल्पना भी नहीं करते थे। यह छायावाद की स्पष्टतः विरूपित परिभाषा थी और यह विरूपन ही इस अकादमिक हास्य का कारण बनता था। मगर इस मजाक का एक अनकहा पक्ष भी है कि छायावादी कवियों का कुछ सम्बन्ध अंग्रेजी की रोमैंटिक कविता से बनता है। छायावाद के प्रारम्भिक दौर में अंग्रेजी कविता का यह प्रभाव थोड़ा स्पष्ट है जो बाद में कम ही कम होता जाता है क्योंकि छायावाद धीरे-धीरे अपनी प्रकृति के अनुकूल मौलिक रूप ग्रहण करने लगता है।

हिन्दी साहित्य जगत में जब हम प्रभावों की चर्चा करते हैं तो इसे अक्सर गलत और नकारात्मक अर्थों में ही लिया जाता है। आमतौर पर लोगों द्वारा इसे नकल के अर्थ में ही ले लिया जाता है। इस सन्दर्भ में लगभग सभी स्नातकोत्तर हिन्दी विभागों में पढ़ाए जाने वाले पश्चिमी काव्यशास्त्र के बाबा आदम अरस्तू को भुला दिया जाता है जिन्होंने अनुकरण को मनुष्य की नैसर्गिक प्रवृत्ति कहा था। साहित्य को तो छोड़िए, कलाओं सहित ज्ञान के हर क्षेत्र में यह प्रवृत्ति काम करती है। साहित्य में भी अनुकरण की प्रवृत्ति हर रचनाकार की सृजनात्मकता के प्रारम्भिक चरण में पाई जाती है। यही अनुकरण बाद में मौलिक सृजनात्मकता का रूप ग्रहण कर लेता है। छायावाद के सिलसिले में अरस्तू की यह बात सौ टके सही है।

हम किसी रचना को पसन्द करते हैं और उसे बार-बार पढ़ते हैं। उसे दूसरों को भी पढ़वाना चाहते हैं। अनुवाद इसी प्रवृत्ति का परिणाम होता है। फिर रचनाकार वैसा ही, या उस जैसा ही, लिखने का प्रयास करता है। सुन्दर अथवा प्रियकर का अनुकरण सामान्य होता है। यह अनुकरण धीरे-धीरे मौलिकता में बदलने लगता है, और रचनाकार की वैयक्तिकता प्रकट होने लगती है। छायावाद पर पड़ने वाले प्रभावों को भी इसी प्रकार से देखा जाना चाहिए क्योंकि छायावाद हिन्दी कविता में बहुत ही महत्त्वपूर्ण मोड़ है जिसने साहित्य को अपनी प्रवृत्तियों से समृद्ध किया और बाद की कविता के विकास में अपना योगदान भी दिया।

1

आचार्य रामचन्द्र शुक्ल ने अपने ग्रंथ *हिन्दी साहित्य का इतिहास* में छायावाद की चर्चा से पहले हिन्दी साहित्य में चले स्वच्छंदतावाद की चर्चा की थी। बाद में उन्होंने यह भी लिखा कि छायावाद के प्रादुर्भाव के कारण इस स्वच्छंदतावादी काव्यधारा का विकास ठीक से नहीं हो सका। इस काव्यधारा का वर्णन करते हुए वे लिखते हैं कि मैथिलीशरण गुप्त आदि के द्वारा स्वच्छंद काव्यधारा का प्रारम्भ भर हुआ ही था कि हिन्दी में रवीन्द्रनाथ ठाकुर की कविताओं की ऐसी धूम मची कि स्वच्छंदतावादी काव्यधारा का ठीक से विकास न हो सका। रवीन्द्रनाथ की कविता शुक्ल जी के अनुसार पाश्चात्य ढाँचे में ढली थी और खास तरह के आध्यात्मिक रहस्यवाद को लेकर आई थी। शुक्ल जी का यह कथन विवाद से परे नहीं।

शुक्ल जी का आचार्यत्व कुछ इस प्रकार का था कि उनकी बहुत सी बातों को स्वीकार कर लिया गया। यहाँ तक कि छायावाद जैसे मिथ्यानामी पद को भी स्वीकार कर लिया गया। स्वीकार ही नहीं यह प्रचलित भी इतना हुआ कि अब इसके स्थान पर किसी और नाम की कल्पना भी कठिन लगती है। त्रुटिपूर्ण होने के बावजूद यह परम आकर्षक नाम था। आचार्य शुक्ल का यह नामकरण वैसा ही था जैसा कि अंग्रेजी साहित्य में डॉ. जॉनसन द्वारा मेटाफिजिकल कवियों का नामकरण। छायावाद नामकरण और उसको मिली स्वीकृति स्वयं हिन्दी जगत में आचार्य शुक्ल की हैसियत और प्रभाव को दर्शाती है।

इसी प्रकार से स्वच्छंदतावाद भी हिन्दी साहित्य में एक ऐसा पद निकला जिसका तत्काल विरोध कम ही हुआ। इस पर विचार कुछ बाद में ही किया जा सका, मानो लोगों को यह लगा हो कि इतने बड़े आलोचक की बात का विरोध बहुत विचार-विमर्श के बाद ही होना उचित है। मगर यह सवाल तो उठना लाजिमी है कि आखिर शुक्ल जी को यह बात क्योंकर सूझी।

2

दूसरा प्रश्न यह उठेगा कि क्या ये दोनों आन्दोलन एक-दूसरे के अपवर्जी थे या पूरक। आचार्य रामचन्द्र शुक्ल इन दोनों को प्रकृति में एक-दूसरे का विरोधी मानते हैं। उनके अनुसार ये दोनों उस दौर की हिन्दी कविता की अलग-अलग धाराएँ थीं।

सवाल यह उठता है कि क्या उनके बीच कोई साझी जमीन भी थी। माखनलाल चतुर्वेदी जैसे कवियों पर छायावाद का प्रभाव था। स्वाधीनता की भावना इन दोनों धाराओं में मूलतत्त्व है। साम्राज्यवाद का भी विरोध इन दोनों के केन्द्र में है। इतना जरूर है कि यह बात विचारधारा के स्तर पर छायावादी कविता में बहुत स्पष्ट नहीं। जबकि यह मैथिलीशरण गुप्त जैसे कवियों की कविताओं में अभिधात्मक स्तर पर उपलब्ध है, इतना स्पष्ट कि किसी भी प्रकार के सन्देह की कोई सम्भावना नहीं रहती। छायावादी कविता की मूल प्रकृति ऐसी है कि विचारधारा के तत्त्वों की स्पष्ट पहचान सम्भव नहीं। छायावाद की सृजनात्मकता में अभिव्यक्ति की प्रकृति के परिप्रेक्ष्य में ही इन विचारतत्त्वों की पहचान सम्भव है। द्विवेदी कालीन कविता से पैदा हुई अभिवृत्तियाँ इस रास्ते में बाधक थीं। बाद में यह कार्य थोड़ा आसान लगने लगा। मगर अभी भी यह काम आलोचना जगत में लड्डू खाने जैसा आसान नहीं।

नरेन्द्र शर्मा ने छायावाद को दो युद्धों के बीच की कविता कहा। हजारी प्रसाद द्विवेदी ने भी ऐसा ही कहा। छायावाद बन्धनमुक्त चित्त की अभिव्यक्ति है। द्वितीय विश्वयुद्ध के आने और समाप्त होने तक मोहभंग की कविता और प्रगतिशील कविता विकसित हो जाती है। छायावाद के सिलसिले में इस प्रकार की बातें हिन्दी आलोचना में कही जाती रही हैं जिनमें सत्यांश काफी मात्रा में उपलब्ध होता है। मगर छायावाद को किसी एक प्रवृत्ति से जोड़ने पर अन्य तत्त्व हाथ से फिसलने लगते हैं।

3

आचार्य शुक्ल के अनुसार स्वच्छंदतावाद हिन्दी कविता का स्वाभाविक विकास था। वे छायावाद को आयातित वस्तु मानते हैं। यह आयात सिर्फ बंगला से ही नहीं बल्कि अंग्रेजी से भी था। आचार्य शुक्ल का छायावाद विरोध बहुतों को समझ में नहीं आता। मगर उन्हें यदि छायावाद हिन्दी की स्वाभाविक प्रवृत्तियों का विकास नहीं लगता तो ऐसा अन्य बहुत से लोगों को भी लगा। यह प्रारम्भिक दौर में छायावाद की कटु आलोचना का एक कारण भी था। लेकिन इस प्रकार की आलोचना दो प्रकार की है, एक तो वह जो नितान्त परम्परावादी दृष्टिकोण से की गई जिसकी अभिरुचि की जड़ें रीतिकाल की जमीन में गड़ी हुई थीं अथवा उससे भी पीछे जाती थीं। लेकिन दूसरा दृष्टिकोण छायावाद को न समझ पाने का था। इस प्रकार के आलोचकों

के लिए साहित्य की सीधी अभिव्यक्ति अर्थात अभिधात्मकता ही पसन्दीदा थी। वे छायावाद की व्यंजनाभिव्यक्तियों को लेकर बहुत भेद्य नहीं थे।

यह ध्यान देने की बात है कि छायावाद तक आते-आते हिन्दी कविता की वैश्विक परम्परा विकसित होने लगती है। आधुनिक कविता तक आते-आते यह परम्परा और अधिक व्यापक हो जाती है। मजे की बात यह कि शुक्ल जी की आलोचना में यह परम्परा साफ दिखलाई पड़ती है। ऐसे में उनका 'विजातीय' तत्त्वों से परहेज थोड़ा विचित्र सा लगता है।

छायावादी कवियों द्वारा लिखे गए आलोचनात्मक गद्य का बड़ा हिस्सा आत्मरक्षात्मक था, क्योंकि उन्हें अपनी कविता को समझ पाने वाली समीक्षा दूर-दूर तक नहीं दिखाई दे रही थी। वे पारम्परिक आलोचना से बिलकुल सन्तुष्ट नहीं थे। सुमित्रानन्दन पंत को पारम्परिक समालोचना से आशा कम थी। उन्हे स्पष्टतः यह लग रहा था कि छायावादी कवियों की कविताओं का मूल्यांकन ऐसी समालोचना नहीं कर सकती। वे लिखते हैं कि "हिन्दी में सत्समालोचना का बड़ा अभाव है।" संस्कृत काव्यशास्त्र के तार उन्हें पुराने लगते हैं। वे इस बात पर हर्ष व्यक्त करते हैं कि हिन्दी ने विश्वविद्यालयों में प्रवेश पा लिया है और उसे "अपनी बहन अंग्रेजी के साथ वार्तालाप तथा हेल-मेल बढ़ाने का अवसर तो मिलेगा ही, उनमें घनिष्ठता भी स्थापित हो सकेगी।" यहाँ पंत जी को अंग्रेजी समालोचना से आशा थी कि वह छायावादी कविताओं को समझ सकेगी क्योंकि वहाँ पहले से ही रोमांटिक कविता की समीक्षा उपलब्ध थी। पल्लव की भूमिका की संरचना को देखते हुए यह बात ज्यादा समझ में आती है। यह पुस्तक पहले विज्ञापन प्रस्तुत करती है और फिर प्रवेश। ध्यातव्य है कि वड्र्सवर्थ और कॉलरिज द्वारा रचित लिरिकल बैलेड्स के लिए भी 1798 में एडवरटाइजमेंट ही प्रकाशित हुआ था। बाद में 1800 में प्रकाशित दूसरे संस्करण में वड्र्सवर्थ ने अपनी लम्बी भूमिका यानी प्रीफेस लिखा था। बाद में इसे, अर्थात *प्रीफेस टू लिरिकल बैलेड्स* को, रोमैंटिक कविता का घोषणापत्र कहा गया।

4

भारतीय साहित्य में विजातीय तत्त्वों का समावेश कोई नई बात भी नहीं थी। भक्तिकाव्य में सूफीमत का प्रभाव स्पष्ट और स्वीकृत है। इसी प्रकार रीतिकाल पर फारसी कविता का प्रभाव अनदेखा नहीं किया गया है। ज्ञान के क्षेत्र में तो भारत में प्रतिश्रुति के क्षेत्र सिकन्दर के आक्रमण के समय से ही बनने लगे थे।

विजातीय तत्त्व क्या हैं? भारत में सांस्कृतिक समन्वय की प्रवृत्ति किस प्रकार की रही है? विजातीय के प्रति असहमति और निषेध किस दिशा में ले जाता है? यह निषेध किस हद तक उचित है? ये सारे प्रश्न छायावाद के परिप्रेक्ष्य में उठते हैं

और इनके उत्तर की दरकार होती है। संस्कृति के क्षेत्र में जोड़ने और अलगाने की प्रवृत्तियाँ साथ-साथ रही हैं और ये दो तत्त्व केवल साहित्य की अभिरुचि से जुड़े सवाल नहीं हैं। इनके तार राजनीति तक पहुँचते हैं।

यह बात थोड़ा अजीब लगती है कि आचार्य शुक्ल पश्चिमी लेखन से पर्याप्त परिचित थे पर वे तमाम प्रवृत्तियों का निषेध करते हैं। वे वाल्ट व्हिटमैन को जानते हैं, मगर निराला के मुक्तछंद के साथ चलने वाली चर्चा में व्हिटमैन को भी रगड़ देते हैं। उनके अनुसार व्हिटमैन की कविता साहित्य जगत में स्वीकृति नहीं प्राप्त कर सकी थी। फिर अपने ही देश की भाषा बंगला को बिलकुल विजातीय कहना ठीक नहीं है। यह विजातीय था तो उससे छायावादी कवि परिचित थे। पल्लव की भूमिका (1942) में सुमित्रानन्दन पंत ने बंगला छंदों की विजातीयता पर काफी प्रकाश डाला है।

मगर यह तथ्य है कि बंगाल के नवजागरण में अंग्रेजी साहित्य का महत्त्व रहा है। भारत के स्वाधीनता संग्राम में भी पश्चिमी साहित्य का प्रभाव कम नहीं। महात्मा गांधी स्वयं अपने विचारों पर रस्किन, कार्लाइल और थोरो के प्रभाव को बतलाते ही हैं। साहित्य में या ज्ञान के किसी अन्य क्षेत्र में विदेशी प्रभाव यदि भौंड़े रूप में है तो वह वांछित नहीं। मगर किसी साहित्य या भाषा की परम्परा में प्रभावों का आत्मसात हो जाना तो अवांछित नहीं। इसका तो स्वागत किया जाना चाहिए था।

वास्तव में आचार्य रामचन्द्र शुक्ल और पूरा द्विवेदी युग ही हिन्दी की एक अलग पहचान बनाना चाहता था और यह अस्मिता का संकट आलोचना के क्षेत्र में काफी कुछ निर्धारित कर रहा था। हिन्दी की अलग पहचान बनाने के चलते शुक्ल जी की आलोचना में अमीर खुसरो, विद्यापति जैसे रचनाकार अपना उचित स्थान नहीं बना पाते।

5

छायावाद के प्रारम्भिक दौर में भले ही रोमांटिक कविता का प्रभाव स्पष्ट, लक्षित और विकृति जैसा लगा हो, बाद की छायावादी कविता में इसे हिन्दी भाषा और साहित्य और प्रकृति के अनुरूप स्वाभाविकता प्रदान की। यह सर्जनात्मक प्रविधि थी जिसकी गहराई उस दौर में काफी कुछ अनदेखी रह गई।

आचार्य शुक्ल छायावाद को रहस्यवाद और अस्पष्टता से जोड़कर देखते हैं। यही उनकी समस्या है। उनके द्वारा उल्लिखित स्वच्छंदतावाद में यह समस्या नहीं है, मगर कबीर में है। उनके लेखे कबीर की कविता इसलिए आलोच्य है कि वह ज्ञान और शिल्प की क्लासिकी परम्परा में फिट नहीं बैठती। छायावाद के नामकरण के पीछे भी यही गैरक्लासिकी अस्पष्टता अर्थात फैंटास्माटा है।

वास्तविकता यह है कि छायावाद अपने प्रारम्भिक दौर में उसका रहस्यवाद स्वभाव और उसके काव्य की शब्दावली ऐसी थी कि ऐसा लगना स्वाभाविक था। आचार्य शुक्ल ने इसी तत्त्व को छायावाद की प्रमुख विशेषता के रूप में देखा। उन्हें यह एक शैली मात्र ही लगी।

आचार्य शुक्ल का तत्सामयिक नैतिकता बोध बहुत मजबूत था जो उन्हें तमाम रचनाओं के प्रति अभेद्य बना देता है और यह उनके आलोचनात्मक मूल्यांकन को प्रभावित करता है। लेकिन छायावाद के परिपुष्ट होने के साथ यह स्पष्ट हो गया कि यह मात्र कथन शैली न होकर एक समग्र नवोन्मेष था। छायावाद के परिप्रेक्ष्य में प्रेम, वेदना, सौन्दर्य, श्रृंगार, अतृप्ति, अवसाद और निराशा जैसी प्रवृत्तियाँ थीं जिन्हें समझने के लिए भिन्न काव्य दृष्टि की आवश्यकता थी। इन सबका सम्बन्ध लौकिक जगत से था किसी अलौकिक सत्ता से नहीं।

आचार्य शुक्ल ने छायावादी कवियों के विरोध में पाखंड प्रतिषेध कविता भी लिखी। सुधा 1928। इस कविता में भी मुख्य निशाने पर निराला थे। कारण यह था कि वे सारे छायावादी कवियों में सर्वाधिक प्रयोगशील थे। लेकिन लहर/प्रसाद और गुंजन/पंत के प्रकाशन पर आचार्य शुक्ल हर्ष भी प्रकट करते हैं कि छायावादी कविता जीवन जगत के व्यापक क्षेत्र में प्रवेश कर रही है। शुक्ल जी की आलोचना का यह द्वैत उनकी छायावाद के प्रति विकसित हो रही समझ को जरूर दर्शाता है।

रोमांटिक कविता का मूल तत्त्व थी कल्पना। कल्पना ही रोमांटिक कविता को नया रूप देती है और यह कल्पना तत्त्व की नवीनता ही कविता के कलेवर में क्रान्तिकारी परिवर्तन लाती है। छायावाद को स्वच्छंदतावाद अथवा पूर्ववर्ती कविता से कल्पना के ही आधार पर विलगाया जा सकता है। निराला ने गीतिका में कविता को कल्पना कानन की रानी कहा है।

इतिवृत्त की कविता में सर्जनात्मकता का गम्भीर हस्तक्षेप हम छायावाद में देखते हैं। कामायनी में कवि द्वारा छोड़ी गई रिक्तियाँ पाठक के लिए सृजनात्मक प्रयोग की अपरिहार्यता बन जाती हैं। निराला की 'राम की शक्तिपूजा' और 'सरोज स्मृति' जैसी कविताओं में इतिवृत्तात्मकता का कविता रूप बदलता नजर आता है। अंग्रेजी रोमांटिक कविता में ये तत्त्व उभरकर सामने आते हैं। यह कहा जा सकता है कि ये तत्त्व वहीं से लिये गए हैं। मगर प्रामेथियस अनबाउंड और कामायनी में समानता की खोज करना इतनी दूर की कौड़ी होगी कि ऐसा प्रयास हास्यास्पद लगने लगेगा।

छायावाद की एक सदी

शम्भुनाथ

छायावाद हिन्दी संसार का वह दौर है जब न सिर्फ भारत की अवधारणा में स्पष्टता आई, बल्कि अतीत और पश्चिम दोनों के बन्धन से मुक्ति की आवाजें सुनाई पड़ीं। यह युग मोटे तौर पर 1918 से शुरू माना जाता है, हालाँकि छायावाद शब्द सबसे पहले 1920 में आया—जबलपुर से निकलने वाली 'श्रीशारदा' पत्रिका में प्रकाशित मुकुटधर पांडेय के लेख में।

हिन्दी में पहली बार ऐसा है कि यह किसी खास साहित्यकार की शताब्दी नहीं है। यह उस खास विचारधारा के सौ वर्ष पर बहस का समय है जिसने सिर्फ साहित्य को ही नहीं पूरे समाज को, संस्कृति को, कलाओं को, फिल्मों को भी और राजनीति तक को एक नई मंजिल की ओर बढ़ने की प्रेरणा दी थी। इसने हर तरफ स्वच्छंदता की अनुगूँज पैदा की जो नवजागरण के बाद आई सामाजिक गतिशीलता का नतीजा थी। इसी दौर में गांधी उभरे, प्रेमचन्द हुए, पूर्ण स्वाधीनता की माँग उठी (1929) और देश को व्यथित करतीं शहीदों की चिताएँ धधकी थीं। छायावादी साहित्य में मौजूद मानवीय पीड़ा और उस युग के स्वप्नों को इस पृष्ठभूमि में समझने की जरूरत है।

छायावाद की एक सदी तब पूरी हो रही है, जब भारत में छायावाद युग के आदर्शों का सबसे अधिक पतन हुआ है। हम नई मंजिल की ओर बढ़ते-बढ़ते पीछे मुड़ गए हैं जहाँ फिर भेदभाव है, बन्धन हैं, घृणा है, हिंसा है और आदर्शों में गिरावट है। पहले लोग विद्रोही होते थे, अब वे हिसाबी हो गए हैं। पहले यात्री थे, अब टूरिस्ट हैं। पहले आमने-सामने बैठकर बातें करते थे, अब मोबाइल पर व्यस्त हैं और आँखें तक नहीं मिला पाते। जिन्दगी की गाड़ी अब स्वार्थ के डीजल के बिना नहीं चलती। कट्टरवाद और उपभोक्तावाद ने इस युग के व्यक्तियों में रोमैंटिसिज्म खत्म कर दिया है। हिन्दी समाज पर रोमैंटिसिज्म का खास असर नहीं

पड़ा, छायावादी कवियों को रवीन्द्रनाथ जैसा सम्मान नहीं मिला हम वस्तुतः प्रसाद, निराला, पंत और महादेवी को खो चुके हैं।

विडम्बनापूर्ण यह है कि हममें कुछ खोने का बोध, 'सेंस ऑफ लॉस' नहीं है। यदि इनसान में खोने का बोध बचा रहता है तो खोई मूल्यवान चीजों को पुनः उपलब्ध करने का आत्मविश्वास भी बचा रहता है। 'खोने के बोध' को जगाना वर्तमान समय की सबसे बड़ी चुनौती है जो पूरे राष्ट्र के सामने है।

छायावाद मनुष्य को व्यक्ति से जातीय, जातीय से भारतीय और भारतीय से विश्वमानवतावादी बनाने का आन्दोलन था। वह व्यक्ति, जातीयता, राष्ट्र और विश्व के बीच अन्तर्क्रीड़ा का एक महादृश्य था। छायावाद एक उदात्त मानवीय संसार का बोध लेकर आया था, जबकि आज हम लोग सभ्यता की सँकरी गलियों में हैं।

छायावाद भारतीय शैली का रोमैंटिसिज्म है जिसे स्वच्छंदतावाद भी कहा गया है। यह मनुष्य जीवन की एक सकारात्मक, सृजनात्मक और क्रान्तिकारी शक्ति है जो सामन्तवाद से टकराती है। इस आन्दोलन ने सबसे पहले मनुष्य को सामन्ती झुंड से बाहर निकालकर उसमें वैयक्तिकता की, 'मैं' की प्रतिष्ठा की। यह व्यक्ति के 'स्व' का उद्घोष है।

निराला ने जब कहा था, 'मैंने मैं शैली अपनाई' तो यह सिर्फ एक काव्य शैली की बात नहीं थी। यह एक सांस्कृतिक मुक्ति का मामला भी था। आज आम आदमी का 'मैं' साम्प्रदायिक, जातिवादी और उपभोक्तावादी झुंडों में खोता जा रहा है। उस युग में अहं से बाहर निकल रहा 'मैं' चौहद्दियाँ तोड़ रहा था। कई लोग अपनी देह के बाहर 'मैं' को नहीं देखते, जबकि छायावाद का 'मैं' एक उच्च मनोभूमि है। वह 'मैं' आज नहीं है, उसका अपहरण हो गया है। चुनाव में अब व्यक्ति का 'मैं' वोट नहीं देता, बल्कि धर्म और जातिवाद के बोरे में भरकर वोट गिराए जाते हैं।

छायावाद के बारे में बँधी समझ उसके मूल्यांकन में बाधक है

छायावाद के बारे में बहुत कुछ लिखा गया है। हम दावा कर सकते हैं कि उसके बारे में हमारे पास विपुल जानकारियाँ हैं। कई बार किसी चीज के बारे में ज्यादा जानकारियाँ और उन पर आधारित बँधी समझ ही उस चीज को जानने के मार्ग में सबसे बड़ी बाधा होती है। हमें तब उन जानकारियों के पार जाना पड़ता है और नई दृष्टि की तलाश करनी पड़ती है।

छायावाद के पुनर्मूल्यांकन के मार्ग में सबसे बड़ी बाधा उसे रहस्यवाद के पर्याय के रूप में देखना है। खुद छायावादी कवियों ने यह भ्रम फैलाया। प्रसाद ने छायावाद को 'रहस्यवाद की सौन्दर्यमयी अभिव्यंजना' कहा था, हालाँकि उन्होंने इसे 'युग की वेदना' से भी जोड़ा था। निःसन्देह इस युग के कवियों की सौन्दर्य

चेतना, जीवन और प्रकृति की सौन्दर्य छवियों की रचना उस युग की मूल्य चेतना से घनिष्ठता से जुड़ी हुई है।

छायावाद को पहली बार सकारात्मक दृष्टि से देखने वाले आलोचक नन्द दुलारे वाजपेयी ने भी कहा था, 'सूक्ष्म किन्तु व्यक्त सौन्दर्य में आध्यात्मिक छाया का भान मेरे विचार से छायावाद की सर्वमान्य परिभाषा हो सकती है।' उन्होंने इसे 'नूतन सांस्कृतिक भावना का उद्‌गम' और 'राष्ट्रीय जागरण की प्रभाती ध्वनि' कहा था। यह 19वीं सदी के नवजागरण के सम्बन्ध में कहा जाना चाहिए था। छायावाद पर सबसे अच्छी किताब नामवर सिंह की है। उन्होंने 'छायावाद की कविता से राष्ट्रीय जागरण का पर्याप्त आभास' पाते, उसमें 'वास्तविकता की कमी', 'व्यापकता की कमी' और 'व्यक्तिवाद' भी देखा था। इस बिन्दु पर कहा जा सकता है कि छायावाद जीवन के व्यापक यथार्थों से तटस्थ नहीं है। उसमें कल्पनाशीलता है, पर यह बुद्धि और यथार्थ के विरुद्ध नहीं है। उसमें वैयक्तिकता जरूर है, पर व्यक्तिवाद नहीं है।

रहस्यवाद तक सीमित नहीं है छायावाद

छायावाद के बारे में एक यह कहा जा सकता है कि जिस तरह कबीर में रहस्यवाद के अलावा बहुत कुछ है, उसी तरह छायावाद में भी रहस्यवाद के अलावा ऐसा बहुत कुछ है जो लौकिक, राष्ट्रीय और मानवीय है। दूसरे, छायावादी साहित्य के एक छोटे हिस्से में मौजूद रहस्यवाद को पारम्परिक अर्थ में न लेते हुए महज रहस्यात्मक शैली माना जा सकता है। रहस्यवाद काल से कालातीत में और इतिहास से अनन्त में छलाँग है। यदि छायावाद का सम्बन्ध इतिहास से है, जैसा कि 'स्कंदगुप्त', 'चन्द्रगुप्त' (प्रसाद) 'तुलसीदास' (निराला) जैसे चरित्रों से स्पष्ट है और स्वाधीनता आन्दोलन से है तो उसे कहीं भी रहस्यवाद में सीमित करके देखना ठीक नहीं है। रहस्यवाद के बारे में एक धारणा यह सामने आई है कि इसने विभिन्न तरह के पाखंड और भेदभाव से भरे कटोर धार्मिक माहौल में प्रेम का सन्देश दिया। इसने कठिन समय में लोगों के अन्तःकरण के उच्च ईश्वरीय भावों को बुझने नहीं दिया। इसके अलावा, रहस्यवाद ने समय-समय पर क्रूर सत्ताओं को निर्भय होकर चुनौती दी जो सूफी और सन्त साहित्य से स्पष्ट है। फिर भी रहस्यवाद पर यह आरोप लगता रहा है कि यह यथार्थ से पलायन है, जबकि इसकी धर्मनिरपेक्ष आध्यात्मिकता में अमूर्तता और धुँधलेपन के बावजूद उच्च मूल्यों की खोज सदा रही है। उपनिषद रचने वाले ऋषि हों, कबीर, रवीन्द्रनाथ या महादेवी हों—ऐसे सभी व्यक्ति दुनिया से भागने वाले नहीं बल्कि इसे भीतर से बदलने की उद्दाम लालसा रखने वाले, भेदभावों से ऊपर उठे हुए, कलाप्रेमी और भावप्रवण विद्रोही थे। इन्होंने अपने समय के सत्ता विमर्शों को चुनौती देते हुए अपनी सच्ची भावनाओं को कहने का जोखिम उठाया था।

छायावाद में रहस्य भावना कोई अमूर्त जिज्ञासा नहीं है। उसमें ऐसे मानवीय जीवन की कामना है जो वर्चस्व और बन्धनों से मुक्त हो। वर्तमान दुनिया असह्य है, एक नया विश्व चाहिए। वर्तमान विश्व में बन्धन हैं, सरहदें हैं, प्रभुत्व और वंचनाएँ हैं, भेदभाव हैं। इसलिए एक नई दुनिया चाहिए, 'जहाँ सपने हों पहरेदार / अनोखा एक नया संसार' (महादेवी)। ऐसा विश्व बन नहीं पा रहा है। इसलिए वेदना है, कहीं उदासी है, विलगाव की चीख है, पर एक नई दुनिया की आकांक्षा भी है।

भारत की आत्मा का हाहाकार

प्रसाद ने लिखा है—

इस करुणा कलित हृदय में
क्यों विकल रागिनी बजती
क्यों हाहाकार स्वरों में
वेदना असीम गरजती।

छायावाद में वेदना ही नहीं, वेदना का गर्जन भी है। यह निजी वेदना नहीं है। यह भारत की आत्मा का हाहाकार है। महत्त्वपूर्ण यह है कि यह हाहाकार सरहदें नहीं बनाता। यह विश्व के दुख को भी उभारता है। निःसन्देह छायावाद के केन्द्र में दुख है। निराला ने लिखा था, 'दुख ही जीवन की कथा रही'। दुख जितना निजी था, उससे काफी अधिक जातीय था। उस युग में दूसरों के दुख को महसूस करने की क्षमता थी। अधिक सुख आदमी को अमानवीय बना देता है, जबकि दुख मानवीय बनाता है। हम पाते हैं कि छायावाद युग के लोगों का दुख में भी सिर उठा रहता था।

छायावाद की वेदना भारतीय आकांक्षा और सामन्ती—औपनिवेशिक यथार्थ के बीच टकराहट का नतीजा है। यूरोप के कई देशों में फ्रांसीसी क्रान्ति (1789) की उपलब्धियाँ—'बन्धुत्व, स्वाधीनता और समानता' जब यथार्थ बन चुकी थीं, तब गृह कलह से जर्जरित जर्मनी में वे स्वप्न थीं। वे हीगेल के आदर्शवाद में व्यक्त हुईं। छायावाद की तुलना बहुत कुछ हीगेल के आदर्शवाद से की जा सकती है, क्योंकि बन्धुत्व, स्वाधीनता और समानता भारत में भी स्वप्न जैसे ही रहे हैं। इन चीजों की आकांक्षा और सामन्ती-भूमंडलीय यथार्थों के बीच टकराहटें आज भी कम नहीं हैं।

राष्ट्रीय जागरण और विश्वबोध

पश्चिमी रोमैंटिसिज्म की पृष्ठभूमि से छायावाद की पृष्ठभूमि भिन्न है। पश्चिमी रोमैंटिसिज्म तीन-चार सौ सालों के यूरोपीय रिनेसां की व्यापक पृष्ठभूमि में और एक

स्वतंत्र माहौल में आया था, जबकि भारत में रोमैंटिसिज्म या हिन्दी में छायावाद 19वीं सदी के नवजागरण की कमजोर पृष्ठभूमि लेकर और औपनिवेशिक माहौल में आया। यह भी उल्लेखनीय है कि छायावाद की पृष्ठभूमि में 1857 का पहला स्वाधीनता संग्राम और 1917 की रूसी क्रान्ति—ये दो खास चीजें थीं जिनका असर पड़ा था।

छायावाद में 19वीं सदी के नवजागरण की निरन्तरता है। अर्थात इसमें एक ओर राष्ट्रीय आत्मपहचान का संघर्ष है, दूसरी ओर, इसमें अन्तरराष्ट्रीयतावाद या विश्वबोध है जो रोमैंटिसिज्म की सार्वभौम प्रवृत्ति है। छायावाद में राष्ट्रीय जागरण पश्चिम से 'पृथकता' का बोध है जो भारत की औपनिवेशिक स्थितियों में स्वाभाविक है। इसके अलावा, छायावाद में विश्वमानवतावाद या विश्वबोध भी है, अर्थात विश्व से अ-पृथकता का अहसास भी है। छायावादी साहित्य में विरुद्धों का सामंजस्य एक प्रमुख तत्त्व है जो 'संध्या', 'उषा', 'क्षितिज', 'अरुण-नील' जैसे ज्यादा प्रयोग में लाए गए शब्दों से स्पष्ट है। अरुण रंग का सम्बन्ध जागरण और नीले रंग का सम्बन्ध वेदना से है—'यह सागर संगम अरुण-नीला।'

यदि निराला कहते हैं, 'प्रिय स्वतंत्र रव अमृत मंत्र नव / भारत में भर दें' तो अगले ही क्षण वे यह कहना नहीं छोड़ते, 'जगमग जग कर दें'! प्रसाद 'आँसू' में कहते हैं, 'बरसो प्रभात हिमकण सा / आँसू इस विश्व सदन में।' वे सिर्फ हिन्दी क्षेत्र या भारत की बात नहीं करते। अन्ध-राष्ट्रवाद के वर्तमान दौर में छायावाद का विश्वबोध, मानवतावादी सामंजस्य चेतना और भेदभाव से ऊपर उठने का राष्ट्रीय आह्वान प्रेरणादायक है।

उपर्युक्त रोशनी में यह भी स्पष्ट हो सकता है कि लम्बे समय से व्यर्थ ही द्विवेदी युग और छायावाद को लड़ाकर देखा गया। दोनों को अभिव्यक्ति की शैली-इतिवृत्तात्मकता बनाम सूक्ष्मता के आधार पर लड़ाकर देखा गया। छायावाद भारतेन्दु और द्विवेदी युग के नवजागरण का स्वाभाविक विकास है।

बुद्धि और सहृदयता का युग्म

छायावाद का उदारवाद बुद्धि और सहृदयता के मेल से बना है—बुद्धि की क्षमता से रूढ़ियों तथा कट्टरता का खंडन और सहृदयता की क्षमता से व्यक्ति के 'मैं' का जाति, धर्म, राष्ट्र और निजी स्वार्थों का अतिक्रमण करते हुए आत्मप्रसार। रामचन्द्र शुक्ल प्रसार के साथ भाव प्रसार की जो बात की थी, उसे महादेवी ने 'मस्तिष्क को हृदयमय और हृदय को मस्तिष्कमय' बनाना कहा था। यह चीज मुक्तिबोध के यहाँ ज्ञानात्मक संवेदना और संवेदनात्मक ज्ञान के रूप में है। इधर आर्टिफिसियल इंटेलिजेंस आया है जो रोबोट से इसी अर्थ में भिन्न है कि बुद्धि के अलावा उसके पास एक 'मानवीय चेहरा' है। वह प्रेम से बात करता है। समझने की जरूरत है

कि मानवता का 'मानवीय चेहरा' भर होना एक बड़ा धोखा है।

यह भी कम व्यथित करने वाली बात नहीं है कि वर्तमान युग में 'एलीट' और 'लोक' के बीच जबरदस्त मानसिक विभाजन है जिसके कारण एलीट सहृदयता से दूर है तो लोक बुद्धिपरकता से दूर होता जा रहा है। छायावाद में बुद्धि और सहृदयता का जबरदस्त मेल न होता तो 'कामायनी' में श्रद्धा मानव को इड़ा के पास नहीं छोड़ती—'यह तर्कमयी तू श्रद्धामय /...मानव कर ले सब भूल ठीक'!

दुनिया के हर देश में अपनी तरह से नवजागरण आया और इसके बाद रोमैंटिसिज्म आया। नए युग में तर्क, मशीन और टेक्नोलॉजी के समानान्तर हृदय के प्रसार, प्रकृति-प्रेम और मानवता की बात कही गई।

छायावादी कवि भावप्रवण थे, उतने ही मूल्यप्रवण भी थे। वे किसी बिन्दु पर यदि दार्शनिक थे तो उनमें अबोधता भी थी—सरलता और ईमानदारी भी थी। वे जुझारू थे तो उनमें मधुरता भी थी। वे अपनी इन महान शक्तियों के बल पर ही कट्टरवाद से टकराते थे। महज सतही जुमलों को लेकर झूम रहे देशवासियों को आज छायावादी साहित्यकारों की बातें बेगानी लगेंगी। वे रोमैंटिक लोग पागल लगेंगे। हम देख सकते हैं कि उन कवियों ने प्रेम को रीतिवाद, सामन्ती रूढ़ियों और शृंगारिक विलासता से किस तरह मुक्त किया—स्त्री के आत्मसम्मान का सवाल उठाया। उन्होंने प्रेम का स्त्री-पुरुष से ऊपर उठकर मातृभाषा, देश और सम्पूर्ण सृष्टि तक अनोखा विस्तार किया। आज प्रेम और चतुराई के बीच दूरी कम रह गई है!

प्रेमचन्द की तरह ही छायावादी लेखकों को भी धन से दुश्मनी थी। 'पुरस्कार' की मधूलिका अपने खेत के मुआवजे के रूप में मिला स्वर्ण से भरा थाल उपेक्षा के साथ फेंक देती है। सालवती सोने की गेंद तालाब में फेंक देती है। 'स्कंदगुप्त' में देवसेना भोगवादी प्रवृत्ति की विजया से अलग प्रकृति की है। 'आकाशदीप' की चंपा विदेशों में जाकर व्यापार वृद्धि की जगह चंपा द्वीप के 'स्माल इज ब्यूटीफुल' को चुनती है।

छायावादी कवियों की एक विलक्षणता के बारे में महादेवी ने लिखा है, 'हमारे युग में अर्थ का कोई प्रश्न ही नहीं था। जिस युग में हम लोगों ने लिखा—निराला जी ने या पंत जी ने या हमने—तब अर्थ का कोई प्रश्न ही नहीं था और यश के लिए भी हम कोई आकुल नहीं थे।' आज पैसे और यश की भूख का अन्त नहीं है, क्योंकि रोमैंटिसिज्म खत्म है। मनुष्य उत्पादक से अधिक मिडिल मैन है!

एक बार किसी आदमी से पूछा गया, यदि घर में आग लगने से एक कमरे में एक बच्चा आग से घिरा हो और दूसरे कमरे में पिकासो का चित्र और किसी एक को ही बचाने की स्थिति हो तो तुम किसे बचाओगे? आदमी ने तपाक से उत्तर दिया—पिकासो के चित्र को। इसे बेचकर करोड़ों की रकम से बच्चों का अनाथालय खोल दूँगा और सैकड़ों बच्चों को मरने से बचा लूँगा। क्या वह सही था?

समझ की कुछ और सीमाएँ

छायावाद के अब तक के मूल्यांकन की एक और सीमा है—इसे सिर्फ काव्य के मूल्यांकन तक सीमित रखना। छायावादी साहित्यकारों ने कहानी, उपन्यास, नाटक, निबन्ध, रेखाचित्र आदि भी लिखा है। यह सम्भव नहीं है कि वे कविता में छायावादी हों और अन्य विधाओं में छायावादी न हों।

एक दूसरी बड़ी सीमा है छायावाद के मूल्यांकन में अत्यधिक नायक पूजा। शीतयुद्धीय वजहों से निराला पर चर्चा ज्यादा केन्द्रित रही। इसने छायावाद के उन आयामों को सामने आने से रोका जो प्रसाद, पंत और महादेवी से जुड़े थे। नायक पूजा एक सामन्ती तत्त्व है जो लोकतंत्र को क्षतिग्रस्त करता है। भारत में 'विचार' की जगह 'नायक' की प्रधानता ने आज देश में व्यक्ति-छवियों, बड़े-बड़े कट आउट और इमेज मैनेजमेंट का ऐसा जाल बिछा दिया है कि जनता भी नायक ही पसन्द करती है। यह उसकी निराशा और लोकतांत्रिक अभिरुचि में गिरावट का संकेत है।

धर्म और छायावाद

छायावाद युग में देवताओं और नायकों को आम व्यक्ति बनाकर उपस्थित किया गया और 'साधारण की विशिष्टता' का उद्घाटन हुआ। प्रसाद और प्रेमचन्द एक ही युग के थे। छायावाद का आदर्शवाद प्रेमचन्द के यथार्थवाद से और प्रेमचन्द का यथार्थवाद छायावाद के आदर्शवाद से तटस्थ नहीं रह सकता था। इसलिए इस युग में होरी था तो मेहता-मालती भी थे, श्रद्धा-देवसेना भी थीं। 'भिक्षुक' तथा 'देखा दुखी एक निज भाई' था तो 'तुलसीदास' और 'राम की शक्तिपूजा' भी थी। स्त्री 'नीर भरी दुख की बदली' थी, तो 'जाग तुझको दूर जाना' भी था। यह एक साथ कई प्रवृत्तियों, कई अन्तर्धाराओं, कई सह-सम्बन्धों और कई आशाओं तथा ऊँचाइयों का युग था।

छायावाद में पुनरुत्थानवाद के तत्त्व खोजकर उसे अवमूल्यित किया जाता रहा है, जबकि यह नवजागरण युग के धार्मिक सुधारों से प्रभावित था। छायावाद धार्मिक सहिष्णुता का पक्षधर और संकीर्णताओं का विरोधी था और उदारवाद से प्रेरित था। पंत उग्रता से पुनरुत्थानवाद का विरोध करते हैं, 'उस पुरानी गुदड़ी में असंख्य छिद्र, अपार संकीर्णताएँ हैं।' ('पल्लव' की भूमिका)। निराला की 'राम की शक्तिपूजा' का राम एक धर्मनिरपेक्ष काव्यात्मक चरित्र है।

प्रसाद ने अपने पहले काव्य-संग्रह 'चित्राधार' में यहाँ तक कहा था, 'ऐसो ब्रह्म लेइ का करिहै/ जो नहिं सुनत, करत नहिं जो कछु, जो जन पीर न हरिहै।' छायावादी कवियों के पास एक उदात्त भविष्य दृष्टि थी। वे अतीत की धार्मिक

रूढ़ियों, बाह्याडम्बरों और हर 'जीर्ण-शीर्ण' के विपक्ष में खड़े होकर नव मानवता का सन्देश दे रहे थे—'नष्ट-भ्रष्ट हो जीर्ण पुरातन' और 'हो पल्लवित नवल मानवपन'!

यह भूलना नहीं चाहिए कि वह संक्रमण का दौर था, जब कुछ पूर्वग्रहों, पुराने विश्वासों और संस्कारों का बना रहना स्वाभाविक है।

छायावाद में स्त्री

नवजागरण और छायावाद के बीच स्त्री प्रश्न पर गहरा सम्बन्ध है। प्रसाद की नायिका ध्रुवस्वामिनी शास्त्र, सामाजिक प्रथाओं और राज्य के सामने साहसपूर्वक सवाल खड़ा करती है, 'आज यह निर्णय हो जाना चाहिए कि मैं कौन हूँ?' छायावाद में स्त्री को 'जीवन के सुन्दर समतल', बराबरी पर प्रतिष्ठित करने की जो परियोजना है, वह द्विवेदी युग का खंडन नहीं है, बल्कि उसका विस्तार है। निराला 'वह तोड़ती पत्थर' में कहते हैं, 'देखते देखा मुझे जो एक बार / उस भवन की ओर देखा छिन्न तार।' स्त्री हमेशा देखने की वस्तु समझी गई है, लेकिन इस कविता में स्त्री एक दृश्य भर नहीं है। वह खुद भी देखती है। वह निराला को देखते हुए देखती है! उसे महज दृश्य होने से इनकार है। भवन और स्त्री जिसके जीवन के तार छिन्न-छिन्न हैं, का एक कंट्रास्ट खड़ा होता है। फिर निराला उसे 'सहज सजा सितार' कहते हैं। हथौड़ा और सितार—यह विरुद्धों का एक सुन्दर युग्म है।

छायावादी कवियों में महादेवी ऐसी थीं जिन्होंने स्त्री होने के दर्द का तल्ख अनुभव किया था। छायावाद के स्त्री-सन्दर्भ की विशिष्टता को समझना जरूरी है। उन्होंने एक जगह लिखा है, 'मैं किसी कर्मकांड में विश्वास नहीं करती।' महादेवी की स्त्री कैसी है? 'आँसू का तन विद्युत का मन / प्राणों में वरदानों का प्रण'! स्त्री के आँसू में विद्युत की कामना एक विद्रोह है।

रोमैंटिसिज्म एक बड़ी परिदृश्यात्मक घटना है

छायावादी साहित्यकारों के गद्य के बिना छायावाद को समझा नहीं जा सकता। काव्य में राग की प्रधानता है तो गद्य में क्षोभ की प्रधानता है—उदात्त नूतनता से राग और जीर्ण पुरातनता क्षोभ। प्रसाद के उपन्यास 'कंकाल' में धार्मिक समाज के भीतर मची उथल-पुथल के चित्र हैं। इसमें हिन्दू मंगल और मुसलमान गाला के प्रेम का ट्रैजिक वर्णन है। 'तितली' में हिन्दू-ईसाई के बीच प्रेम है।

प्रसाद की एक अल्पपरिचित गद्यकविता 'उर्वशी' में अप्सरा कहती है, 'मैं तो पहले ही कह चुकी हूँ कि मैं स्वतंत्र हूँ। इसी स्वतंत्रता को छीनने के लिए आगे चलकर अनेक कठोर नियम बनेंगे, बड़े-बड़े प्रलोभन और बड़ी-बड़ी धमकियाँ

होंगी, फिर भी हमारा दल बना रहेगा और स्वतंत्र रहेगा।' छायावाद के उन मूल्यों को समझना होगा, जिन पर धार्मिक कट्टरवाद हर युग में खतरा पैदा करता रहा है।

'कुल्ली भाट' में निराला दलित बच्चों से मिलते हैं, 'बिना स्तव के, बिना यंत्र के, बिना वाद्य, बिना गीत के, बिना सिंगार वाले ये चमार, पासी, धोबी, कोरी दोने में फूल लिये हुए मेरे सामने आ-आकर रखने लगे। मारे डर के हाथों में नहीं दे रहे थे कि कहीं छू जाने पर मुझे नहाना होगा। इतना नत, इतना अधम बनाया है मेरे समाज ने इन्हें।...बिना वाणी की वह वाणी, बिना शिक्षा की वह संस्कृति प्राण का पर्दा पर्दा-पार कर गई। उफ! कितना मोह है। मैं ईश्वर, सौन्दर्य, वैभव और विलास का कवि हूँ! फिर भी क्रान्तिकारी!!' इस तरह का आत्मविखंडन, इस तरह की ग्लानि क्या आज सम्भव है? निराला में देशभक्ति के साथ न्याय की आवाज खुलकर है। आज देश को लेकर गर्व से भरी बातें, बड़बोलापन ज्यादा है, क्योंकि लोगों का रोमैंटिसिज्म आमतौर पर अधमरा हो चला है—उच्च आदर्श मुरझा गए हैं।

हिन्दी के इस विलम्बित और अल्पवयसी साहित्यिक आन्दोलन का जल्दी युगांत मान लिया गया। हालाँकि इसका प्रभाव परवर्ती सांस्कृतिक नवोन्मेषों पर लम्बे समय तक रहा है। भारत में तब तक रोमैंटिसिज्म की महत्त्वपूर्ण भूमिका है जब तक सामन्तवाद और औपनिवेशिक हैंगओवर है। इसके अध्ययन का क्षेत्र साहित्यिक विधाओं के बाहर पत्रकारिता, संगीत, नृत्य, पेंटिंग्स और सिनेमा तक फैला है। रोमैंटिसिज्म एक बड़ी परिदृश्यात्मक घटना है।

प्रकृति से मनुष्य का चिरंतन प्रेम

छायावाद ने मनुष्य को महत्ता देते हुए भी उसे सृष्टि के केन्द्र में नहीं रखा। इसने मनुष्य के चारों तरफ फैली प्रकृति-नदी-पर्वत, उषा-संध्या, किसलय-फूल, सूर्य-तारे, जल-वायु सभी से उसके रिश्ते को पुनर्परिभाषित किया। इसमें सभी चीजों की अन्तर्निभरता की चेतना थी। औद्योगीकरण मनुष्य का विलगाव और पर्यावरणीय प्रदूषण बढ़ा रहा था। रिनेसां और विज्ञान ने मनुष्य को प्रकृति से द्वंद्व की शिक्षा दी थी। प्रकृति पर विजय का दम्भ पैदा हो रहा था। छायावाद ने प्रकृति से प्रेम का सन्देश दिया।

छायावाद को पुराने ढंग से देखने की एक सीमा यह है कि प्रकृति चित्रण को प्रकृति के मानवीकरण तक सीमित करके देखा गया। प्रसाद जब झरने, वरुणा की लहरों, सागर संगम, उषा नागरी या पंत जब अल्मोड़ा के पर्वतों के सौन्दर्य का वर्णन करते हैं तो इन कवियों का मकसद प्रकृति के प्रति मनुष्य के चिरंतन राग का उद्‌घाटन है।

छायावादी कवि आधुनिक औद्योगिक समाज में बढ़ते उपयोगितावाद की भी

आलोचना करते हैं, क्योंकि उपयोगितावाद के बढ़ने का अर्थ है स्वार्थ पूर्ति में सहायक न होने पर कई मानव सम्बन्धों, स्मृतियों, कलाओं और उच्च उद्देश्यों का बेकार लगना और प्रकृति को महज उपभोग की चीज बना देना। रोमैंटिसिज्म की जमीन से प्रेरित होकर ही पर्यावरणविदों ने अपना आन्दोलन खड़ा किया है।

छायावाद : अभी भी चाहिए वह मिजाज

छायावाद पर ठोस ढंग से मूल्यांकन का अभी भी अभाव है। इसे बुर्जुआ साहित्यिक आन्दोलन, रुग्ण मानसिकता की देन और जीवन के व्यापक यथार्थ से दूर बताया गया है। दुर्भाग्यजनक है कि नई कविता के कई लोगों ने छायावाद का महत्त्व नहीं समझा। उन पर शीतयुद्ध का असर था या न्यू क्रिटिसिज्म के रोमांटिकता-विरोधी विचारों, खास कर टी.एस. इलियट का असर था। मुक्तिबोध छायावाद को नहीं समझ पाए; हालाँकि उनमें क्रान्तिकारी ही सही भरपूर रोमैंटिसिज्म है। अज्ञेय को छायावादी कवियों से ज्यादा केशव और मैथिलीशरण गुप्त अच्छे लगे। उन्होंने रोमैंटिसिज्म से प्रभावित अपनी कृति 'शेखर एक जीवनी' को डिनाउंस कर दिया था। पर यदि उनकी ख्याति बनी रहेगी तो मुख्यतः इसी कृति से बनी रहेगी। पंत को 'लोकायतन' से ज्यादा उनकी छायावादी कविताओं के लिए याद किया जाएगा।

लम्बे समय तक नए लेखक छायावाद विरोधी होने में ही श्रेष्ठता देखते रहे हैं। फिर भी उनके विद्रोह, क्रान्तिकारिता या आधुनिकता में सारवान वही है जिसमें रोमांटिकता या छायावाद का अप्रत्यक्ष असर है। नई कविता के सभी कवि चाहे वे प्रगतिशील अधिक हों या आधुनिकतावादी अधिक, रोमैंटिक भी हैं।

मनुष्य के अन्तःकरण के सामने, भारत की आत्मा के सामने दो बड़ी विपत्तियाँ हैं—तोड़-फोड़ (फ्रैग्मेंटेशन) और वस्तुकरण (महज उत्पाद बना देना, कमोडीफिकेशन)। छायावाद मानवीय अन्तःकरण के मुख्य गुणों—कल्पनाशीलता, अन्तर्दृष्टि, सृजनात्मकता, अखंडता और करुणा के संरक्षण का आन्दोलन रहा है। वह भारतीय आकांक्षाओं में परिवर्तन की एक बड़ी सांस्कृतिक सूचना है। भारत में नवजागरण यदि बुद्धिवाद की असमाप्त परियोजना है तो छायावाद को भारतीय राष्ट्रीयता और विश्वमानवता की असमाप्त परियोजना समझना चाहिए।

छायावाद : सौ साल बाद

माधव हाड़ा

सौ साल बाद छायावाद पर विचार करना किसी बहुत पुराने बक्से के कपड़ों-गहनों को टटोलने-सँभालने जैसा है। जाहिर है, टटोलने-सँभालने का यह अनुभव बहुत मिला-जुला होगा—गहनों-कपड़ों को टटोलते हुए हम पाएँगे कि उनमें से कुछ सड़-गल गए हैं, कुछ का फैशन वापस आ गया है और कुछ ऐसे हैं जो चलन से बाहर हो गए हैं। छायावाद की स्थिति भी कमोबेश ऐसी ही है—उसका कुछ अब अनुपयोगी-अप्रासंगिक हो गया है, तो कुछ की चलन में वापसी हो गई है और कुछ ऐसा है, जो मूल्यवान तो बहुत है, पर अब यह चलन में नही है। छायावाद का महत्त्व निर्विवाद है। छायावाद कई मायनों में आधुनिक हिन्दी कविता का प्रस्थान बिन्दु है—यहाँ से कई प्रवृत्तियाँ शुरू हुईं, जिसमें से कुछ तो वहीं ठहर गईं और कुछ का आगे पल्लवन और विस्तार हुआ। सौ साल बाद छायावाद को पढ़ते-समझते हुए यह ध्यान में रखना चाहिए कि यह एक आन्दोलन था और आन्दोलन का अच्छा-बुरा जो होता है, वो सब इसमें भी था। छायावाद को परम्परा और विरासत की तरह ही पढ़ा-समझा जाना चाहिए। अज्ञेय ने कभी कहा था कि विरासत-परम्परा पोटली बँधे पाथेय की तरह है, जिसको रास्ते में बार-बार उलट-पलटकर देखते रहना चाहिए।

1

छायावाद आधुनिक हिन्दी कविता का पहला और कुछ हद तक अन्तिम आन्दोलन था। आगे चलकर हिन्दी कविता में उठापटक तो कई तरह की हुई, लेकिन उसमें सही मायने में आन्दोलन जैसा कुछ नहीं हुआ। हिन्दी कविता छायावाद की शुरुआत में बहुत कम उम्र की थी और इतनी कम उम्र में उसका इस तरह आन्दोलनकारी हो जाना कुछ आकस्मिक और चौंकाने वाला है। छायावाद आन्दोलन था—हड़बड़ी, खेमेबाजी, आरोप-प्रत्यारोप, खंडन-मंडन आदि जिस तरह से किसी आन्दोलन में

होते हैं, वे सब छायावाद में थे। कविता की इस नई चाल-चलगत का समर्थन छायावादी कवियों ने खुद उत्साहपूर्वक किया। कविता से बाहर कविता के लिए इतने लम्बे-चौड़े स्पष्टीकरण दिए गए। अपनी कविता के लिए कवियों को कैफियत देने की जरूरत हिन्दी में पहली बार महसूस की गई। कविता संकलनों की लम्बी-लम्बी भूमिकाएँ लिखी गईं, जिनमें संकलित कविताओं की नई रीति-नीति का खुलासा था। ये भूमिकाएँ बाद में इस आन्दोलन में समझने-समझाने की ऐतिहासिक दस्तावेज सिद्ध हुईं। 'पल्लव' और 'परिमल' की भूमिकाओं को कविता की नई चाल-चलगत का घोषणा पत्र माना गया। खास बात यह है कि इन संकलनों की भूमिकाएँ बहुत लम्बी थीं। 'पल्लव' के 110 पृष्ठों में से 40, 'परिमल' के 263 पृष्ठों में से 23 और 'दीपशिखा' के 85 पृष्ठों में से 63 पृष्ठ की भूमिका के थे। इस दौरान कविता की इस नई चाल-चलगत के समर्थन और विरोध में कई पत्रिकाएँ निकलीं। 'मतवाला', 'सुधा', 'प्रभा', 'विशाल भारत', 'सरस्वती' आदि इसी तरह की पत्रिकाएँ थीं—कवियों और आलोचकों ने इन पत्र-पत्रिकाओं में छायावाद के समर्थन और विरोध में लेख लिखे। आलोचकों और कवियों ने एक-दूसरे की धारणाओं के प्रतिवाद में भी लेख लिखे। प्रसाद का 'काव्यकला और अन्य निबन्ध' एक निबन्ध की प्रतिक्रिया में ही लिखा गया। छायावादी कवियों ने अपनी कविता पर जटिल और दुरूह होने के आरोप की प्रतिक्रिया में अपनी कविताओं की व्याख्याएँ और टीकाएँ भी लिखीं।

छायावाद हिन्दी कविता का पहला आन्दोलन था, जिसके नामकरण की जरूरत महसूस हुई और जिसका नोटिस आलोचकों ने लिया। आलोचकों ने नकारात्मक अर्थ में छायावाद का नामकरण किया, लेकिन जब यह संज्ञा चल निकली, तो छायावाद के समर्थक और विरोधी इसके अर्थ निर्धारण और व्याख्या में जुट गए। मुकुटधर पांडेय, महावीरप्रसाद द्विवेदी और रामचन्द्र शुक्ल ने 'छाया' शब्द को केन्द्र में रखकर अपनी अलग-अलग व्याख्याएँ कीं। रामचन्द्र शुक्ल ने 'छाया' को यूरोपीय ईसाई शब्द 'फैंटसमाटा' से जोड़ दिया। शुक्ल छायावाद के मुखर आलोचक थे। उन्होंने छायावाद की अज्ञात की जिज्ञासा को 'ढोंग' कहा। उन्होंने एक कविता में लिखा कि "लालसा अज्ञात की बता के ढोंग रचते जो / शब्दों का झूठ-मूठ, अब वे हों सावधान।" उन्होंने इसके कुछ लाक्षणिक प्रयोगों को 'अजायबघर के जानवर' कहा। विरोध के बावजूद उन्होंने किन्तु-परन्तु के साथ इस नई काव्य प्रवृत्ति की अपने इतिहास में आधुनिक काव्यधारा के तृतीय उत्थान के रूप में पहचान की। उन्होंने इस काव्य प्रवृत्ति को जगह तो दे दी, लेकिन यह कहने से नहीं चूके कि यह कविता का स्वाभाविक रास्ता नहीं है। उन्होंने लिखा कि "यह वाद क्या प्रकट हुआ, एक बने-बनाए रास्ते का दरवाजा खुल पड़ा और हिन्दी के कुछ नए कवि उधर एकबारगी झुक पड़े। यह क्रमशः अपना बनाया हुआ रास्ता नहीं था।"

छायावाद ऐसा आन्दोलन है, जिसमें अपनी परम्परा का सचेत और मुखर विरोध

है। कोई काव्य प्रवृत्ति या नवाचार अन्ततः रूढ़ि में निःशेष होने के लिए अभिशप्त है और इस रूढ़ि या रीति का विरोध और अतिक्रमण भी कवि का स्वभाव और धर्म है। छायावाद की खास बात यह है कि इसमें परम्परा या रूढ़ि का हाथ उठाकर सचेत भाव से विरोध है। खास तौर पर काव्य भाषा के रूप में ब्रज और कविता में छंद व्यवहार का जैसा मुखर और उग्र विरोध छायावाद के दौरान हुआ, वैसा इससे पहले और बाद में कभी नहीं हुआ। ब्रजभाषा का विरोध करते हुए 'पल्लव' की भूमिका में पंत ने लिखा कि "हम ब्रज की इस जीर्ण-शीर्ण (अवधी सहित) छिद्रों से भरी, पुरानी छींट की चोली को नहीं चाहते। इसकी संकीर्ण कारा में बन्दी हो, हमारी आत्मा वायु की न्यूनता के कारण सिसक उठती है। हमारे शरीर का विकास रुक जाता है। हमें यह पुराने फैशन की मिस्सी पसन्द नहीं, जिससे हमारी हँसी की स्वाभाविक उज्ज्वलता रंग जाती, फीकी और मलिन पड़ जाती है। यह बिलकुल आउट ऑफ डेट हो गई है।" आगे उन्होंने और लिखा कि "मुझे तो उस तीन सौ चार वर्षों की वृद्धा के शब्द बिलकुल रक्त-मांसहीन लगते हैं।" छंद पर आक्रमण सभी ने किए, लेकिन निराला का स्वर उनमें सबसे उग्र था। उन्होंने 'परिमल' की भूमिका में छंद की अनुपयोगिता और अप्रासंगिकता पर विस्तार से विचार किया। उन्होंने 'परिमल' की भूमिका में लिखा कि "मनुष्यों की तरह कविता की भी मुक्ति होती है। मनुष्यों की मुक्ति कर्मों के बन्धन से छुटकारा पाना है। और कविता की मुक्ति छंदों से अलग हो जाना।" इसी नई प्रवृत्ति का प्रतिरोध भी बहुत व्यापक, तीव्र और सचेत भाव से था। विरोधियों ने इसको 'अनर्थ', 'विप्लव' और 'रोग' की संज्ञा दी। विरोधियों ने छायावाद पर कभी अपने नाम से, तो कभी छद्मनाम से आक्रमण किए।

छायावाद की समवेत पहचान बनाने की कोशिशें बार-बार हुईं, लेकिन उसमें वैयक्तिक पहचानें बहुत मुखर थीं, इसलिए यह पहचान कभी इन पहचानों को एक साथ समेटनेवाली नहीं बन पाई। यह सही है कोई पहचान बनाने के लिए सरलीकरण की जरूरत पड़ती है, लेकिन वैयक्तिक स्वर बहुत मुखर हो, तो फिर इस पहचान में उनके सीमित या समाप्त होने का खतरा भी रहता है। छायावाद में कवि व्यक्तित्व इतने मुखर और पारदर्शी हैं कि वे पहचानों और सरलीकरणों से बाहर अलग दिखाई पड़ते हैं। आलोचकों के सामने भी छायावाद को किसी एक संज्ञा या पहचान में समेटना चुनौती का काम रहा है। रामचन्द्र शुक्ल इस काव्य प्रवृत्ति को छायावाद, स्वच्छंदतावाद और रहस्यवाद की अलग-अलग पहचानों में तलाशते रहे। इसमें से किसी एक संज्ञा में इन सबको समेटने में उनको असुविधा हुई। यद्यपि वे रहस्यवाद के प्रशंसक थे, छायावाद में कुछ हद तक रहस्यवाद भी सम्मिलित था, लेकिन फिर भी वे इसको रहस्यवाद नहीं कह पाए। उन्होंने इसके लिए नया शब्द 'कुच-कचस्पर्शी रहस्यवाद' गढ़ा। नन्ददुलारे वाजपेयी की भी यही

दुविधा थी। उन्होंने इस प्रवृत्ति को केवल छायावाद कहने से गुरेज किया। उन्होंने महादेवी को रहस्यवादी, लेकिन उनकी शैली को छायावादी कहा। उन्होंने प्रसाद को छायावादी, रहस्यवादी और स्वच्छंदतावादी, तीनों माना। निराला को उन्होंने स्वच्छंदतावादी कहा। उन्होंने छायावादी केवल पंत को माना। नामवर सिंह ने आगे चलकर सभी को छायावादी तो कहा, लेकिन छायावाद में उन्होंने चित्रण की सूक्ष्मता के साथ रहस्यवाद की अज्ञात की जिज्ञासा और स्वच्छंदतावाद की रूढ़ियों से मुक्ति की आकांक्षा को भी सम्मिलित किया। छायावाद के तमाम सरलीकरणों के बावजूद महादेवी इसकी वृहद्त्रयी कभी नहीं अँट पाई। परम्परा के साथ सम्बन्ध और कविता में उसके निवेश को लेकर चारों कवियों का नजरिया भी अलग-अलग तरह का है। परम्परा से घनिष्ठता प्रसाद के यहाँ सबसे अधिक है, उनसे कुछ कम निराला के यहाँ है, जबकि पंत और महादेवी के यहाँ यह और अलग तरह से है। छायावाद के कवियों की भाषा और मुहावरा भी एक-दूसरे से बहुत अलग है।

2

छायावाद के कई मूल्यांकन हुए और यह लगभग निर्विवाद है कि यह एक उपलब्धिप्रधान आन्दोलन था। छंद से मुक्ति छायावाद की सबसे बड़ी उपलब्धि है। छंद से कविता को अलग करना कितना मुश्किल काम था, यह छायावाद के दौरान और उससे पहले छंद और कविता के सम्बन्ध को जानकर ही अच्छी तरह समझा जा सकता है। छंद उस समय कविता के कविता होने की सर्वोपरि और सबसे जरूरी अर्हता थी। बिना छंद के कविता की कल्पना ही मुश्किल काम था। छंद से मुक्ति के लिए संघर्षरत छायावादी कवियों ने भी यह नहीं सोचा था कि कविता इतनी जल्दी छंद से मुक्त हो जाएगी। निराला ने एक जगह लिखा कि "दुख के साथ कहना पड़ता है कि हिन्दी में कविता के मुक्त स्वरूप को देखने के लिए अभी हमें बहुत दिनों तक अपेक्षा करनी पड़ेगी।" छंद से मक्ति लम्बी जद्दोजहद के बाद हुई। 'परिमल' में संकलित कविताएँ छंदबद्ध, भिन्न छंद और स्वच्छंद, तीनों तरह की हैं। छंद से मुक्ति भी छंद को केन्द्र में रखकर हुई—कविता के लिए अर्थ की लय को अर्हता के रूप में मान्यता तुकांत, अतुकांत, स्वच्छंद छंद के विभिन्न चरणों से गुजरने के बाद ही मिल पाई। 'पल्लव' और 'परिमल' की भूमिकाओं में यह जद्दोजहद साफ देखी जा सकती है। निराला और पंत ने बहुत विस्तार से खड़ी बोली और पारम्परिक छंद, मात्रिक छंद और खड़ी बोली और वर्णिक छंद और खड़ी बोली के सम्बन्ध के औचित्य-अनौचित्य पर विस्तार से विचार किया। पंत ने हिन्दी के तब के लोकप्रिय छंद कवित्त को हिन्दी कविता के लिए अनुपयोगी सिद्ध करते हुए इसे हिन्दी का औरसजात नहीं, पौष्यपुत्र माना। उन्होंने 'पल्लव' की भूमिका

में लिखा कि "सवैया और कवित्त छंद मुझे हिन्दी की कविता के लिए उपयुक्त नहीं जान पड़ते।" उनके अनुसार कवित्त को अलंकार बहुत चाहिए। उनके अपने शब्दों में "अपनी कुलवधू की तरह दो-एक नये आभूषण पाकर ही वह प्रसन्नता से प्रदीप्त नहीं हो उठता, गणिका की तरह अनेकानेक वस्त्र-भूषण ऐंठ लेने पर ही कहीं अपने साथ रसालाप करने देता है।" पंत की इस धारणा का बहुत विरोध हुआ। खुद निराला ने इसका विरोध किया। उन्होंने कहा कि पंत को कवित्त छंद अच्छा नहीं लगता, इसका कारण उनके स्वभाव में स्त्रीत्व गुण की प्रधानता है। पंत ने हिन्दी की संयुक्त क्रिया पर भी आपत्ति की—उन्होंने इसे दो सींगोंवाला हिरण कहा। इस जद्दोजहद की गम्भीरता का अनुमान इस तथ्य से लगाया जा सकता है कि तत्कालीन हिन्दी साहित्यिक समाज के लिए छंद से अलग कविता के अस्तित्व की कल्पना भी मुश्किल थी। लोग छंद मुक्त कविता के लिए छंद की ही रबर या केंचुआ छंद जैसी संज्ञाएँ इस्तेमाल कर रहे थे। निराला और पंत की छंद से मुक्ति के लिए वैदिक उदाहरण दिए। वेदों के दैवीय होने की धारणा के आधार पर निराला ने व्यंग्य किया कि "अजी, परमात्मा स्वयं अगर रबड़ छंद और केंचुआ छंद में लिख सकते हैं, तो मैंने कौन सा कसूर कर डाला।"

छायावाद का सबसे बड़ा योगदान अभिव्यंजना और भाषा के संस्कार-परिष्कार का है। छायावाद से पहले तक खड़ीबोली का काव्यभाषा के रूप में प्रयोग बहुत सीमित था और यह सूक्ष्म और कोमल भावनाओं-अनुभूतियों को धारण करने में असमर्थ थी। छायावादी कवियों ने इसको निरन्तर संस्कार-परिष्कार और अभ्यास से इस योग्य बनाया। छायावादी कवियों का नजरिया स्वच्छंदतावादी, मतलब रूढ़ियों से मुक्ति होने का था, इसलिए उन्होंने ऐसे शब्दों और अभिव्यंजना रूपों की खोज की जो उपलब्ध से अलग और नए थे। उन्होंने उपलब्ध ऐसे रूपों को पुनर्नवा किया। छायावादी ने अपने अभिव्यंजना क्षमता के विकास के लिए हिन्दी के पर्याय शब्दों को भिन्न अर्थच्छवियों से समृद्ध किया। हिन्दी में छायावाद से पहले तक पर्याय शब्दों के अर्थ कमोबेश समान थे, लेकिन छायावादी कवियों ने इनको सूक्ष्म अन्तर के साथ प्रयोग कर इनमें नए अर्थ की प्राण-प्रतिष्ठा की। उन्होंने ब्रजभाषा के समर्थक और आग्रही रूढ़िवादियों के इस तर्क को कि खड़ी बोली काव्य रचना के लिए उपयुक्त भाषा नहीं है, गलत सिद्ध करने के लिए आग्रह और उत्साहपूर्वक खड़ीबोली को कोमल और वैविध्यपूर्ण किया। छायावादियों ने संस्कृत के कई तत्सम शब्द रूपों को पुनर्नवा किया। छायावाद के दौरान संस्कृत के कई तत्सम शब्द रूप हिन्दी के अपने शब्द समूह में सम्मिलित हो गए।

छायावादी कवियों का नजरिया स्वच्छंदतावादी था, लेकिन हिन्दी की बहुत प्राचीन प्रगीत परम्परा को पुनर्नवा करने और इसको खड़ीबोली के अनुरूप ढालने में उनके योगदान भी बहुत महत्त्वपूर्ण हैं। प्रगीत की पद रचना के रूप में परम्परा हमारे

यहाँ बौद्धों के चर्यागीतों से चली आती है। प्रगीत या पद रचना परम्परा का संगीत से गहरा सम्बन्ध है। इसका आवयविक संगठन—ध्रुव, उदग्रह, मेलापक, अन्तरा और आभोग संगीतशास्त्रीय है। भक्ति आन्दोलन के दौरान पद रचना खूब हुई और इसके आवयविक स्वरूप का सरलीकरण भी हो गया। छायावाद के दौरान इस पद रचना का प्रगीत के रूप में खूब प्रयोग हुआ। छायावाद मूलतः मुक्तक प्रगीत आन्दोलन था। कुछ लोगों की यह धारणा सही है कि छायावादियों को आख्यान में सफलता नहीं मिली। छायावाद का एकमात्र प्रबन्ध 'कामायनी' प्रबन्ध या आख्यान नहीं है। सही मायने में यह एक प्रगीत रचना है। विच्छिन्न भावावेग, जो छायावाद के केन्द्र के लिए प्रगीत सबसे उपयुक्त माध्यम था। प्रगीत की समृद्धि छायावाद के दौरान अपने चरम पर है। नन्ददुलारे वाजपेयी ने छायावाद के दौरान प्रगीत के सम्बन्ध में निष्कर्ष निकाला कि "प्रबन्ध काव्य कोई रसीला फल है, जिसका आस्वादन छिलके, रेशे, बीज आदि निकालने पर ही किया जा सकता है, तो प्रगीत रचना उसी फल का रस है, जिसे हम तत्काल घूँट-घूँट पी सकते हैं।" प्रगीत का विस्तार और समृद्धि छायावाद के दौरान इसलिए हुई, क्योंकि कमोबेश सभी छायावादी कवि संगीत के भी जानकार थे। निराला और पंत संगीत के शास्त्र की बारीकियों का भी ज्ञान था। निराला स्वयं गाते भी थे। निराला के एक कविता संकलन का नाम ही 'गीतिका' है और इसकी रचनाएँ रागाधारित हैं।

कविता को जैसा महत्त्व और सम्मान छायावाद के दौरान प्राप्त हुआ, वैसा बाद में कभी नहीं हुआ। यह विडम्बना है कि बाद में कविता निर्भर और द्वितीय कोटि का कर्म होती गई। छायावाद के दौरान कविता एक स्वायत्त और सम्पूर्ण कर्म थी—यह किसी विचार या दर्शन पर निर्भर या उसकी जुगाली नहीं थी। पंत, प्रसाद, निराला, महादेवी आदि केवल कवि थे और कविता ही उनका कर्म-व्यवसाय था। यहाँ कविता स्वयं एक कला या दर्शन थी और छायावादी कवियों को इस पर विश्वास और पूरा भरोसा था। निराला की कवि और कविता के सम्बन्ध में राय बहुत ऊँची थी। उन्होंने अपनी एक टिप्पणी में संस्कृत का एक सुभाषित उद्धृत किया था, जो इस तरह है—"कविर्मनीषी परिभूः स्वयंभू।" आगे चलकर कविता के महत्त्व और प्रतिष्ठा का क्षरण होता गया और कविता एक परजीवी और निर्भर अनुशासन में बदलती गई। कविता के स्वतंत्र और सम्पूर्ण कर्म का आग्रह करने वाले नए माहौल में हाशिए पर चले गए।

3

छायावाद हिन्दी कविता का आरम्भिक आन्दोलन था, इसलिए उसकी अपनी कुछ बुनियादी अन्तर्निहित चारित्रिक कमजोरियाँ भी थीं। सौ साल बाद इस पर

विचार करते समय उनको अनदेखा नहीं किया जाना चाहिए। खास बात यह है कि छायावाद के अपने हल्ले-गुल्ले और उठापटक के दौरान उनकी चर्चा भी बहुत थी। विडम्बना यह है कि बाद में इसके मूल्यांकन के दौरान इनको कमोबेश अनदेखा ही कर दिया गया। छायावाद के विरोधी इसको हिन्दी कविता के विकास की सामान्य और स्वाभाविक अवस्था नहीं मानते थे। उनके अनुसार यह हिन्दी कविता की अल्पकालीन 'आई और गई' जैसे असामान्य अवस्था है। निराला और छायावादी कवियों की राय तो इससे अलग थी, लेकिन अनजाने में निराला ने एक बार छायावाद को 'मियादी बुखार' कह दिया था। उन्होंने छायावाद के बहुत प्रखर और मुखर विरोधी सुकवि किंकर महावीरप्रसाद द्विवेदी की एक टिप्पणी की प्रतिक्रिया में खुद छायावाद से कहलवाया कि "वैद्यराज आप गलती कर रहे हैं। मैं मियादी बुखार हूँ, अपना वक्त पूरा किए बिना उतरूँगा नहीं, चाहे मकरध्वज नहीं, मृत संजीवनी पिला दें।" अनजाने में कही गई निराला की यह बात कुछ हद तक सही थी। छायावाद एक आन्दोलन था और आन्दोलन में जैसी त्वरा, हड़बड़ी और उठापटक होती है और जो आपद्धर्म का तर्क होता है, वो सब था और अब यह मानना चाहिए उसमें से सब अच्छा नहीं था। यह किसी अल्पकालीन बीमारी जैसा था, जो आपकी सामान्य दैनन्दिन चर्या को बदल देती है। इस दौरान कुछ बहुत जरूरी और सहज को बतौर परहेज छोड़ना पड़ता है और कुछ आपद्धर्म के तहत नया अपनाना पड़ता है। छायावाद की असामान्य अवस्था हिन्दी कविता के विकास के इतिहास की कुछ ऐसी ही अवस्था है।

छायावाद के दौरान नकल और भावापहरण की बहुत चर्चा हुई, लेकिन बाद में इस पर विचार नहीं के बराबर हुआ। छायावाद के अपने आन्दोलन के विमर्श में—पत्रिकाओं के लेखों-टिप्पणियों में नकल, चौर्यकला, भावापहरण और चोरी-डकैती जैसे शब्द आम थे। छायावाद के दो शीर्ष कवियों ने लम्बे लेख लिखकर एक-दूसरे पर चोरी और भावापहरण के आरोप लगाए। निराला का 'पंतजी और उनका पल्लव' शीर्षक लम्बा लेख उस दौरान खूब चर्चा में रहा। ऐसे ही लेख निराला की कविता में चोरी से सम्बन्धित भी लिखे गए। इन लेखों में सोदाहरण यह बताया गया कि किस कवि का कौन-सा अंश और भाव कहाँ से लिया गया है। यह विवाद इतना बढ़ा कि निराला को 'परिमल' की भूमिका में यह लिखना पड़ा कि "रचनाओं में दो-चार जगह दूसरों के भाव मुमकिन है, आ गए हैं, पर अधिकांश कल्पना, 95 प्रतिशत मेरी अपनी है।" किसी प्रतिष्ठित कवि को अपने मौलिक काव्य संकलन की भूमिका में यह लिखना पड़े कि मेरे ये भाव चोरी के नहीं, मेरे अपने हैं, तो सन्देह की गुंजाइश तो बनती है। दूधनाथ सिंह ने इसीलिए 'लौट आ ओ धार' में छायावाद के कुछ कवियों की कविता को 'इंस्पायर्ड पॉयट्री' कहा है।

छायावादी आन्दोलन और कविता में हड़बड़ी और उत्तेजना थी और इस कारण कुछ चीजों के लिए उसमें आग्रह भी अतिरिक्त था। इस अतिरिक्त आग्रह की प्रतिक्रिया आगे चलकर अच्छी नहीं हुई। छायावाद का आग्रह तो बहुत अच्छा था—भावुकता, कल्पना, सूक्ष्म चित्रण, अज्ञात की जिज्ञासा आदि कविता के बुनियादी गुणधर्म थे और इन पर जोर देकर उसने कुछ गलत नहीं किया, लेकिन यह जोर ज्यादा हो गया और बहुत हड़बड़ी और उत्तेजना के साथ भी दिया गया। नतीजा यह हुआ कि छायावाद के उत्साह और हड़बड़ी के कम पड़ने के साथ ही कविता के ये बुनियादी गुणधर्म कविता के अवगुण बन गए और यथार्थ का आग्रह और सम्प्रेषण, जो कविता के बुनियादी गुणधर्म नहीं हैं, कविता के सर्वोपरि लक्षण का दर्जा पा गए। छायावाद का छंद से मुक्ति का आग्रह अपनी जगह पर सही था, यह इसकी ऐतिहासिक उपलब्धि है, लेकिन इसके दूरगामी परिणाम सकारात्मक के साथ नकारात्मक भी निकले। छायावाद में छंद से मुक्ति छंद की भूमि पर थी, इसके कवि छंद व्यवहार जानते थे, लेकिन बाद में छंद व्यवहार से अनभिज्ञ कई कवियों की कविता छंद से मुक्त होने के साथ कविता से भी मुक्त हो गई। बाद में हिन्दी कविता में माहौल कुछ ऐसा बना कि गद्य की अर्थहीन उलटबाँसियों के कविता होने का दावा करने वालों की भीड़ हो गई।

छायावाद 20-25 वर्ष का अल्पावधि काव्यान्दोलन था। साहित्य के इतिहास में इतने कम समय में कुछ बहुत ध्यानाकर्षक होने की गुंजाइश कम ही निकलती है। यह आश्चर्यजनक है कि छायावाद ने इस बहुत कम समय में बहुत कुछ बदल दिया। यह इसकी आन्दोलनात्मक त्वरा और उत्तेजना से सम्भव हुआ। छायावाद की उपलब्धियाँ बहुत हैं और उनकी चर्चा अब हमारी आदत हो गई है, लेकिन लम्बे समय बाद इसकी सफलता की पड़ताल या खुदाई हमें वहाँ भी ले जाती है, जहाँ जाने की आदत हमसे छूट गई है। दरअसल छायावाद आन्दोलन था और इसकी हड़बड़ी और उठापटक में रुककर देखने-समझने की गुंजाइश बहुत कम थी, इसलिए इसमें कई अतिरंजनाएँ और अन्तर्विरोध भी रह गए हैं। ऐसा होने में असाधारण कुछ भी नहीं है, यह बहुत स्वाभाविक है और यह किसी भी आन्दोलन की नियति है।

छायावाद के अध्यापन सम्बन्धी कुछ सुझाव

गोपाल प्रधान

हिन्दी में छायावाद शायद भक्ति साहित्य के बाद सृजनात्मकता की दृष्टि से सर्वाधिक उर्वर साहित्यिक काल रहा है और आधुनिक काल में कविता की सृजनात्मकता के लिहाज से उसने मानक निर्मित किए। हिन्दी साहित्य का इतिहास पढ़ते हुए आधुनिक काल से पहले कविता की जो साहित्यिक प्रतिष्ठा मिलती है आधुनिक काल में प्रवेश करते ही उसमें गिरावट महसूस होने लगती है। आचार्य शुक्ल ने आधुनिक काल की साहित्यिक प्रवृत्ति गद्य को मानकर इसका नाम गद्यकाल रखा है। इस नामकरण की सकारात्मकता में कोई सन्देह नहीं है। छायावाद के महत्त्व के लिए बस इस तथ्य को रेखांकित करना जरूरी है कि आधुनिक काल के साथ कविता की हैसियत घटी थी। छायावाद ने कविता को फिर से उसकी खोई महिमा वापस की। वैसे इस बात पर अधिक जोर देने से हम छायावादी रचनाकारों के गद्य की विशेषताओं को ठीक से नहीं समझ सकेंगे। आखिर जो व्यक्ति कविता लिख रहा था उसी ने गद्य भी लिखा इसलिए उसकी साहित्यिक संवेदना दोनों में प्रकट होती है। छायावाद के शोर्ष रचनाकारों की कविता और उनके गद्य लेखन में फाँक देखने से न केवल उनके गद्य का महत्त्व उजागर नहीं होता बल्कि गद्य के समान ही कविता में भी व्यक्त समसामयिक यथार्थ को पहचानने में चूक हो जाती है।

नामवर सिंह ने अपनी किताब 'आधुनिक साहित्य की प्रवृत्तियाँ' के 'छायावाद' शीर्षक अध्याय में इस साहित्यिक प्रवृत्ति की कालसीमा तय करते हुए सुमित्रानन्दन पंत के दो काव्य-संग्रहों के प्रकाशन वर्ष का उल्लेख किया है। उनके अनुसार "छायावाद विशेष रूप से हिन्दी साहित्य के 'रोमांटिक' उत्थान की वह काव्यधारा है जो लगभग ईसवी सन् 1918 से '36 ('उच्छ्वास' से 'युगान्त') तक की प्रमुख युगवाणी रही...।" उन्होंने इस साहित्यिक आन्दोलन के प्रमुख कवियों के रूप में 'प्रसाद, निराला, पंत, महादेवी प्रभृति मुख्य कवि' का नाम गिनाया है। लेकिन सवाल उठता है कि उस कालखंड में साहित्य लिखने वाले रचनाकारों में केवल कवि नहीं

थे। थोड़ी छूट लेकर कहा जा सकता है कि न केवल उपर्युक्त प्रसिद्ध कवियों की मौजूदगी के चलते, बल्कि उनके साथ प्रेमचन्द जैसे उपन्यासकार और रामचन्द्र शुक्ल जैसे आलोचक और साहित्येतिहासकार ने भी इस समय को ईर्ष्याजनक तथा उत्कृष्ट कोटि की रचनात्मक गहमागहमी से भर दिया था।

वैसे तो आधुनिक हिन्दी के साहित्यान्दोलनों में छायावाद को महज ऊपर से देखने पर वह अपने समय की राजनीतिक-सामाजिक हलचलों से सबसे दूर महसूस होता है लेकिन यदि ध्यान से विश्लेषण करें तो स्पष्ट होगा कि इसने तत्कालीन राजनीतिक-सामाजिक हलचलों को सबसे तीक्ष्ण और गहन अभिव्यक्ति दी। यहाँ तक कि छायावाद के विरोधी के रूप में विख्यात आलोचक रामचन्द्र शुक्ल ने भी इसकी राजनीतिक पृष्ठभूमि की विशिष्टता को व्याख्यायित करते हुए इस बात को रेखांकित किया कि "तृतीय उत्थान में आकर परिस्थिति बहुत बदल गई, आन्दोलनों ने सक्रिय रूप धारण किया और गाँव-गाँव राजनीतिक और आर्थिक परतंत्रता के विरोध की भावना जगाई गई।" समझने में कठिनाई न हो इसलिए उनका यह भी कहना था कि "अब जो आन्दोलन चले वे सामान्य जन समुदायों को भी साथ लेकर चले। सबसे बड़ी बात यह हुई कि आन्दोलन संसार के और भागों में चलने वाले आन्दोलनों के मेल में लाए गए, जिससे ये क्षोभ की एक सार्वभौम धारा की शाखाओं से प्रतीत हुए।" परोक्ष रूप से वे उपनिवेशवाद विरोधी (साम्राज्यवाद विरोधी) अन्तर्राष्ट्रीय गोलबन्दी का प्रतिनिधित्व और उसकी अभिव्यक्ति छायावाद में देख रहे थे। काल विभाजन के लिहाज से अगर ठीक-ठीक कहना हो तो असहयोग आन्दोलन के आरम्भ से लेकर प्रगतिशील लेखक संघ की स्थापना तक का कालखंड छायावाद का समय माना जा सकता है।

असहयोग आन्दोलन को लेकर इतिहास के भीतर भी तमाम विवाद हैं। उस समय भी सभी बौद्धिक इसके सिलसिले में एकमत नहीं थे। रवीन्द्रनाथ ठाकुर और महात्मा गांधी के बीच का मतभेद जगजाहिर है। निराला साहित्य की विशेषता को समझाने के प्रसंग में रामविलास शर्मा ने स्वाधीनता आन्दोलन के गांधीवादी मानस से निराला के विचलन की बात की भी। फिर भी अपनी लाख कमजोरियों के बावजूद जनता की स्वाधीनता आन्दोलन में भागीदारी के लिहाज से यह आन्दोलन तब तक की सबसे बड़ी जन गोलबन्दी था। असहयोग के साथ ही चले खिलाफत आन्दोलन ने इसकी व्यापकता को नये आयाम दिए थे। खिलाफत आन्दोलन तुर्की की खलीफा की गद्दी को अंग्रेजों द्वारा खत्म करने के विरोध में शुरू किया गया था और इसमें भारत के भी मुसलमान बड़े पैमाने पर शरीक हुए थे। 1857 के विद्रोह के बाद पहली बार हिन्दू और मुसलमान एक साथ इस आन्दोलन के दौरान अंग्रेजों के शासन के विरुद्ध लड़े। अंग्रेजी राज के विरुद्ध इस व्यापक जन भागीदारी ने साहित्य लिखने वालों पर गहरा रचनात्मक प्रभाव डाला। छायावादी

कविता में देशभक्ति की सृजनात्मक अभिव्यक्ति पर अभी ठीक से विचार नहीं हुआ है। शान्तिप्रिय द्विवेदी ने आसान रास्ता निकालते हुए इस युग को गांधी युग का साहित्य कहा है तो दूसरी ओर रामविलास शर्मा का जोर इस दौर के स्वाधीनता आन्दोलन की ऐसी धारा पर है जो गांधीवाद की सीमा से बाहर जाती थी। फिर भी छायावाद की कविता में स्वाधीनता की पुकार पहचानना कोई कठिन काम नहीं। अनायास नहीं हुआ कि जयशंकर प्रसाद ने 'हिमाद्रि तुंग शृंग से प्रबुद्ध शुद्ध भारती/स्वयंप्रभा समुज्ज्वला स्वतंत्रता पुकारती/अमर्त्य वीर पुत्र हो दृढ़ प्रतिज्ञ सोच लो/प्रशस्त पुण्य पंथ है बढ़े चलो बढ़े चलो।' जैसा प्रयाण गीत लिखा। निराला ने भी थोड़ा आध्यात्मिक रंग लिये हुए 'जागो फिर एक बार' जैसी कविताओं या 'वर दे वीणावादिनि वर दे' जैसे गीतों में 'प्रिय स्वतंत्र रव, अमृत मंत्र नव/भारत में भर दे' कहकर देश की बात की। महादेवी के 'पंथ रहने दो अपरिचित, प्राण रहने दो अकेला' जैसे गीत में प्रकट ओज और उत्साह का स्रोत स्वाधीनता आन्दोलन ही है। रामविलास शर्मा ने तो उनके गीत 'रात के उर में दिवस की चाह का शर हूँ' को स्वाधीनता की आकांक्षा की ही अभिव्यक्ति माना है। पंत की कविताओं में उनकी वैचारिक मान्यताओं की झलक बहुधा मिलती है।

छायावाद के इन सभी लेखकों के लेखन में गद्य की मात्रा और गुण उनके काव्य से हीनतर नहीं रहा है और कुछेक अपवादों को छोड़कर इन लेखकों का गद्य अपने समय की व्यापक सामाजिक-राजनीतिक हलचलों से गहरे प्रभावित रहा है। उस समय के साहित्यिक प्रतिमान स्थिर करने के सिलसिले में लिखे आलोचनात्मक गद्य में भी स्वाधीनता की आकांक्षा ध्वनित हुई है। निराला ने मुक्त छंद के आगमन का स्वागत करते हुए इसको छंद के संकीर्ण बन्धन से कविता की मुक्ति कहा। मुक्ति की आकांक्षा की इतनी जोरदार और बहुमुखी रचनात्मक अभिव्यक्तियों के पीछे न केवल राजनीतिक मुक्ति बल्कि सामाजिक मुक्ति के माहौल का योगदान रहा होगा। साहित्यिक लेखन की शब्दावली भी बहुधा अपने समय के व्यापक वातावरण से निर्मित और प्रभावित होती है। कारण कि उसका लेखक समय और समाज से सम्बद्ध तो होता ही है, जिस पाठक समुदाय में उसका प्रसार होना होता है उसकी मानसिकता के भावात्मक निर्माण में तत्कालीन परिस्थितियों का निर्णायक योग होता है।

छायावाद के इन चार घोषित कवियों के अलावा उसी समय रचनारत प्रेमचन्द के लेखन में सामाजिक और राजनीतिक मुक्ति का समर्थन अर्थात सामन्तवाद और साम्राज्यवाद के समेकित दबाव के विरोध का स्पष्ट तथ्य हिन्दी के सामान्य पाठक के लिए भी अनजाना नहीं है। आचार्य रामचन्द्र शुक्ल के सिलसिले में भी इस बात के पर्याप्त साक्ष्य प्रस्तुत किए जा सकते हैं कि उनका लेखन और चिन्तन अपने समय के सामाजिक-राजनीतिक वातावरण से प्रभावित रहा था। 'हिन्दी साहित्य का

इतिहास' में आधुनिक काल के साहित्य का विवेचन करते हुए उसकी पृष्ठभूमि के रूप में उन्होंने स्वाधीनता आन्दोलन का जिक्र तो किया ही है, निबन्धों में भी यथावसर देशप्रेम का महत्त्व उजागर किया है। इसी प्रसंग में उन्होंने किंचित पुरानी शब्दावली का सहारा लेते हुए भी वणिक धर्म के साथ क्षात्र धर्म के सहयोग को यानी व्यापार के साथ राजनीति के घालमेल को उपनिवेशवाद का विशेष लक्षण बताया था। 'असहयोग आन्दोलन और अव्यापारिक श्रेणियाँ' शीर्षक से लिखा उनका एक लेख भी उनकी सचेतनता का सबूत है। वस्तुत: ऊपर वर्णित चार कवियों को ही छायावाद के भीतर शामिल करने से इनकी कविताओं की भी अनेक विशेषताओं को समझना मुश्किल हो जाता है। इन कवियों की काव्य संवेदना का भी साझा तत्कालीन व्यापक चेतना से साफ नजर आता है।

इस साहित्यिक आन्दोलन का नामकरण भी विचारणीय है। ध्यातव्य है कि किसी भी छायावादी साहित्यकार ने अपने आपको छायावादी नहीं कहा। यह नाम, बल्कि बदनाम, उसके विरोधियों का दिया हुआ है। निंदा के स्वर में कहा गया कि हिन्दी में यह बांग्ला कविता का प्रभाव है यानी बांग्ला की हिन्दी में छाया इस काव्यान्दोलन के जरिए प्रकट हो रही है। उसका दूसरा अर्थ यह कहकर निकाला गया कि जिस तरह छाया में कुछ भी ठोस नहीं होता उसी तरह इनकी कविताओं में भी कोई ठोस अर्थ नहीं है। जिस तरह छाया पकड़ में नहीं आती उसी तरह इनका अर्थ भी उड़ता फिरता है। जयशंकर प्रसाद ने इन नकारात्मक अर्थों को उलटकर छाया का एक और ही अर्थ करते हुए इस शब्द को इन कविताओं की खूबी का द्योतक बना दिया। उन्होंने कहा कि मोती की तरलता को उसकी छाया कहा जाता है। इसी तरह जब कविता में प्रयुक्त शब्दों के अर्थ में एक तरल कान्ति उत्पन्न हो जाती है यानी जब कविता में प्रयुक्त शब्दों में उनके सामान्य अर्थ के अतिरिक्त अर्थ पैदा होने लगते हैं तो ऐसी कविता को छायावादी कविता कहना चाहिए। याद दिलाने की जरूरत नहीं कि छायावाद का उनका यह अर्थ आनन्दवर्धन के ध्वन्यालोक में वर्णित काव्य की विशेषता से मिलता-जुलता है। प्रकारान्तर से प्रसाद जी छायावाद को काव्य की सिद्धि साबित कर रहे थे।

छायावाद के बारे में बात करते हुए अक्सर अनैतिहासिक रुख अपनाया जाता है और उसके समस्त लेखन को बिना किसी बदलाव के समूचा एक ही समय अवतरित समझा जाता है। निराला की कविता 'जुही की कली' को 'सरस्वती' में प्रकाशित करने से इनकार करने को हम नई संवेदना के उदय का प्रमाण मानें तो नए समय के आगमन की आहट 1918 में मिलनी शुरू हो गई थी। इसीलिए 'आधुनिक साहित्य की प्रवृत्तियाँ' में नामवर सिंह ने बताया है कि 'छायावाद' संज्ञा का प्रचलन 1920 ई. तक हो चुका था। इसका प्रमाण जबलपुर की पत्रिका 'श्री शारदा' में मुकुटधर पांडेय की लेखमाला 'हिन्दी में छायावाद' के प्रकाशन से मिलता है। उस

समय भी छायावाद के साथ स्वतंत्रता का सहज सम्बन्ध पहचाना गया था। इस लेखमाला के एक लेख 'काव्य स्वातंत्र्य' में उन्होंने लिखा, "यह बीसवीं शताब्दी स्वतंत्रता और नवीनता का युग है। नए-नए विचारों ने आज पृथ्वी पर एक बड़ा भारी परिवर्तन खड़ा कर दिया है।...विज्ञान के इस नए युग में लोग देश-जाति के प्राण स्वरूप साहित्य से उदासीन रहें—भला यह कैसे सम्भव है।" इसी बदलाव के भीतर छायावाद को भी अवस्थित करते हुए उन्होंने लिखा, "साहित्य में इस समय जो-जो क्रान्तियाँ हो रही हैं उनमें छायावाद भी एक है।" ध्यान दीजिए कि साहित्य में होने वाली क्रान्तियों का उत्स व्यापक क्रान्तिकारी माहौल में मुकुटधर पांडेय भी खोज रहे हैं।

बहुत स्वाभाविक था कि यह बदलाव सबको नहीं भा रहा था। ज्योति प्रसाद मिश्र निर्मल ने जून 1924 की 'मनोरमा' में 'हिन्दी कविता की गति' शीर्षक लेख में लिखा "जिन दिशाओं से यह नूतन लालिमा दृष्टिगोचर हो रही है, वह बंगला और अंग्रेजी है, और यदि हम इतना कहने का साहस करने के लिए क्षमा किए जाएँ तो यह स्पष्ट निवेदन करेंगे कि हमारे अधिकांश परिवर्तनवादी कवि बंगला के उत्कृष्ट कवियों की प्रतिभा से प्रतिभायुक्त, तपस्या से तपस्वी और साधना से साधक बन रहे हैं।" निर्मल जी ने अपनी बात के सबूत के रूप में निराला की कविता का उदाहरण दिया था इसलिए यह बहस बहुत तीखे ढंग से चली कि निराला ने रवीन्द्रनाथ ठाकुर की कविता की नकल की है। निराला की कविता के ही प्रसंग में छंद सम्बन्धी बहस भी चली। 'मतवाला' में 1924 में ही नवजादिक लाल श्रीवास्तव ने इस प्रसंग में निराला की ओर से लिखा, "जब कविता धाराप्रवाह निकलने लगती है उस समय कवि का ध्यान तुक की ओर नहीं रहता, वह भावों का ही अनुसरण करता है। तुकबन्दी कविता की नक्काशी है, वह मुक्त काव्य नहीं। मुक्त काव्य ही कविता का सच्चा स्वरूप है।" खुद निराला ने 1925 के 'कवि' में प्रकाशित 'कवि और कविता' शीर्षक लेख में इस सिलसिले में लिखा, "जिस तरह मुक्त पुरुष संसार के किसी नियम के वशीभूत नहीं रहते, किन्तु उन नियमों की सीमा पार कर सदा मुक्ति के आनन्द में विहार करते रहते हैं, उसी तरह मुक्त कवि भी अपनी कविता को पिंगल के बन्धन में नहीं रखना चाहते।" छंद की इस बहस ने आज की मुक्त छंद की हिन्दी कविता के लिए राह बनाई क्योंकि निराला तथा अन्य छायावाद समर्थकों ने मुक्त छंद की धारणा को इस बहस के सहारे हिन्दी में स्थापित कर दिया। छंद के अतिरिक्त भाषा के सवाल पर भी आज के लेखकों को छायावादियों के संघर्ष का ऋणी होना चाहिए।

ऊपर जिस माहौल का जिक्र हुआ वह तो छायावाद का आरम्भ था। कुछ ही आगे चलकर 1926 में सुमित्रानन्दन पंत के काव्य-संग्रह 'पल्लव' के प्रकाशन के बाद उसकी कविताओं तथा उसकी भूमिका के चलते छायावाद हिन्दी में स्थापित

हो गया। इसकी भूमिका में पंत जी ने कविता के लिए ब्रजभाषा बनाम खड़ीबोली के सवाल पर जो बात रखी उसमें यह सवाल मात्र भाषा का नहीं, बल्कि समूचे भावबोध का हो जाता है। ब्रजभाषा में लिखी रीतिकालीन कविता की समस्या थी कि "इस तीन फुट के नख-शिख के संसार से बाहर ये कवि पुंगव नहीं जा सके। हास्य, अद्‌भुत, भयानक आदि रसों के तो लेखनी को—नायिका के अंगों को चाटते-चाटते, रूप की मिठास से बँध रहे मुँह को खोलने, खखारने के लिए कभी-कभी कुल्ले मात्र करा दिए गए हैं। और वीर तथा रौद्र रस की कविता लिखने के समय तो ब्रजभाषा की लेखनी भय के मारे जैसे हकलाने लगती है।" जबकि समय की माँग ऐसी काव्यभाषा है, "जिसके शब्दों में बात-उत्पात, वह्नि-बाढ़, उल्का-भूकंप सब कुछ समा सके, बाँधा जा सके, जिसके पृष्ठों पर मानव जाति की सभ्यता का उत्थान-पतन, वृद्धि-विनाश, आवर्तन-विवर्तन, नूतन-पुरातन सब कुछ चित्रित हो सके, जिसकी अलमारियों में दर्शन, विज्ञान, इतिहास, भूगोल, राजनीति, समाजनीति, कला-कौशल, कथा-कहानी, काव्य-नाटक सब कुछ सजाया जा सके।" पंत जी का कहना था कि समूची आधुनिकता को व्यक्त करने में सक्षम ऐसी भाषा खड़ीबोली ही हो सकती है। हिन्दी साहित्य में कविता और गद्य की भाषा में अन्तर आधुनिक काल की शुरुआत से ही महसूस किया जा रहा था। भारतेन्दु जी ने गद्य के लिए तो खड़ीबोली का इस्तेमाल किया लेकिन कविताओं के लिए ज्यादातर ब्रजभाषा का ही प्रयोग किया। द्विवेदी युग से खड़ी बोली में कविता लिखने की कोशिश शुरू हुई लेकिन मैथिलीशरण गुप्त और अयोध्या सिंह उपाध्याय 'हरिऔध' के लेखन में स्वाभाविक काव्य प्रवाह खड़ीबोली में नहीं आ सका था। छायावाद की कविता ने व्यावहारिक धरातल पर भी खड़ीबोली में प्रवाहयुक्त रसमय कविता का अपूर्व मानक स्थापित कर दिया।

'श्री शारदा' में प्रकाशित उपर्युक्त लेखमाला के एक और लेख 'छायावाद क्या है' में मुकुटधर पांडेय ने छायावाद के लिए प्रयुक्त धारणा रहस्यवाद की भी नींव रख दी थी। उन्होंने लिखा था, "अंग्रेजी या किसी पाश्चात्य साहित्य अथवा बंग साहित्य की वर्तमान स्थिति की कुछ भी जानकारी रखने वाले तो सुनते ही समझ जाएँगे कि यह शब्द मिस्टिसिज्म के लिए आया है।" नामवर सिंह ने 'आधुनिक साहित्य की प्रवृत्तियाँ' में शामिल 'छायावाद' शीर्षक उक्त लेख में कहा है कि "पंत के 'पल्लव' और प्रसाद के 'झरना' आदि संग्रहों की कविताओं को 1927 ई. तक अंग्रेजी में 'मिस्टिसिज्म' और हिन्दी में कभी 'छायावाद' और कभी 'रहस्यवाद' कहा जाता था।" छायावाद और रहस्यवाद को समानार्थी समझने के कारण ही महावीर प्रसाद द्विवेदी ने 1927 की 'सरस्वती' में 'सुकवि किंकर' के छद्म नाम से लिखे लेख 'आजकल के हिन्दी कवि और कविता' में लिखा, "आजकल जो लोग रहस्यमयी या छायामूलक कविता लिखते हैं उनकी कविता से तो उन लोगों

की पद्य रचना अच्छी होती है जो देशप्रेम पर अपनी लेखनी चलाते हैं।" द्विवेदी जी ने छायावाद के समर्थकों को अपने इस लेख से उत्तेजित कर दिया था। जिन लोगों ने छायावाद के समर्थन में लिखा उनमें कृष्णदेव प्रसाद गौड़ और अवध उपाध्याय ने छायावादी कविता को रहस्यवादी मानकर उसका पक्ष लिया। स्पष्ट है कि इस तरह के समर्थक छायावाद की व्याख्या में कोई नया तत्त्व नहीं जोड़ रहे थे। एक हद तक छायावादी कवियों ने भी इस हमले के उत्तर में रहस्यवाद का पक्ष लिया। इसी कारण आचार्य रामचन्द्र शुक्ल ने 1929 में एक गम्भीर लेख लिखा 'काव्य में रहस्यवाद' और इसमें भेद स्थापित करते हुए साधनात्मक रहस्यवाद के मुकाबले स्वाभाविक रहस्यवाद को कविता के लिए सकारात्मक माना।

नामवर सिंह का कहना है कि आचार्य रामचन्द्र शुक्ल द्वारा किए गए विवेचन में "तात्त्विक दृष्टि से उन रचनाओं को 'रहस्यवाद' कहा जाता था और रूप-विधान की दृष्टि से 'छायावाद'।" कहने का मतलब कि शुक्ल जी इन कविताओं की अन्तर्वस्तु को रहस्यवाद कहते थे और रूप को छायावाद। शुक्ल जी के इस लेख के बाद छायावाद के दो ऐसे समर्थक सामने आए जिन्होंने सहानुभूति के साथ छायावाद का विवेचन-विश्लेषण किया। ये थे नन्ददुलारे वाजपेयी और शान्तिप्रिय द्विवेदी।

नन्ददुलारे वाजपेयी ने भी छायावाद और रहस्यवाद को अलग-अलग नहीं माना, बल्कि रहस्यवाद के भीतर ही स्वच्छंदतावादी कवियों की भी गिनती कर ली। फिर भी छायावाद के समर्थन में नई आलोचनात्मक चेतना को खड़ा करने के लिए वाजपेयी जी का संघर्ष निश्चय ही याद रखने लायक है। अलबत्ता शान्तिप्रिय द्विवेदी ने दोनों को अलगाते हुए 1934 में प्रकाशित अपनी पुस्तक 'हमारे साहित्य निर्माता' में छायावाद को 'लौकिक अभिव्यक्ति' माना और रहस्यवाद को 'अलौकिक'। इस तरह उन्होंने इन दोनों के बीच अन्तर माना और कहा, "जिस प्रकार 'मैटर आफ फैक्ट' के आगे की चीज छायावाद है, उसी प्रकार छायावाद के आगे की चीज रहस्यवाद है। छायावाद में यदि एक जीवन के साथ दूसरे जीवन की अभिव्यक्ति है अथवा आत्मा के साथ आत्मा का सन्निवेश है, तो रहस्यवाद में आत्मा का परमात्मा के साथ।" शान्तिप्रिय द्विवेदी ने रहस्यवाद को न केवल छायावाद से भिन्न माना बल्कि रहस्यवाद का समर्थन भी नहीं किया फिर भी उनकी समझ में अस्पष्टता प्रत्यक्ष है।

1929 के आते-आते दिखाई पड़ने लगा कि छायावाद में आगे विकास नहीं हो पा रहा है। स्वाभाविक था कि उसकी सीमा की भी पहचान की जाती। 'विशाल भारत' के दिसम्बर 1929 में श्री ठाकुर प्रसाद शर्मा का लेख 'छायावाद' छपा। इसमें उन्होंने छायावाद के भीतर पैदा हो रहे रीतिवाद की चर्चा की और कहा, "जैसे ब्रजभाषा की कविता को लट, नीवी, श्रमबिन्दु इत्यादि से उद्धार करने की आवश्यकता है, वैसे ही मैं समझता हूँ कि छायावादी कविता को विपंची, हृत्तंत्री, झंझावात आदि से

छुटकारा दिलाने की जरूरत है।" इसी लेख में उन्होंने एक और आरोप लगाया जो छायावादी कविता के सामाजिक आधार पर अत्यंत विचारणीय टिप्पणी थी। उनके मुताबिक "वर्तमान कविता का जीवन इस्तमरारी बन्दोबस्त में मौज करने वाले पढ़े-लिखे जमींदार का जीवन है।" ऐसा नहीं था कि केवल आलोचक ही इन समस्याओं के बारे में सचेत थे। देखा गया कि छायावादी कविता की सीमाओं के बारे में उस समय के आलोचक तो सतर्क थे ही, खुद छायावादी लेखकों ने भी इन सीमाओं को समझकर अपने लेखन में नवीन मार्ग अपनाना शुरू किया। जो खुद नवीनता के समर्थक थे वे समय के बदलाव की आहट कैसे न सुनते! निराला ने कविता में 'नए पत्ते' संग्रह में नई जमीन तोड़ी। उन्होंने गद्य में भी इस बदलाव को स्वर दिया और 'कुल्ली भाट' तथा 'बिल्लेसुर बकरिहा' जैसे यथार्थवादी उपन्यास लिखे। जयशंकर प्रसाद का उपन्यास 'कंकाल' भी इसी नए विवेक का परिचायक था। महादेवी ने कविताओं/गीतों की जगह गद्य लिखने में ताकत लगाई। सुमित्रानन्दन पंत कविता लिखते तो रहे लेकिन उसमें कोई नवीनता नहीं प्रकट हो पा रही थी। उस समय के सामाजिक-राजनीतिक हालात में बदलाव आ रहे थे तथा वैचारिक वातावरण में भी परिवर्तन लक्षित किया जा रहा था। महामन्दी शुरू हो चुकी थी जिसके कारण आर्थिक सवाल महत्त्वपूर्ण हो चले। किसान और मजदूर संगठन बनाने लगे। उधर वैकल्पिक धारा के रूप में सोवियत संघ की मौजूदगी को साहित्यकार भी महसूस कर रहे थे। इन सब चीजों के चलते छायावाद का अतिक्रमण करके हिन्दी साहित्य में कुछ नई साहित्यिक प्रवृत्तियों का आगमन हुआ जिनकी चरम परिणति प्रगतिशील लेखक संघ की स्थापना और प्रगतिवाद की स्थापना में हुई।

वैसे तो आम तौर पर लेखकों में तुलना और किसी को ऊँचा या नीचा कहना ठीक नहीं होता लेकिन यह समय वास्तव में ऐसा था जब एकाधिक लेखक समान ढंग से महत्त्वपूर्ण थे और उन सबका स्वतंत्र व्यक्तित्व था। जितने प्रमाण हैं उनसे लगता है कि इनमें आपसी ईर्ष्या-द्वेष भी अपेक्षाकृत कम था।

इनमें सबसे अधिक गहराई जयशंकर प्रसाद में थी। उन्हें उम्र छोटी मिली थी लेकिन काव्य लेखन की शुरुआत ब्रजभाषा से करने के बावजूद 'कामायनी' के रूप में उन्होंने सबसे लम्बी काव्य-यात्रा तय की। बीच में उनका खंड-काव्य 'आँसू' है जिसकी प्रसिद्धि गेयता के चलते उस दौर में बहुत थी। इसमें प्रेम की असफलता से पैदा उदासी ऐसी चित्रात्मक भाषा में व्यक्त की गई थी कि वह युवकों को बेहद आकर्षित करती थी। ऐसे बाँध लेने वाले टुकड़े 'कामायनी' में भी हैं लेकिन उसका सौन्दर्य आधुनिक जीवन की विडम्बना—'ज्ञान-क्रिया-इच्छा' के बीच के सम्बन्ध-विच्छेद—को उठाने में निहित है। अकेले इसी महाकाव्य का विश्लेषण अनेक आलोचनात्मक और व्याख्यात्मक पुस्तकों में किया गया है। इस महाकाव्य के अलग-अलग सर्ग स्वतंत्र रूप से सम्मोहित करने में सक्षम हैं। श्रद्धा का उद्‌बोधन

'शक्ति के विद्युतकण जो व्यस्त/विकल बिखरे हैं हो निरुपाय/ समन्वय उनका करे समस्त/विजयिनी मानवता हो जाय' नवजागरण का रणघोष प्रतीत होता है। किसी मनोभाव को पात्र बनाकर उसकी मूर्ति खड़ी कर देने के मामले में 'कामायनी' का लज्जा सर्ग अप्रतिम है। काव्य-व्याख्या के लिए जयशंकर 'प्रसाद' न केवल चुनौतीपूर्ण हैं, बल्कि मन लगाने वाले भी। उनकी बिम्बात्मक भाषा ठहरकर अर्थ खोलने की माँग करती है। इसके अतिरिक्त उन्होंने नाटक तो लिखे ही उन पर सैद्धान्तिक विचार भी किया। इनके नाटक ऊपर से देखने पर प्राचीन भारत के शासकों की प्रशंसा प्रतीत होते हैं लेकिन उनके भीतर प्रवेश करते ही हमें दरबारों की गलाजत का चित्रण मिलने लगता है। अन्तिम नाटक 'ध्रुवस्वामिनी' में तो तलाक लेने का अधिकार भी स्त्री को दिया गया है। इसके पीछे तत्कालीन समाज में स्त्री के सवालों की नवीनता को नजरअन्दाज नहीं किया जा सकता। उनके नाटकों और कहानियों में मनुष्य के भाग्य के उत्थान-पतन को इतने ज्यादा समाजैतिहासिक तत्त्वों के साथ गूँथ दिया गया है कि प्रसाद जी दार्शनिक के रूप में नजर आने लगते हैं। उन्होंने जर्मन दार्शनिक हेगेल को कलाओं के वर्गीकरण के प्रसंग में उद्धृत किया है जिससे लगता है कि उन्होंने इतिहास सम्बन्धी हेगेल की मान्यताओं को भी अच्छी तरह समझा था। इतिहास की यही परिष्कृत समझ उनकी अनेक कहानियों में भी दिखाई पड़ती है। आचार्य शुक्ल ने साम्यवाद से उनके परिचय की ओर भी इशारा किया है। प्रसाद जी की कहानियों की विशेषता के कारण ही बहुत कम कहानियों के बावजूद हिन्दी कहानी के 'प्रसाद स्कूल' की बात की जाती है। उनकी कहानियों में नाटकीयता का तत्त्व पाठक का ध्यान खींचता है। इस नाटकीयता के सृजन के लिए वे मनोभावों के टकराव का चित्रण करते हैं। खासकर 'आकाशदीप' में प्रेम और स्वाधीनता के टकराव को जितनी तीक्ष्णता से उन्होंने उठाया है वह उनकी आधुनिक दृष्टि का परिचायक है। 'ममता' में वे इस्लाम के सवाल पर अपने समय से बहुत आगे नजर आते हैं। पात्रों के मामले में धर्म की जगह उनकी राष्ट्रीयता को उद्धृत करना उन्हें बेहद विशिष्ट बना देता है। व्यवस्थित आलोचक न होने के बावजूद उनमें आलोचकीय सूझ बहुत थी। प्रगतिवाद को 'लघुता की ओर दृष्टिपात' कहकर उन्होंने इसकी संक्षिप्ततम परिभाषा प्रस्तुत की। नाटक और रंगमंच के रिश्ते को उन्होंने यह कहकर सूत्रबद्ध किया कि 'रंगमंच नाटक के लिए होता है'। उनकी आलोचकीय क्षमता का ही सबूत है कि रसाभास के प्रसंग में उन्होंने शुक्ल जी से टक्कर ली। भारतीय काव्यशास्त्र के बारे में भी उन्होंने मौलिक स्थापनाएँ प्रस्तुत कीं और 'रस' तथा 'अलंकार' को ही मूल धारा मानते हुए अन्य सम्प्रदायों को इन्हीं के मिश्रण से उत्पन्न बताया। कविता को 'आत्मा की संकल्पात्मक अनुभूति' कहना अब भी व्याख्या की दरकार रखता है। संकल्पात्मक में संकल्प की जगह कल्पना का अर्थ लेने से इस सूक्ति का अर्थ खुलता है।

जयशंकर प्रसाद के बारे में यह धारणा सही है कि वे दार्शनिक कवि थे। मुक्तिबोध ने यह बात कही है। खासकर 'कामायनी' में वे आधुनिक सभ्यता की मौलिक समस्याओं को उठाते हैं। अनेक स्थानों पर उनकी कविता सतही पाठ करने पर तुलसीदास की कविता की तरह ही धोखा दे देती है और उसकी गम्भीरता का अन्दाजा नहीं लगता। उदाहरण के लिए 'आँसू से भीगे अंचल पर मन का सब कुछ रखना होगा/ तुमको अपनी स्मिति रेखा से यह संधि पत्र लिखना होगा' में लग सकता है कि वे इसकी ताईद कर रहे हैं लेकिन थोड़ा ध्यान देते ही आँख में आँसू और चेहरे पर मुस्कान की मजबूरी की विडम्बना सामने आ जाती है। उस समय के समाज में स्त्री की स्थिति की ऐसी मार्मिक अभिव्यक्ति शायद ही किसी और की रचना में हुई हो! रामस्वरूप चतुर्वेदी ने काम के प्रेम और रति के लज्जा में रूपान्तरण को मनुष्य की सांस्कृतिक परिष्कृति के रूप में परिभाषित किया है। देव संस्कृति के नाश को सामन्ती अतीत के विनाश के रूप में देखना भी गलत नहीं है। आचार्य शुक्ल ने भी संकेत किया है कि प्रसाद जी का लेखन साम्यवादी विचारों से प्रभावित था।

स्वाभाविक रूप से प्रसाद के बाद निराला पर ध्यान जाता है। रामविलास शर्मा की लिखी तीन खंडों में प्रकाशित 'निराला की साहित्य साधना' इनके जीवन और साहित्य की समझ के लिए सर्वोत्तम पुस्तक है। निराला के प्रत्येक काव्य-संग्रह में काव्य-बोध के बदलाव तथा काव्य-कला की नई ऊँचाई पर अनेक आलोचकों ने टिप्पणी की है। नागार्जुन के पहले निराला ही थे जिन्होंने कविता के सीमान्त छुए और वहाँ भी कविता को सम्भव किया। कविताओं के मामले में उनकी कीर्ति का आधार उनकी लम्बी कविताएँ हैं। 'राम की शक्तिपूजा' शीर्षक कविता में उन्होंने माइकेल मधुसूदन दत्त की 'मेघनाद वध' की तरह संस्कृतनिष्ठ पदावली की झड़ी लगा दी। 'सरोज स्मृति' शीर्षक कविता उन्होंने अपनी पुत्री के देहान्त पर शोकगीत के ढाँचे में लिखी। इस कविता की सबसे बड़ी विशेषता यह है कि कवि पिता ने अपनी पुत्री का सौन्दर्य वर्णन किया है। यह संयमित वर्णन कविता की दुनिया में दुर्लभ है। इस कविता में निजी व्यथा को निराला ने अपने सामाजिक और साहित्यिक संघर्ष के साथ गूँथ दिया है जिसके जरिए सामन्ती समाज के दबावों से मुक्ति की छायावादी छटपटाहट व्यक्त हुई है। 'तुलसीदास' शीर्षक कविता भक्तिकाल के इस महान कवि के सांस्कृतिक उन्मेष की रचनात्मक व्याख्या है। 'कुकुरमुत्ता' शीर्षक कविता अभिजात सौन्दर्याभिरुचि पर प्रहार है। गीतों की रचना में भी उन्हें बहुत सफलता मिली। इन गीतों की विषयवस्तु भक्ति से लेकर करुणा तक विस्तृत है। उन्होंने कविता से पहले गद्य लिखना शुरू किया था। बाद के उपन्यासों में यथार्थवाद की मौजूदगी को अनेक लोगों ने पहचाना है लेकिन शुरुआती उपन्यासों में भी पर्याप्त गहराई है जिसका विश्लेषण अभी तक नहीं किया गया है। पात्रों के मामले में नौजवानों और

स्त्रियों की भरपूर उपस्थिति उन्हें इस पहलू से भी प्रेमचन्द से जोड़ती है। आलोचना भी उन्हें काफी लिखनी पड़ी थी। उनकी कहानियाँ नये किस्म के कहानी लेखन की सम्भावना का संकेत करती हैं। निबन्धों में गद्य की सृजनात्मकता को पहचानने की जरूरत रामविलास जी ने लक्षित की ही है। आचार्य शुक्ल ने ठीक ही उनकी प्रतिभा को 'बहुवस्तुस्पर्शिनी' कहा था। नागार्जुन ने स्त्री समुदाय के प्रति उनकी सहानुभूति को ठीक ही लक्षित किया है जो कविताओं के अतिरिक्त 'देवी' जैसी कहानी में भी बहुत स्पष्ट रूप से व्यक्त हुई है।

महादेवी वर्मा ने कवयित्री के रूप में जो प्रसिद्धि अर्जित की उसके कारण उनका क्रान्तिकारी रूप छिप जाता है। उन्होंने गीतों के लेखन में अपनी काव्य प्रतिभा लगाई। उनके गीतों में दुख की अभिव्यक्ति के बराबर ही उद्‌बोधन के भाव भी हैं। गद्य लेखन में उनके रेखाचित्रों और संस्मरणों में स्त्रियों-ग्रामीणों और साथी साहित्यकारों के बहुत ही जीवंत चित्र अंकित हुए हैं। इन पात्रों के विवेचन में व्यक्त उनकी यथार्थवादी दृष्टि को बौद्ध करुणा के सहारे ही नहीं समझा जा सकता। उनका विद्रोह बहुआयामी था। व्यावहारिक जगत में इसके प्रमाण तो उपलब्ध हैं ही तत्कालीन सामाजिक और सौन्दर्यबोधीय मान्यताओं की उनकी मुखालफत की पहचान अभी बाकी है। इनके अतिरिक्त उनका वैचारिक लेखन भावावेग और सूझबूझ से भरा हुआ है। उनकी किताब 'शृंखला की कड़ियाँ' भारतीय स्त्री पर आरोपित सभी व्यवस्थित सामाजिक बन्धनों का विश्लेषण है। उस समय हिन्दी के पौरुषेय वातावरण में किसी भी स्त्री रचनाकार के लिए अपनी जगह बनाना लगभग असम्भव काम था जो महादेवी ने कर दिखाया।

सुमित्रानन्दन पंत की कविताओं ने प्रकृति चित्रण के नाते हिन्दी साहित्य में खास जगह बनाई। हिमालय की छवियों के सहारे उन्होंने चित्ताकर्षक प्राकृतिक बिम्ब उकेरे। इसी कारण उन्हें लोकप्रिय भाषा में 'प्रकृति का सुकुमार कवि' कहा जाता है। प्रकृति चित्रण के अतिरिक्त उन्होंने वैचारिक कविता भी लिखने की कोशिश की। उनकी इन कविताओं में वैचारिकता की गहराई नहीं है और गांधीवाद, मार्क्सवाद से लेकर अरविन्द दर्शन तक को उन्होंने काव्य का विषय बनाया। हिन्दी में उत्तर छायावादी दौर में प्रचलित हालावाद का भी उन्होंने अनुकरण करने की कोशिश की।

इन कवियों के बाहर छायावाद का प्रसार प्रेमचन्द के लेखन में भी है। उनके स्त्री पात्रों के गढ़ने में छायावादी संस्कार प्रत्यक्ष हैं। हिन्दी कहानी की दुनिया में प्रेमचन्द और जयशंकर प्रसाद को विरोधी प्रवृत्तियों का लेखक माना जाता है और इसी आधार पर इन दोनों के नाम पर दो स्कूलों की कल्पना की जाती है लेकिन खुद प्रेमचन्द इस विरोध को तात्त्विक नहीं मानते थे। उनका मानना था कि वे दोनों ही आदर्श समाज की इच्छा से संचालित होकर यथार्थ का चित्रण करते हैं। स्वाधीनता आन्दोलन की दोनों धाराओं—समाज सुधार और राजनीतिक आजादी—का सामंजस्य

प्रेमचन्द के लेखन में मिलता है। असल में समूची छायावादी चेतना को ही हम इस सामंजस्य से आप्लावित पाते हैं। इन सबने अपने समय को समझने और बदलने में अपनी समूची प्रतिभा लगा दी। उनका समय औपनिवेशिक उत्पीड़न और सामन्ती समाज की मौजूदगी से निर्मित था।

उस समय रचनारत आलोचक रामचन्द्र शुक्ल के बारे में यह अपवाद ही है कि वे छायावाद के विरोधी थे। छंद को ध्वनि आवर्तों का पैटर्न मानने में छायावादी काव्य संस्कारों की गूँज है। इसके अतिरिक्त 'हिन्दी साहित्य का इतिहास' में रीतिकालीन कवियों में बिहारी के मुकाबले देव की कविता का पक्ष लेने तथा रीतिमुक्त काव्यधारा में घनानन्द की प्रतिष्ठा के पीछे छायावादी काव्य संस्कारों का प्रभाव महसूस किया जा सकता है। कविता की भाषा में लाक्षणिकता का उल्लेख शुक्ल जी ने घनानन्द और छायावादी कवियों के ही प्रसंग में किया है। छायावादी कविता की शक्तियों और सीमाओं की सबसे सटीक पहचान आचार्य शुक्ल को थी।

छायावाद की कोई ऐसी मान्यता निर्मित करना मुश्किल है जिसके भीतर इन सभी रचनाकारों के लेखन की विशेषताएँ समा जाएँ। फिर भी स्वाधीनता की आकांक्षा, प्रकृति वर्णन, वैयक्तिकता का उभार, मुक्त छंद की स्थापना, मनोभावों का सूक्ष्म चित्रण, स्त्री के स्वतंत्र व्यक्तित्व की प्रस्तुति, समाज के वंचितों के प्रति सहानुभूति, कल्पना की उड़ान और कविता की भाषा के बतौर खड़ीबोली हिन्दी की स्थापना आदि छायावाद की प्रमुख विशेषताएँ और योगदान कहे जा सकते हैं। वह समय भारत की आजादी की लड़ाई में व्यापक जनता की भागीदारी का समय था। साथ ही हिन्दी क्षेत्र में शहरी मध्यवर्ग का विकास हो रहा था। इस नवोदित मध्यवर्ग का रिश्ता अभी देहाती जड़ों से टूटा नहीं था। अधिकांश लेखक इस मध्यवर्ग का अंग थे। सामाजिक बदलाव की इस मध्यवर्ग की आकांक्षा और हिन्दी भाषी समाज के सामन्ती यथार्थ के बीच की टकराहट छायावाद की शक्ति और सीमा दोनों को रूपायित करती है। इसी के कारण मुक्ति की प्रस्तुति एक तरह के सामाजिक संकोच के साथ साहित्य में आती है।

छायावाद : सामाजिक-सांस्कृतिक जागरण का काव्य

रवि भूषण

"संस्कृति का सामूहिक चेतना से, मानसिक शील और शिष्टाचारों से, मनोभावों से मौलिक सम्बन्ध है।...संस्कृति सौन्दर्यबोध के विकसित होने की चेष्टा है। इसलिए साहित्य के विवेचन में भरतीय संस्कृति और तदनुकूल सौन्दर्यानुभूति की खोज अप्रासंगिक नहीं, किन्तु आवश्यक है।" (जयशंकर प्रसाद, काव्य और कला तथा अन्य निबन्ध, भारती भंडार, इलाहाबाद, सं. 2015 वि., पृ. 28-29)

"समाज का आमूल परिवर्तन जरूरी है। प्रकृति ने सदियों की पराधीनता से दबाकर भारत की जातीय उच्चता को नष्ट कर दिया है। अब सब एक ही जाति के हैं—शूद्र। वैश्य-शक्ति, राज-शक्ति और ब्राह्मण शक्ति, तीनों योरप को गईं। हम इस बात को न समझकर, ब्राह्मण बनकर भारतीय संस्कृति के एकच्छत्र सम्राट होकर भाइयों पर खोखली भारतीयता का रोब गाँठते रहें।" (निराला, 'सुधा' (16 अगस्त, 1933) का सम्पादकीय, निराला रचनावली, 1992, 6/417)

"संस्कृति मानव-चेतना का सार पदार्थ है, जिसमें मानव-जीवन के विकास का समस्त संघर्ष, नाम, रूप, गुणों के रूप में संचित है, जिसमें हमारी ऊर्ध्वगामी चेतना या भावनाओं का प्रकाश तथा समतल जीवन और मानसिक उपत्यकाओं की छायाएँ गुम्फित हैं; जिसमें हमें सूक्ष्म और स्थूल, दोनों धरातलों के सत्यों का समन्वय मिलता है...संस्कृति में हमारी धार्मिक, नैतिक तथा रहस्यात्मक अनुभूतियों का ही सार-भाग नहीं रहता, उसमें हमारे सामाजिक जीवन में बरते जानवाले आचार-विचार एवं व्यवहारों के भी सौन्दर्य का समावेश रहता है।" (सुमित्रानन्दन पंत, 'कला और संस्कृति' पंत ग्रंथावली, 1979, 6/418)

"हमारी परतंत्रता हमारी विकासशील सांस्कृतिक परम्पराओं को नष्ट करने में सहायता देती रही है। कोई भी विजेता किसी विजित जाति पर राजनीतिक, विजय प्राप्त करके सन्तुष्ट नहीं होता। वह तो सांस्कृतिक विजय भी चाहता है और इसकी प्राप्ति के लिए वह विजित के हृदय और बुद्धि पर आधिपत्य पाने का प्रयत्न करता

रहता है।" (महादेवी वर्मा, 'साहित्य, संस्कृति और शासन' (उत्तर प्रदेश विधान परिषद् में भाषण), महादेवी साहित्य समग्र, खंड-3, 2000, पृ. 41)

जिस प्रकार 19वीं शताब्दी से राष्ट्रीय स्वाधीनता-आन्दोलन का आरम्भ हुआ, लगभग उसी प्रकार हिन्दी कविता में स्वच्छंदतावादी प्रवृत्तियाँ इस शताब्दी के अन्त में उत्पन्न हुईं। दिनकर ने घनानन्द को छायावाद का पहला कवि ही मान लिया। पंत ने 'छायावाद : पुनर्मूल्यांकन' में छायावाद के 'बीज' पहले देखे हैं—"छायावाद के बीज सृजन-चेतना की भूमि में 19वीं शती के उत्तरार्द्ध से भी पहले पड़ने प्रारम्भ हो गए थे।" (सुमित्रानन्दन पंत ग्रंथावली, 1979, 6/53) छायावाद आधुनिक हिन्दी कविता में एक छलाँग की तरह है। वह द्विवेदी युगीन हिन्दी कविता का सहज-स्वाभाविक विकास नहीं है, पहली बार हिन्दी कविता के आकाश में इन्द्रधनुष उगा और सतरंगे प्रकाश से कविता जगमगा उठी। रामचन्द्र शुक्ल ने 'हिन्दी साहित्य का इतिहास' में आधुनिक युग के तृतीय उत्थान का समय संवत् 1975 (सन् 1918) से माना है। वे इस तृतीय उत्थान में 'खड़ीबोली के भीतर काव्यत्व का अच्छा स्फुरण' देखते हैं, जो उन कविताओं से सम्भव हुआ, जिन्हें बाद में 'छायावाद' माना गया। कविता के इस 'तृतीय उत्थान' में शुक्ल जी ने परिस्थितियों को बदलते देखा—"तृतीय उत्थान में आकर परिस्थिति बहुत बदल गई। आन्दोलनों ने सक्रिय रूप धारण किया और गाँव-गाँव में राजनीतिक और आर्थिक परतंत्रता के विरोध की भावना जगाई गई। सरकार से कुछ माँगने के स्थान पर अब कवियों की वाणी देशवासियों को ही 'स्वतंत्रता देवी की वेदी पर बलिदान' होने को प्रोत्साहित करने लगी। अब जो आन्दोलन चले, वे सामान्य जन समुदायों को भी साथ लेकर चले।" (रामचन्द्र शुक्ल रचनावली 2018, 1/546)। राष्ट्रीय स्वाधीनता आन्दोलन का यह समय पहले से सर्वथा भिन्न है। पहले साल भर में एकाध बार राजनीति की चर्चा बडे आदमियों के बीच होती थी, कांग्रेस प्रस्ताव भेजकर शान्त हो जाती थी "जिसका कोई स्थायी और क्रियोत्पादक प्रभाव देखने में नहीं आता था।" 1918 ई. के बाद एक साथ राजनीतिक आन्दोलन और साहित्यिक परिदृश्य बदल जाता है। गुणात्मक बदलाव के इस वर्ष को साहित्य में रामचन्द्र शुक्ल रेखांकित करते हैं। उनके बहुत बाद आधुनिक इतिहासकारों ने इस समय से राष्ट्रीय स्वाधीनता आन्दोलन की 'तीसरी उत्ताल तरंग' पर ध्यान दिया।

स्वाधीनता आन्दोलन में एक साथ कई धाराएँ और प्रवृत्तियाँ थीं। वह राजनीतिक आन्दोलन के साथ-साथ सामाजिक और सांस्कृतिक आन्दोलन भी था। ब्रिटिश शासन से मुक्ति और राजनीतिक दासता से मुक्ति प्रमुख थी, पर सामाजिक रूढ़ियों, बन्धनों, अन्धविश्वासों, कर्मकांडों के साथ-साथ सांस्कृतिक औपनिवेशिकता से मुक्ति के स्वर, क्षीण ही सही, मौजूद थे। छायावाद मात्र, साहित्यिक आन्दोलन अथवा काव्यान्दोलन नहीं है। सामाजिक-सांस्कृतिक आन्दोलन के रूप में भी उसका

महत्त्व है। 'छायावाद' एक नम्र 'वीणा' लेकर समुपस्थित हुआ था। 'वीणा' (1927) की अधिकांश कविताएँ 1918-19 की हैं। 'वीणा' की भूमिका में पंत ने 1917 में (मुकुटधर पांडेय से पहले) 'छायावाद' शब्द के प्रयोग की बात कही है। (ग्रंथावली, 6/153) 'वीणा' की कुल 68 कविताओं से 46 कविताएँ 1918 की हैं। इसकी एक कविता 'वीणावादिनी' (1918) में माँ सरस्वती से अनुरोध है। सम्भवत: छायावाद में पहली बार पंत ने निराला से पहले 'वीणावादिनी' पर कविता लिखी। निराला की पहली कविता 'जन्मभूमि' (1920) है 'जन्मभूमि है मेरी जगत्महारानी है'। जयशंकर प्रसाद ने 1910 में 'भारत' कविता ('इन्दु' कला 1 किरण 11 ज्येष्ठ 1967) लिखी। पाँच चरण की इस कविता में टेक के रूप में 'उदयहोह हिमगिरि पै भारत भाग्य दिवाकर-णेम्ति है। उनके 'कानन कुसुम' में (1913) 'प्रथम प्रभात', 'नव वसन्त' जैसी कविताएँ हैं। यह 'प्रथम' और 'नव' विशेष महत्त्वपूर्ण हैं, जो बाद में निराला और पंत के यहाँ भी प्रयुक्त है। एक कविता 'गान' में प्रसाद ने 'अछूत' और 'कृषक' के प्रति चिन्ता प्रकट कि, "जो अछूत का जगन्नाथ हो, कृषक कारों का हद हल हो।" कमलेश वर्मा ने 'प्रसाद काव्य-कोश' में प्रसाद की कविता में 'नव' शब्द 39 बार और 'विश्व' शब्द के 37 बार प्रयुक्त होने का उल्लेख किया है। छायावादी कवियों के यहाँ 'नव', 'प्रथम', 'भारत', 'विश्व', 'ज्योति' आदि शब्दों के प्रयोग के पीछे उनकी सामाजिक-सांस्कृतिक चिन्ताओं की भी पहचान की जा सकती है।

छायावाद को द्विवेदीयुगीन कविताओं की प्रतिक्रिया में देखने की सतही समझ अब भी कायम है। उसे भारतेन्दु युग से आरम्भ होनेवाले सर्वथा 'नये उत्थान की निरन्तरता' में आज देखने की अधिक आवश्यकता है। भारतेन्दु में हम जिस सामाजिक-सांस्कृतिक जागरण की झलक देखते हैं, वह कहीं अधिक अपने विकसित रूप में नई शब्दावली एवं दृष्टि के साथ छायावाद में दिखाई पडती है। पंत ने 'छायावाद का पुनर्मूल्यांकन' में छायावाद को 'नवीन विश्व मूल्य को अभिव्यक्त' करने वाला बताया है। रामचन्द्र शुक्ल ने 'द्विवेदी काल की क्रमश: विस्तृत और परिष्कृत होती हुई धारा' से 'छायावाद की धारा' को भिन्न माना है। निराला 'अध्यात्म फल' कविता (1921) में 'दीन का तो हीन ही यह वक्त है' और 'जब कड़ी मारे पड़ी दिल हिल गया' लिख रहे थे।1923 की एक कविता में उन्होंने 'दुख दीन की आह सुनी और सुनाई।' इसी वर्ष निराला ने लिखा, 'स्वतंत्रता पर इस भारत ने किये निछावर अपने प्राण।' किसानों की दीन दशा की ओर उनका ध्यान इसी समय गया था। 'विप्लव के बादल' में लिखा—

जीर्ण बाहु है जीर्ण शरीर
तुझे बुलाता कृषक अधीर
ऐ विप्लव के वीर।

छायावादी कविता में 'नवता' के प्रति अधिक आग्रह है। छायावादी काव्य नया कव्य है, पर यह नव-आग्रह किसी एक क्षेत्र का न होकर, अनेक क्षेत्रों का है। इस 'नवता' का सांस्कृतिक उत्थान एवं उन्नयन से भी सम्बन्ध है। छायावादी कविता में 'स्वतंत्र' और 'स्वतंत्रता' जैसे शब्द-प्रयोगों का अपना एक विशेष अर्थ और महत्त्व है। जयशंकर प्रसाद के यहाँ यह 'स्वतंत्रता स्वयंप्रभा समुज्ज्वला' है। राजनीतिक परतंत्रता से मुक्ति का स्वर प्रमुख है, पर यह सब कुछ नहीं है। सामाजिक, आर्थिक स्वाधीनता के साथ-साथ सांस्कृतिक स्वातंत्र्य की वहाँ प्रमुखता है। महादेवी के यहाँ जो 'पीड़ा' उनके 'मानस से, भीगे पट सी लिपटी' है, वह केवल निजी पीड़ा नहीं है। 'नीहार'(1930) उनका पहला संग्रह है, जिसमें वे निर्धनों को याद करती हैं, 'वे निर्धन के दीपक-सी/ बुझती-सी मूक व्यथाएँ।' 'रश्मि' के एक गीत 'कह दे माँ क्या अब देखूँ' में उनका अधिक ध्यान 'जर्जर जीवन' और 'जीवन का क्रन्दन' पर है—

देखूँ खिलती कलियाँ या
प्यासे सूखे अधरों को
तेरी चिर-यौवन सुषमा
या जर्जर जीवन देखूँ!

और

तुझमें अम्लान हँसी है
इसमें अजस्त्र आँसू जल
तेरा वैभव देखूँ या जीवन का क्रन्दन देखूँ!

महादेवी काव्य की लम्बे समय तक उनके व्यक्ति पक्ष और प्रेमभाव को लेकर आलोचना होती रही है, पर उनके यहाँ 'दीप', 'ज्वाला' आग से फूटने-निकलने वाले प्रकाश का एक सांस्कृतिक अर्थ भी है। भारतीय जीवन समाज और संस्कृति में दीपक का विशेष महत्त्व है और महादेवी छायावाद में 'दीप' की अकेली कवि हैं। 'नीरजा' के एक गीत में उन्होंने संसार के दुखों पर ध्यान देने को कहा—

मेरे हँसते अधर नहीं जंग—
की आँसू-लड़ियाँ देखो।

'सांध्यगीत' उन्होंने अंगारों और ज्वाला के देश चलने को कहा, "चल ज्वाला के देश, जहाँ अंगारे ही हैं" उनके गीत 'रात के उर में दिवस की चाह का शर' है।

पंत और महादेवी छायावाद के दो ऐसे कवि हैं जिन्होंने स्वतंत्र भारत में 'संस्कृति' पर अधिक विचार किया। इससे यह स्पष्ट होता है कि आजादी के बाद भी इन कवियों के यहाँ सांस्कृतिक प्रश्न कायम रहे हैं। महादेवी ने 'संस्कृति का प्रश्न',

'संस्कृति और प्राकृतिक परिवेश', 'भारतीय संस्कृति की पृष्ठभूमि', 'साहित्य,संस्कृति और शासन', 'भारतीय संस्कृति और नारी' एवं 'भारतीय संस्कृति और शिक्षा' पर विचार किया। संस्कृति उनके अनुसार 'विकास के विविध रूपों की समन्वयात्मक समष्टि' है। किसी भी छायावादी कवि ने 'हिन्दू संस्कृति' पर ध्यान नहीं दिया है। उनकी दृष्टि में भारतीय संस्कृति प्रमुख रही है। महादेवी के अनुसार भारतीय संस्कृति 'विविध संस्कृतियों की समन्वयात्मक समष्टि' है। "भारतीय संस्कृति विविधतामयी है, क्योंकि भारत की प्रकृति अनन्तरूपा है। वह समन्वयवादिनी है क्योंकि प्रकृति सबको स्वीकृति देती है। किसी एक विचार, एक भावना और एक धारणा की सीमा इसके लिए बन्धन है।" (महादेवी समग्र, खंड-3, 2000, पृ. 37) आज जब विकराल रूप में हिन्दुत्ववादी शक्तियाँ संस्कृति का विकृत रूप प्रस्तुत कर 'सांस्कृतिक राष्ट्रवाद' के प्रचार-प्रसार में जी-जीन से लगी हुई है, आवश्यकता सही भारतीय सांस्कृतिक चिन्तन को प्रस्तुत करने की है, जिसमें छायावाद का सांस्कृतिक अध्ययन उपयोगी है। उत्तर प्रदेश विधान परिषद में दिये अपने भाषण 'साहित्य, संस्कृति और शासन' में महादेवी ने राजनीतिक दृष्टि से 'स्वतंत्र' होने और 'मानसिक दासता' के कायम रहने की बात कही है—"न हमारी बुद्धिजड़ता से मुक्त हो सकती है और न हमारी संकीर्णता से त्राण पा सकी है। परिणामत: हमारे सामने नव-निर्माण की कोई रूपरेखा नही है।" (वही, पृ. 41) जहाँ तक राजनीतिक रूप से स्वतंत्र होने का प्रश्न है, निराला ने 1946 में ही 'पटली है बैठने को गोरे की साँवले' से समझा दिया था। अप्रैल 1946 से 1949 तक निराला ने कुछ भी नहीं लिखा। आजादी के बाद उनकी मानसिक दशा में आए परिवर्तन पर रामविलास शर्मा ने लिखा है—"उन्नाव में 15 अगस्त के बाद उनकी मानसिक स्थिति बिलकुल बदल गई। वह बहुत ही विक्षुब्ध और उद्‌दंड हो गए। सुमित्राकुमारी सिन्हा कहती थीं, वह लोगों को खरखेटने, पत्थर उठाकर मारने लगे हैं...निराला को कांग्रेस और सरकार के नाम से चिढ़ हो गई।" ('निराला की साहित्य-साधना', खंड-1, पृ. 381) सांस्कृतिक स्वतंत्रता की बात तो दूर, राजनीतिक स्वतंत्रता आधी-अधूरी रही।

महादेवी ने संस्कृति को 'मानव चेतना की प्राकृतिक ऊर्ध्वगति का प्रकाशन' माना और 'सभ्यता' तथा 'संस्कृति' से अन्तर किया। "व्यवहार में सभ्य व्यक्ति का अन्तर्जगत असंस्कृत हो सकता है परन्तु अन्तर्जगत में संस्कृत व्यक्ति बाह्य रूप में भी असभ्य नहीं हो सकता।" (वही, पृ. 45) छायावाद के प्रत्येक कवि सर्वांगीण प्रगति में विश्वास करते थे। इतिहासकारों ने ही नहीं, छायावाद पर विचार करने वाले अनेक आलोचकों ने भी उस युग के सांस्कृतिक स्वर कम सुनें। राजनीतिक स्वरों और संघर्षों पर ही हमारा ध्यान अटका रहा। महादेवी ने स्पष्ट शब्दों में यह कहा है—"हमारे स्वतंत्रता-संग्राम में भी जिन्होंने राजनीतिक मोर्चे पर संघर्ष किया है, उनसे कम महत्त्व उन साधकों का नहीं है, जिन्होंने हमारी सांस्कृतिक निधियों

की रक्षा का भार सँभाला है...उस घोर संघर्ष में से जो वे कुछ बचा लाए हैं, उनका अभी मूल्यांकन नहीं हो सकता है, पर इसमें सन्देह नहीं कि उसके कारण हम साहित्य और संस्कृति में समृद्ध देशों के सामने मस्तक ऊँचा करके खड़े रह सकते हैं।" (वही, पृ. 42) छायावादी कवियों का प्रकृति-प्रेम उनके राष्ट्रीय जागरण से भी जुड़ा है। नामवर सिंह ने यह स्वीकार किया था कि "प्रकृति-प्रेम से सामाजिक स्वाधीनता और वैयक्तिक विकास का क्या सम्बन्ध है, यह सहसा समझ में नहीं आता" (छायावाद,1979, पृ. 37), पर उन्होंने बाद में प्रकृति में 'प्रेम का राज्य, अनन्त सुषमा, अक्षय सौन्दर्य' के साथ 'अबाध स्वच्छंदता' का उल्लेख किया। एक ओर 'पुरानी समाज व्यवस्था' का घुटता वातावरण था, दूसरी ओर 'प्रकृति के बीच खुला वातावरण' था। वहाँ कोई बन्धन नहीं था। समाज में बन्धन था और प्रकृति बन्धनों से परे थी।

नामवर सिंह ने पुरानी समाज व्यवस्था में व्यक्ति की वैयक्तिकता के खोने की बात कही है और वैयक्तिक स्वाधीनता से ही स्वस्थ सामाजिकता का विकास सम्भव माना है। भारतीय संस्कृति की उदारता को महादेवी ने प्रकृति से,...धरती से जोड़ा है—"भारतीय संस्कृति भारत की सजला, सफला, मलयज शीतला धरती पर विकसित होने के कारण न अनुदार हो सकी है, न आक्रामक।" (महादेवी साहित्य समग्र, खंड-3, पृ. 47) छायावाद व्यक्ति-काव्य नहीं है। वह व्यक्ति की दृष्टि कहीं से किसी भी अर्थ में सीमित-संकुचित नहीं है। महादेवी ने 'प्रत्येक संस्कृति की प्रथम इकाई परिवार, द्वितीय समाज, तृतीय नगर, चतुर्थ राष्ट्र तथा पंचम विश्व' मानकर भरतीय संस्कृति को 'वसुधैव कुटुम्बकम्' से जोड़ा। भारतीय संस्कृति की महानता का गुणगान आज भी किया जाता है, महादेवी ने इसके 'मूल्यात्मक' पक्ष पर विशेष ध्यान दिया। भारतीय संस्कृति का गुणगान प्रायः सभी छायावादी कवियों के यहाँ कमोबेश हम देख सकते हैं, पर निराला और महादेवी ने केवल उसकी उज्ज्वलता ही नहीं देखी। भारतीय समाज की रूढ़ियों, उसके अन्धविश्वासों पर भी इन कवियों की दृष्टि थी। यह परिवर्तन 1930 के बाद मुख्य रूप से दिखाई देता है। छायावाद मुक्ति-काव्य है और मुक्त होने के लिए स्वतंत्रता का अनुभव और मुक्ति का वरण आवश्यक है।

छायावाद के प्रति रामचन्द्र शुक्ल का रुख प्रतिकूल और कड़ा था। निराला ने उन पर कविताएँ भी लिखीं 'कॉलेज का बचुआ'। शुक्ल जी छायावाद के विरोधी थे और उससे प्रभावित भी। निराला ने काशी हिन्दू विश्वविद्यालय में यह कह डाला था कि "तीसरे दरजे का छात्र रहस्यवाद को क्या समझेगा।" शुक्ल जी की आलोचना प्रसाद, निराला, पंत ने ही नहीं, उनके शिष्य नन्ददुलारे वाजपेयी ने भी की। 1931 से यह विरोध आगे बढ़ा था। विश्वविद्यालय के भीतर नन्ददुलारे वाजपेयी और बाहर छायावाद के वृहत्त्रयी शुक्ल जी का विरोध कर रही थी। नन्ददुलारे वाजपेयी को

प्रसाद, निराला, पंत का पहला आलोचक और सखा सहृदय माना जाता है। उनके अनुसार "काव्य समीक्षा में दार्शनिक सिद्धान्तों (रहस्यवाद) को आधार मानना घोड़े के आगे गाड़ी खड़ी करना है।" शुक्ल जी का अधिक ध्यान रहस्यवाद पर था। छायावाद के दो पहलुओं की चर्चा में ये काव्य-वस्तु का अंग 'रहस्यवाद' और दूसरा काव्य-शैली अथवा पद्धति विशेष पर विशेष ध्यान देते हैं। जहाँ तक काव्य-वस्तु रहस्यवाद का प्रश्न है, यह महादेवी में अधिक है और काव्य-शैली अन्य कवियों में। बड़ी बात यह भी है कि छायावाद के इन चार बड़े कवियों की पहचान भी शुक्ल जी ने की और सब पर हिन्दी साहित्य के इतिहास में विचार भी किया। निराला में उन्होंने बहु वस्तुस्पर्शिनी प्रतिभा देखी और 'कामायनी' में 'वर्गहीन समाज की साम्यवादी पुकार की दबी-सी गूँज' भी सुनी। नन्ददुलारे वाजपेयी ने 'साहित्य' को 'एक सांस्कृतिक प्रक्रिया' कहा है और प्रसाद के यहाँ 'भारतीय इतिहास और दर्शन दोनों' को 'राष्ट्रीय संस्कृति के अविच्छिन्न अंग' बनते देखा है। 'काव्य और कला' निबन्ध में प्रसाद 'संस्कृति' को 'विश्ववाद की विरोधिनी' नहीं मानते—"संस्कृति मन्दिर, गिरजा और मसजिद-विहीन प्रान्तों में अन्त:प्रतिष्ठित होकर सौन्दर्यबोध की बाह्य सत्ताओं का सृजन करती है।" (काव्य और कला तथा अन्य निबन्ध, सं 2015 वि., पृ. 28) प्रसाद ने संस्कृति के सौन्दर्य-बोध को महत्त्व दिया—"संस्कृति सौन्दर्य-बोध के विकसित होने की मौलिक चेष्टा है।" (वही) उन्होंने इसी कारण 'साहित्य के विवेचन में भारतीय संस्कृति और तदनुकूल सौन्दर्यानुभूति की खोज' को 'अप्रासंगिक' न कहकर 'आवश्यक' माना।

औपनिवेशिक भारत में राष्ट्रीय संस्कृति या भारतीय संस्कृति हिलने लगी थी। नन्ददुलारे वाजपेयी ने 'काव्य-साहित्य पर राष्ट्रीय संस्कृति की छाप' का प्रश्न प्रमुख माना और यह लिखा—"काव्य में राष्ट्र का स्थायी सांस्कृतिक प्रवृत्तियों का प्रचुर प्रभाव पड़ता है।" प्रसाद 'सांस्कृतिक रुचि-भेद' और 'भारतीय दार्शनिक संस्कृति' की भी बात करते हैं। छायावादी कवियों के संस्कृति-सम्बन्धी चिन्तन में बहुत विरोध नहीं है। 'स्वतंत्रता' निराला के लिए एक व्यापक भावना थी, जिसमें मनुष्य की धार्मिक, आर्थिक, सामाजिक, नैतिक सभी प्रकार की मुक्ति का भाव निहित है। निराला ही नहीं, किसी भी छायावादी कवि ने राजनीतिक स्वतंत्रता को ही सब कुछ नहीं माना। 1929 में लाहौर कांग्रेस में प्रस्तावित पूर्ण स्वाधीनता के बाद स्वाधीनता सम्बन्धी दृष्टि में राजनीतिज्ञों में भी एक बदलाव दीखता है, पर इसके कई वर्ष पहले 1923 में निराला ने 'शक्ति-परिचय' (समन्वय, नवम्बर-दिसम्बर 1923, रचनावली 6/63) में लिखा था, "अधिकांश मनुष्यों की स्वाधीनता की चिन्ता, राजनीति की परिधि के भीतर ही चक्कर काट रही है।" 'पल्लव' के प्रकाशन के पहले वे इसी समय उस हिन्दी पर ध्यान दे रहे थे, जिसे गढ़ने में हिन्दी के लेखक लगे हुए थे, "जिस हिन्दी के सहारे भारत की आर्थिक, सामाजिक, राजनीतिक, वैज्ञानिक,

ऐतिहासिक और साहित्यिक सभी शंकाओं का समाधान किया जाना निश्चित है।" (रचनावली 6/62) सामाजिक, सांस्कृतिक, आर्थिक, राजनीतिक स्वाधीनता सब निराला के यहाँ आवश्यक है। प्रसाद के यहाँ भी आर्थिक स्वाधीनता की बातें कही गई हैं। 'सालवती' कहानी में सालवती के वृद्ध दार्शनिक पिता सालवती से कहते हैं, "आर्थिक पराधीनता ही संसार में दुख का कारण है।" इस प्रकार प्रसाद के यहाँ आर्थिक स्वतंत्रता ही वास्तविक स्वतंत्रता है। प्रसाद मानसिक तथा नैतिक पराधीनता को भी बड़े शत्रु के रूप में देखते हैं। विजयमोहन सिंह ने 'सालवती' कहानी की समीक्षा (नया ज्ञानोदय, जून 2019) करते हुए यह लिखा—"स्वतंत्रता और स्वतंत्रता को परिभाषित करने तथा उसे रचना के केन्द्र में रखने की प्रवृत्ति प्रसाद की प्रायः प्रत्येक रचना में देखी जा सकती है।" स्त्री या नारी की स्वतंत्रता उनके यहाँ प्रमुख है। छायावादी काल में नारी 'देवी, माँ, सहचरि, प्राण' है। पंत ने आरम्भ में ही 'बालिका' को अपनी 'मनोरम मित्र' कहा था। प्रसाद ने केवल नारी को 'श्रद्धा' ही नहीं कहा, उसे 'कामायनी' के 'वासना' सर्ग में 'जगत की माता' भी कहा था। नारी अब तक कैद में थी। छायावाद में वह स्वतंत्र हो गई। श्रद्धा ने मनु से जो भी कहा है उस पर ध्यान देने से यह स्पष्ट होता है कि अब नारी बन्धन में न रहकर विविध बन्धनों से पुरुष को मुक्त होने की नसीहत भी दे रही है—

मनु! क्या यही तुम्हारी होगी
उज्ज्वल नव मानवता?
जिसमें सब कुछ ले लेना हो
हंत! बची क्या शवता।

'कामायनी' में भोगवाद-उपभोगवाद के विरुद्ध दी गई चेतावनी है। देव-सृष्टि का ध्वंस, अतिशय उपभोग के कारण हुआ था। तीस के दशक में उपभोग की संस्कृति की प्रसाद आलोचना करते हैं। यह आलोचना उस पूँजीवादी संस्कृति के विरुद्ध है, जो व्यक्ति को स्वार्थांध बनाती है—

अपने में सब कुछ भर कैसे
व्यक्ति विकास करेगा?
यह एकान्त स्वार्थ भीषण है
अपना नाश करेगा।
औरों को हँसते देखो मनु
हँसो और सुख पाओ
आपने सुख को विस्तृत कर लो
सबको सुखी बनाओ।

सबकी चिन्ता भारतीय संस्कृति की विशेषता है।

छायावाद जागरण-काव्य, शक्ति-काव्य, ज्योति काव्य और मुक्ति काव्य है। इन कवियों के यहाँ प्रकाश की असंख्य किरणें हैं। प्रसाद की 'बीती विभावरी' में जागने को कहा गया है। निराला की कविताओं में प्रकाश और अन्धकार के बीच संघर्ष है। पंत ने 'प्रथम रश्मि' कविता लिखी और महादेवी के गीतों का संग्रह 'रश्मि' है। शान्तिप्रिय द्विवेदी ने पंत को 'ज्योति-विहग' कहा, पर यह ज्योति सर्वाधिक निराला में है "ज्योति से बने शब्दों की संख्या सबसे ज्यादा निराला में है,...मगर सबसे ज्यादा दीपक जलाने वाली महादेवी 'ज्योति' शब्द का प्रयोग एक बार भी नहीं करतीं। (कमलेश वर्मा, सुचिता वमां, छायावादी काव्य कोश, 2019, पृ. 26) छायावादी कवियों के उन शब्द-प्रयोगों पर आज अधिक ध्यान देने की आवश्यकता है, जो प्राकशवाची और जीवन प्रमुख हैं। 'आलोक', 'दीप', 'यौवन', 'वसन्त', 'प्रथम, 'स्वप्न', 'शक्ति', 'ज्योति', 'रश्मि', 'आकाश','रवि', आदि ऐसे शब्द हैं। भारतीय संस्कृति की जीवन्तता एवं उसकी निरन्तरता को लेकर नेहरू की 'डिस्कवरी ऑफ इंडिया' में एक आश्चर्य-भाव हम देखते हैं। यह आश्चर्य-भाव कुछ भिन्न रूप-प्रसंग में ही सही छायावादी कवियों में भी है। प्रसाद और निराला के यहाँ अतीत का महिमामंडन भी है। इन कवियों का इतिहास-बोध और संस्कृति-बोध विकसित होता है। वहाँ हम सदैव अतीत का गौरव-गान नहीं सुनते। निराला ने केवल अतीत का गान ('कठिन शृंखला बजा-बजाकर गाता हूँ अतीत के गान') नहीं गाया। उनके काव्य-विकास के कुछ चरण हैं। उन्होंने उस 'प्राचीन' के नष्ट होने की कामना भी की, जो अब 'जीर्ण-शीर्ण' है 'जला दें जीर्ण-शीर्ण प्राचीन/क्या करूँगा तन जीवन-हीन।' 'शिवाजी के नाम पत्र' निराला के पहले दौर की कविता है, जिसमें साम्प्रदायिक घृणा के साथ अंग्रेजी साम्राज्यवाद का विरोध भी है। इस कविता के बार-बार उदाहरण देकर निराला के जिस हिन्दू प्रेम की बात बार-बार की जाती है, वहाँ इस पार ध्यान नहीं दिया जाता कि निराला ने साम्राज्यवादियों की भोग वासनाओं के हमेशा के लिए नष्ट होने की बात भी कही है—

जितने विचार आज
मारते तरंगे हैं
साम्राज्यवादियों की भोग-वासनाओं में
नष्ट होंगे चिरकाल के लिए
आएगी भाल पर
भारत की गई ज्योति
हिन्दुस्तान मुक्त होगा घोर अपमान से
दासता के पाश कट जाएँगे। (रचनावली 1/169)

यह कविता 1926 में 'मतवाला' के पाँच अंकों में प्रकाशित हुई थी। निराला की कविता के पहले दौर में भी ऐसे स्वरों की अधिकता नहीं है। इस दौर में हम उनमें अन्तर्निहित देखते हैं, जो उनके समय का भी है। 'जागो फिर एक बार' कविता में निराला ने अंग्रेजों को 'सियार' कहा—

शेरों की माँद में
आया है आज स्यार
जागो फिर एक बार।

छायावादी कवियों का सांस्कृतिक स्वर और सांस्कृतिक चिन्तन आज के समय में अधिक महत्त्वपूर्ण है। 1918 से 1936 का समय सपाट समय नहीं है। बीसवीं सदी के दूसरे दशक में सामाजिक, राजनीतिक एवं सांस्कृतिक चिन्तन में उतार-चढ़ाव देखे जा सकते हैं। इस समय का इतिहास-लेखन भी भिन्न था। भारत के साम्राज्यवादी इतिहासकारों के बाद राष्ट्रवादी इतिहासकारों ने अपने 'राष्ट्रवादी' नजरिये से इतिहास-लेखन किया। 1929 का कर्म कई दृष्टियों से महत्त्वपूर्ण है। इस समय से राजनीति ही नहीं बदली, साहित्य भी बदला। निराला की कविता का दूसरा दौर 1929 से आरम्भ होता है। निराला 1929 से ही 'सुधा' पत्रिका के सम्पादन से जुड़े। इसके पहले उन्होंने 'समन्वय' (1922) और 'मतवाला' (1923) का सम्पादन किया था। 1924 में 'मतवाला' में 'स्वाधीनता पर' उनकी दो कविताएँ प्रकाशित हुई थीं।

स्वाधीन
स्वाधीन है यह विश्व
अथवा है पराधीन?...माया नहीं जानता मैं,...
जानता हूँ एक बस स्वाधीन शब्द
...भूधर महान और क्षुद्र कण-कण में
एक स्वाधीनता का गूँजता है विपुल हर्ष। (रचनावली 1/131-32)

निराला के 'मतवाला' छोड़ने का एक मुख्य कारण उसके प्रबन्धक की राष्ट्रीयता और हिन्दू संस्कृति का पक्षधर भी होना था। अक्टूबर 1929 से जुलाई 1935 तक निराला ने कुल 151 टिप्पणियाँ 'सुधा' में लिखी थीं। निराला की ये टिप्पणियाँ ध्यान से पढ़ी जानी चाहिए। ब्राह्मणवाद के विरोध में और शूद्रों, स्त्रियों के पक्ष में उन्होंने टिप्पणियाँ लिखी हैं। निराला ने ब्राह्मण संस्कृति का सदैव विरोध किया। पराधीनता का कारण उन्होंने 'अविद्या' माना, जिसके अन्धकार में हम दिग्भ्रान्त पथिक की तरह लक्ष्य शून्य चलते ही जा रहे हैं।' (रचनावाली 6/312) उनके यहाँ मुक्ति का व्यापक अर्थ है राजनीतिक दासता से कहीं अधिक सामाजिक दासता-

विषमता है। वे 'सकल बंध' तोड़ने वाले कवि हैं। स्त्री की स्वाधीनता के बिना परतंत्रता दूर नहीं हो सकती। 'बाहरी पराधीनता और स्त्रियाँ' (सुधा, मार्च 1930) में निराला ने लिखा, "जब तक स्त्रियों में नवीन जीवन की स्फूर्ति भर नहीं जाएगी तब तक गुलामी का नाश नहीं हो सकता।" स्त्री जागरण सांस्कृतिक जागरण का अंग है। छायावादी कवियों में निराला में सामन्त विरोधी और साम्राज्यविरोधी चेतना सर्वाधिक है। राष्ट्रीय स्वाधीनता आन्दोलन साम्राज्यविरोधी चेतना से उत्पन्न था। बाद में यह साम्राज्यविरोध शिथिल हुआ और संघर्ष समझौता में बदला, निराला ने सभी भेदों का विरोध किया। उनकी क्रान्तिकारिता उनके सांस्कृतिक चिन्तन से भी जुड़ी है। सामाजिक, सांस्कृतिक, राजनीतिक, आर्थिक प्रश्न एक दूसरे से सर्वथा अलग नहीं है। इन सभी प्रश्नों पर कम ही सही इन कवियों ने ध्यान दिया। निराला 'गहन है यह अन्धकारा' स्वार्थ के 'अवगुंठनों' की बात करते हैं और 'कामायनी' में श्रद्धा मनु को 'एकान्त स्वार्थ भीषण' से नष्ट होने की चेतावनी देती है। भारतीय समाज पूँजीवादी समाज नहीं था। प्रसाद और निराला ने पूँजीवाद के भारतीय जीवन और समाज में आने की आहटें सुनीं और इनके खतरों से हमें सावधान किया। निराला ने वैसे ब्राह्मणों की आलोचना की, जो 'पोथियों में जनता को बाँधे हुए' थे। निराला ब्राह्मण थे, 'ब्राह्मण समाज में अछूत' थे। उन्होंने चरण छूकर सन्त कवि रविदास को नमस्कार किया। उन्होंने 'स्वाधीनता' को 'ज्ञान' से जोड़ा और 'ज्ञान' को 'ब्राह्मण' से अलग किया। परतंत्रता के जिस स्वरूप की पहचान पर उनका बल था, वह पहचान उनमें सबसे अधिक थी। निराला के अनुसार 'स्वाधीनता मस्तिष्कों में ही रहती है।' (रचनावली, 6/329) 'सुधा' के एक सम्पादकीय (जुलाई 1930) मार्जन और स्वतंत्रता में निराला ज्ञान और मार्जन (ज्ञान का प्रकाश) को स्वतंत्रता का आधार कहते हैं। स्वतंत्रता को उन्होंने व्यापक अर्थ में देखा। ज्ञान की देवी सरस्वती की वन्दना निराला ने सबसे अधिक की। 'वीणा वादिनी' पहले दौर की कविता (1924) है, जिसमें उन्होंने 'भर अमृत धारा आज कर दो प्रेमविह्वल हृदय दल' की प्रार्थना की और दो बार 'आनन्द-पुलकित हो सफल तब चूम कोमल चरण तल' कहा। सात वर्ष बाद 1931 में 'वर दे, वीणावादिनि वर दे!' के अन्तिम चरण में सब कुछ के ये होने करने की प्रार्थना की—

नव गति, नव लय, ताल-छंद नव
नवल कंठ, नव जलद मन्द्र रव
नव नभ के नव विहग-वृन्द को
नव पर नव स्वर दे।

'नव' शब्द का प्रयोग निराला की तुलना में प्रसाद ने अधिक किया है, पर महत्त्व प्रयोग संख्या से कहीं अधिक नवता के प्रति उस आग्रह और कामना का है,

जो केवल छायावाद में ही नहीं, सम्पूर्ण हिन्दी कविता में दिखाई नहीं देती। आठ बार निराला ने 'नव' और एक बार 'नवल' शब्द का इस कविता में प्रयोग किया है। निराला भारत को सर्वथा एक नये रूप में देखने के आकांक्षी थे। स्वाधीनता आन्दोलन के दौरान ऐसी नव-आकांक्षा न तो किसी राजनेता में थी, न किसी कवि-लेखक में।

जिस नये भारत के निर्माण की आकांक्षा गांधी और नेहरू में थी, उससे एकदम अलग नये भारत का निराला-स्वप्न था। यह एक नई संस्कृति का निर्माण भी था। भारतीय संस्कृति को यथावत रूप में स्वीकारने के पक्ष में निराला नहीं है। 'नवीन साहित्य और प्राचीन विचार' लेख (सुधा, नवम्बर, 1929) में वे विजातीय भावों को महत्त्व देते हैं। "यदि किसी सृष्टि को प्रगतिशील रखना है, तो उसकी शक्ति बढ़ाने के लिए विजातीय भावों का उसमें समावेश करना अत्यावश्यक है। इन्हीं विरोधी गुणों से उसमें शक्ति का संचार होता है। मनुष्य से लेकर सारी सृष्टि में ऐसी विजातीयता लक्षित होती है...एक ही संस्कार और एक ही प्रकार के विचारों की नेमि में चक्कर काटता हुआ साहित्य भी निर्जीव हो जाता है...हर देश के मनुष्यों को अपर देश की संस्कृति तथा सभ्यता का पूरा-पूरा ज्ञान रखना चाहिए।" (रचनावली, 5/449) इसी सम्पादकीय में उन्होंने 'युग-धर्म' की बात की और अपने युग को 'सार्वभौम साहित्य, सब साहित्यों के संकलन-संगठन' का माना। छायावादी कवियों में निराला का संस्कृति-स्वर और चिन्तन अन्य कवियों से किंचित भिन्न है। वे भारतीय समाज विशेषत: हिन्दी भाषी समाज को हिन्दू संस्कारों से मुक्त करना चाहते थे। वे जीवन के साथ राजनीति का नहीं, साहित्य का सम्बन्ध देखते हैं। 'काव्य में रूप और अरूप' लेख में उन्होंने 'काव्यजन्य संस्कृति' की बात कही है। 'सम्राट अष्टम के प्रति' कविता (1936) में उन्होंने मानव-मानव के बीच किसी प्रकार की भिन्नता का विरोध किया, लिखा—

मानव मानव से नहीं भिन्न
वह निष्कलंक
हो कोई सर।

सम्राट् अष्टम एडवर्ड विंडसर घराने के दूसरे सम्राट थे। एक तलाक शुदा अमरीकी महिला वैलिस सिम्पसन से अष्टम एडवर्ड के विवाह के निर्णय के बाद इग्लैंड में एक संवैधानिक संकट खड़ा हो गया था। सम्राट् अष्टम एडवर्ड ने 11 दिसम्बर, 1936 को पद त्याग किया और अगले दिन 12 दिसम्बर, 1936 को निराला ने यह कविता लिखी। निराला ने कविता का अन्त इन पंक्तियों से किया—

प्रेयसी के हृदय से हो तुम
प्रतिदेश मुक्त

प्रति जन, प्रति मन,
आलिंगित तुमसे हुई
यह सभ्यता नूतन।

निराला एक नई सभ्यता और संस्कृति में समस्त भेदभावों की समाप्ति देखते हैं। वे उस मानव-संस्कृति के पक्षधर हैं, जहाँ सभी मनुष्य एक समान है। भारतीय संस्कृति का आँख मूँदकर समर्थन उनके यहाँ नहीं है। "हमें योरप से भी कुछ सीखना है और इसे सिखाना भी है...हमारा फर्ज है कि हम अधिक-से-अधिक उदार हों और क्रियाओं में विस्तार करें...यह साम्यावस्था ही मनुष्य को घृणा से बचा सकती है, वरना वह घृणा से निस्तार नहीं पाता।" (रचनावली, 5/500) निराला ने जनेऊ तोड़कर फेंक देने की बात कही, इसकी आज उसकी आज उपयोगिता नहीं मानी। जाति का हो या धर्म का, उन्होंने किसी का श्रेष्ठत्व एवं प्रभुत्व नहीं माना। जो संस्कृति विभेदकारी है उसके वे खिलाफ हैं। "रही बात संस्कृति की, सो नाई एम.ए. होकर संस्कृत नहीं हुआ और मिश्रजी मिठाई बेचते हुए सुसंस्कृत हैं, इससे बड़ी मूर्खता दूसरी नहीं हो सकती।" (वही, 6/363)

भारत की सभ्यता-संस्कृति यूरोप की सभ्यता-संस्कृति से भिन्न रही है। छायावादी कवियों में निराला ने अंग्रेजी की सांस्कृतिक नीति को उनकी साम्राज्यवादी नीति से जोड़कर देखा। दोनों को एक-दूसरे से अलग नहीं किया। अंग्रेजों की दासता के बाद भारतीय संस्कृति की ओर देखने की प्रक्रिया आरम्भ हुई। गौरव-गान यहीं से आरम्भ हुआ। पुनरुत्थानवाद और राष्ट्रवाद प्रमुख हुआ। निराला के यहाँ आरम्भ में गौरव-भाव है, जिससे वे कुछ समय बाद मुक्त हुए। 'पुनरुत्थान परक जातीय भावना' छायावादी कविता में विद्यमान है। प्रसाद में यह पुनरुत्थान भावना सर्वाधिक थी। वे इतिहास और पुराणादि की ओर मुड़ें। उनके लिए भारत 'मधुमय देश' है और यहीं से पूरे विश्व में संस्कृति का प्रचार हुआ 'जगे हम, लगे जगाने विश्व/ लोक में फैला फिर आलोक।' प्रसाद में भारतीय राष्ट्रवाद प्रबल है जो कहीं से भी हिन्दू राष्ट्रवाद नहीं है, न सांस्कृतिक राष्ट्रवाद है, न धार्मिक राष्ट्रवाद। छायावादी कवियों के सांस्कृतिक चिन्तन पर कम ध्यान देने का एक प्रमुख कारण हमारे लिए राजनीतिक सवालों का प्रमुख हो उठना था। 'प्रगतिवाद' के बाद हमारे चिन्तन में राजनीति की प्रमुखता रही। राजनीति ने संस्कृति को अपने भीतर समेट लिया। जिससे एक राजनीतिक संस्कृति जन्मी और विकसित हुई, जबकि संस्कृति का दायरा सबसे बड़ा है। उसके अन्तर्गत सब कुछ आ जाता है। छायावादी काव्य में राजनीति से अधिक संस्कृति महत्त्वपूर्ण है। इन कवियों ने सांस्कृतिक प्रश्नों को बड़ा माना। अकारण नहीं है कि स्वाधीन भारत में पंत और महादेवी का संस्कृति-सम्बन्धी चिन्तन। पंत ने संस्कृति-सम्बन्धी बाद में कई लेख लिखे। 'आज की कला और

संस्कृति के क्षेत्र में अशान्ति के मूल कारण', 'सांस्कृतिक आन्दोलन', 'सांस्कृतिक चेतना', 'भारतीय संस्कृति क्या है?' और 'भाषा और संस्कृति' जैसे लेखों पर ध्यान देना चाहिए। 'भारतीय संस्कृति' लेख में उन्होंने इस संस्कृति को 'सदैव से उच्च से उच्चतम नैतिकता, सदाचार, आदर्शों तथा उदात्त व्यक्तित्वों की पोषक' माना। (ग्रंथावली 6/430) इस लेख में उन्होंने पश्चिमी संस्कृति और भारतीय संस्कृति की तुलना भी की। भारतीय संस्कृति और यूरोपीय संस्कृति के अन्तर को निराला ने अच्छी तरह लक्षित किया था। "भारतवर्ष अंग्रेजों की साम्राज्य लालसा का सर्वप्रधान ध्येय रहा है। यहाँ की सभ्यता और संस्कृति अंग्रेजों की सभ्यता और संस्कृति से बहुत कम मेल खाती थी।...अंग्रेजों की नीति हुई—भारत के इतिहास को विकृत कर और हो सके तो उसकी भाषा को मिटा दो। चेष्टाएँ की जाने लगीं। भारतीय सभ्यता और संस्कृति की तुलना में नीची दिखाई जाने लगी।" (सुधा, जून 1930 का सम्पादकीय) प्रसाद, पंत और महादेवी ने निराला की तरह पत्रिका का सम्पादन नहीं किया था। कविता के अलावा उनकी सांस्कृतिक-दृष्टि का पता उनके लेखों से चलता है। प्रसाद ने अधिक लेख नहीं लिखे। महादेवी और पंत स्वतंत्र भारत में भी लेख लिखते रहे। भारतीय संस्कृति के भीतर निराला जिस प्रकार उसकी दुर्बलताओं को देख रहे थे उस प्रकार किसी अन्य छायावादी कवि ने नहीं देखा। निराला की क्रान्तिकारिता हम उनमें आरम्भ से देखते हैं। पंत ने राजनीतिक पराधीनता के कारण भारतीय संस्कृति के ढाँचे में अनेक प्रकार की दुर्बलताएँ, असन्दुरताएँ तथा विचार सम्बन्धी क्षीणताएँ? देखीं और 'मध्ययुगों से...लौकिक जीवन के प्रति विरक्त, परलोक के प्रति अनुरक्त, अन्धविश्वासों के उपासक तथा रूढ़ि-रीतियों के दास बन' जाने की बात कही। पंत भाषा की तरह संस्कृति को भी 'एक संगठित सत्य' के रूप में देखते हैं, उसे 'स्वभावजन्य गुण' न मानकर विकास क्रम से उपलब्ध वस्तु या सत्य' कहते हैं। (वही, 6/419) छायावादी कवियों ने संस्कृति को परिभाषित किया, उसका स्वरूप स्थिर किया, भारतीय संस्कृति और यूरोपीय संस्कृति में भेद किया और कहीं से भी भारतीय संस्कृति हिन्दू संस्कृति का पर्याय नहीं माना। 'धर्म' पर उनका आग्रह जहाँ भी है, वह मानव धर्म पर है, उनकी संस्कृति भेदभाव रहित मानव संस्कृति है। विजयदेव नारायण साही ने 'छायावादी काव्य को सत्याग्रह युग' का काव्य कहा है। पंत ने गांधी के आन्दोलन को 'सांस्कृतिक-दृष्टि से पौराणिक मूल्यों तथा मध्ययुगीन सात्त्विक मान-मर्यादाओं के जागरण का ही आन्दोलन' माना है। (छायावाद : पुनर्मूल्यांकन, ग्रंथावली 6/63-64) पंत के सामने एक बड़ा प्रश्न यह है कि "जिस प्रकार राजनीतिक-आर्थिक आन्दोलन लोकजीवन की आवश्यकताओं की पूर्ति कर रहे हैं, क्या हमें उसी तरह एक सांस्कृतिक आन्दोलन भी चाहिए, जो हमारे युग की समस्याओं का समाधान करने में सहायक हो।" (सांस्कृतिक आन्दोलन, ग्रंथावली 6/423) पंत 'आन्दोलन' के स्थान पर 'संचरण' शब्द विशेष उपयुक्त समझते

हैं—"सांस्कृतिक संचरण, जिससे सृजन और निर्माण की ध्वनि अधिक स्पष्ट होकर निकलती है।" (वही) पंत ने बाद में 'संस्कृति' पर कविताएँ भी लिखीं। विश्व के समक्ष उन्होंने राजनीतिक प्रश्न से बड़ा प्रश्न सांस्कृतिक प्रश्न माना। 'ग्राम्या' की कविता 'संस्कृति का प्रश्न' (1940) में उन्होंने लिखा—

राजनीति का प्रश्न नहीं भारत जगत के सम्मुख...
आज बृहत सांस्कृतिक समस्या जग के निकट उपस्थित
खंड मनुजता को युग-युग को होना है नवनिर्मित
विविध जाति, वर्गों, धर्मों को होना सहज समन्वित।

जाति-भेद, धर्म-भेद, वर्ग-भेद को दूर करने वाली संस्कृति का निर्माण पंत के यहाँ प्रमुख है। 'युग वाणी' की कविता 'नव संस्कृति' में वे श्रेणि वर्ग के विरुद्ध हैं 'श्रेणि वर्ग में मानव नहीं विभाजित', यह भारतीय संस्कृति से मानव-संस्कृति की ओर का विकास है। 'ग्राम्या' की एक कविता 'सांस्कृतिक हृदय' में पंत जिस मानव के सांस्कृतिक की बात करते हैं, वह 'कृषि युग से वाहित' है। ये राष्ट्रीय संस्कृति के स्थान पर 'भव संस्कृति' की कामना करते हैं। 'भव संस्कृति' 'युगवाणी' की कविता है। यह तब तक सम्भव नहीं है, जब तक जर्जर पत्र झर नहीं जाएँ। 'युगान्त' में पंत ने जीर्णता एवं शीर्णता का नारा चाहा—'द्रुत झरो जगत के जीर्ण पत्र/ हे त्रस्त ध्वस्त, हे शुष्क शीर्ण' और 'नष्ट भ्रष्ट हो जीर्ण पुरातन।' छायावादी कवियों ने केवल नये काव्य-संसार का निर्माण ही नहीं किया, नये, भेदभाव रहित विश्व की कामना पर विश्व संस्कृति की भी बात की।

छायावादी कविता का सौन्दर्य पक्ष काफी उद्घाटित हो चुका है। आलोचकों ने उसका 'सौन्दर्यशास्त्रीय अध्ययन' किया; पर उस कविता का एक सामाजिक-सांस्कृतिक पक्ष भी है। आज हिन्दू राष्ट्रवाद के दौर में छायावाद के सांस्कृतिक पाठ अथवा उसके भीतर सांस्कृतिक स्वरों की खोज पहले से अधिक आवश्यक है। छायावादी कवियों की राष्ट्रीय चेतना पर विचार हुआ है, पर उनका राष्ट्रवाद कहीं से भी संकीर्ण राष्ट्रवाद नहीं है। छायावाद का समय स्वाधीनता आन्दोलन का सर्वोच्च समय है। पराधीनता को निराला अविद्या से और स्वाधीनता को ज्ञान से जोड़ते हैं। सामाजिक रूढ़ियाँ ज्ञान के बिना कभी समाप्त नहीं हो सकतीं। रामविलास शर्मा ने निराला द्वारा स्वाधीनता को ज्ञान से जोड़े जाने को 'निराला की सांस्कृतिक क्रान्ति' कहा है। निराला ज्ञान के आधार पर सभी सामाजिक रूढ़ियों के बन्धन को काटने, ज्ञान के आधार पर समाज का नया संगठन करने, जिसमें स्त्री-पुरुष में किसी प्रकार का भेदभाव न हो और शूद्रों को द्विजों की तरह समान उन्नति करने का अवसर प्रदान करने को कहते हैं। निराला ने शिक्षा और शिक्षा-व्यवस्था पर भी विचार किया। भारतेन्दु ने 'निज भाषा की उन्नति' से 'सर्वांगीण

उन्नति' की बात कही थी, निराला ने हिन्दी भाषा की उन्नति की बात की। भाषा से स्वतंत्रता का सम्बन्ध है—

सुनी राष्ट्रभाषा की जब से भव्य मनोहर तान
मिटी मोह-माया की निद्रा गए रूप पहचान।

स्वतंत्रता सम्बन्धी दृष्टि निराला की भिन्न है। "हिन्दोस्तान की स्वतंत्रता विलायती स्वतंत्रता नहीं हो सकती, नहीं होगी...भारत को उस तरह के मनुष्यों की जरूरत है, जिनके पास केवल ज्ञान का महास्त्र है, जिसे मुसलमान परम प्रिय, ईसाई जिनका घनिष्ठ मित्र है और जिनका धर्म प्रत्येक स्थिति में सर्वस्व दान और इस तरह से सर्वस्व प्राप्ति है।" (रचनावली, 6/352) उनके लिए अपनी संस्कृति, भारतीय संस्कृति का 'पूरा ज्ञान' आवश्यक था और दूसरों की संस्कृति की पहचान भी जरूरी थी। छायावाद के सांस्कृतिक अध्ययन के लिए छायावादी कवियों की कविताओं के साथ उनकी गद्य रचनाओं पर भी विचार आवश्यक है। निराला ने 'सुकुल की बीवी' में हिन्दू-मुसलमान और 'कुल्ली भाट' में छूत-अछूत का भेद मिटाया। दोनों को एक करने का प्रयत्न किया। इसके पीछे उनकी एक सुस्पष्ट, सार्थक सामाजिक-सांस्कृतिक दृष्टि थी। भारतीय संस्कृति को विश्व संस्कृति से जोड़ना तक भी आवश्यक था, आज भी आवश्यक है। पंत ने अपने लेख 'भारतीय संस्कृति क्या है?' में भारतीय संस्कृति को 'वसुधैव कुटुम्बकम्' की घोषणा करने वाला कहा है। 'भारतीय संस्कृति के भीतर वास्तव में विश्व संस्कृति के गहन मूल तथा व्यापक उपादान यथोचित रूप से वर्तमान है।' (ग्रंथावली 6/428-29) पंत भारतीय संस्कृति में ह्रास-विघटन के चिह्न 'महाभारत' के बाद देखते हैं, "बुद्ध के उदय तक भारतीय चैतन्य कर्मकांडों, विधि-विधानों की संकीर्णताओं में जड़ीभूत हो गया था।" (वही, 6/104) संस्कृति धर्म का पर्याय नहीं है। संस्कृति के अन्तर्गत धर्म सहित सब कुछ समाहित है। छायावादी कवियों ने अपनी रचनाओं को धर्म, हिन्दू धर्म को महत्त्व नहीं दिया। प्रसाद और निराला की रचनाओं में आरम्भ में ही ऐसे स्वर सुनाई पड़ते हैं। 1929-30 के बाद इन दोनों कवियों के सांस्कृतिक चिन्तन में बदलाव आता है। छायावादी काव्य पुनरुत्थानवादी काव्य न होकर सांस्कृतिक काव्य है। भारतीय जीवन और समाज में व्याप्त विषमता पर सबसे तीखा प्रहार निराला ने किया। सामाजिक बन्धन और परतंत्रता को मिटाये बिना स्वतंत्र नहीं हुआ जा सकता। निराला ने अपने एक लेख 'भारत का नवीन प्रगति में सामाजिक लक्ष्य' (मारवाड़ी अग्रवास पत्रिका, फरवरी-मार्च, 1930) में यूरोप की स्वतंत्रता को उस मछली के समान कहा, जो 'एक जाल से निकल कर दूसरे में फँसी। कैदी एक देल से दूसरे में गया।' 'राम की शक्तिपूजा' में जाम्बवान ने राम को 'शक्ति की मौलिक कल्पना' करने का परामर्श दिया था। नवीनता और मौलिकता के महत्त्व-स्थापन

के बाद संस्कृति का अपने प्राचीन रूप में कायम रहना सम्भव नहीं था। 'राम की शक्तिपूजा' में राम-रावण के बीच युद्ध है और 'कामायनी' में देव-असुर एवं मानवीय संस्कृति की टकराहट है। महादेवी ने साहित्य को 'संस्कृति का अक्षय वसन्त' कहा है। वे भारत की प्रकृति से भारतीय संस्कृति को जोड़ती हैं। भारत की प्रकृति को 'अन्तरूपा' और भारतीय संस्कृति को 'विविधतामयी' कहती हैं। छायावादी कवियों का प्रकृति प्रेम कोरा प्रकृति-प्रेम नहीं है।

भक्तिकालीन काव्य लोक जागरण का काव्य है और छायावाद सांस्कृतिक जागरण का काव्य है, प्रभाती और जागरण गीतों की संख्या और जगने-जगाने का आह्वान यहाँ कम नहीं है। प्रेमचन्द ने भी कहा था 'अब और ज्यादा सोना मृत्यु का लक्षण है।' प्रेमचन्द और छायावाद का समय एक ही है। वह राष्ट्रीय जागरण का दौर था और राष्ट्रीय जागरण सांस्कृतिक जागरण का एक अंग है। लगभग दो दशक का वह समय सम्पूर्णता में आज कहीं अधिक विचारणीय है, जिसमें एक साथ राजनीति, संस्कृति, शिक्षा, अछूतोद्धार, चित्र कला, संगीत कला, सामाजिक व्यवस्था, राष्ट्रीयता आदि सब हैं। छायावादी कवियों के लिए राजनीति से अधिक संस्कृति का महत्त्व है। इन कवियों की एक सांस्कृतिक दृष्टि थी, जो भेदभाव से रहित मानव-संस्कृति है। इस संस्कृति में 'जागरण' का विशेष स्थान है। प्रसाद अगर 'अब जागो जीवन के प्रभात', 'बीती विभावरी जाग री' आदि लिख रहे थे तो महादेवी यह कह रही थीं 'जाग तुझको दूर जाना।' छायावादी काव्य में प्रात:कालीन बिम्बों की अधिकता है। 'तुलसीदास' में निराला ने लिखा, 'जागो, जागो, आया प्रभात/ बीती वह, बीती अन्धरात?' निराला के यहाँ बार-बार 'जागरण' आता है। शिवदान सिंह चौहान ने छायावाद द्वारा हिन्दी साहित्य, हिन्दू महासभा या मुस्लिम लीग से कहीं अधिक धक्का पहुँचाने की बात तीस के दशक में कही थी, तो वे छायावादी कवियों को एक प्रकार से धार्मिक या साम्प्रदायिक चेतना का कवि ठहरा रहे थे, जबकि सच्चाई यह थी कि वे राष्ट्रीय चेतना, सामाजिक चेतना और सांस्कृतिक चेतना के कवि हैं। हिन्दी प्रदेश के सांस्कृतिक परिदृश्य को बदलने की जरूरत निराला ने महसूस की थी और इस दिशा में उनकी एक भूमिका थी। निराला ने 'मुसलमान और हिन्दू कवियों में विचार-साम्य' दिखाना, साहित्य की भूमि में हिन्दू और मुसलमान किसी प्रकार का विभाजन नहीं देखा, जनपदीयता को जातीयता से, जातीयता को राष्ट्रीयता और राष्ट्रीयता को मानववाद से जोड़ा, चमार और ब्राह्मण दोनों की जड़ें मार देने की कामना की। नामवर सिंह ने 'छायावाद की काव्यगत विशेषताओं को स्पष्ट करते हुए छायाचित्रों में निहित सामाजिक सत्य' को उद्घाटित किया, पर आज उस सामाजिक सत्य अथवा सामाजिक यथार्थ के साथ सांस्कृतिक पक्ष को अधिकाधिक उद्घाटित करने की कहीं अधिक आवश्यकता है।

प्रसाद की चिन्ता में पूरी मानवता है। 'कामायनी' छायावादी की राज रचना है, अकेला महाकाव्य है। प्रसाद विश्व की विषमता को देख रहे थे। श्रद्धा कहती है 'विषमता की पीड़ा से व्यस्त हो रहा स्पंदित विश्व महान।' 'कामायनी' के कवि की चिन्ता में पूरा विश्व है। श्रद्धा मनु से 'शक्ति के विद्युत्कणों को 'समन्वित' करने को कहती है, जिससे 'विजयिनी मानवता हो जाए।' प्रसाद की काव्य-यात्रा हिन्दू संस्कृति या आर्य संस्कृति से विश्व-संस्कृति एवं मानव-संस्कृति की है। 'कामायनी' में देव-असुर की संस्कृतियों की टकराहट है और है एक मानव संस्कृति की गूँज। छायावाद सभी प्रकार की संकीर्णताओं—धार्मिक संकीर्णता सहित—के विरुद्ध है। वहाँ हम एक साथ राष्ट्रीय संस्कृति, भारतीय संस्कृति और विश्व संस्कृति के स्वर सुनते हैं।

छायावादी कविता में प्रेम

के. जी. प्रभाकरन

छायावाद हिन्दी की स्वच्छंदतावादी काव्य-धारा का सहज विकास है। छायावाद की स्वच्छंद चेतना स्वतंत्रता, समता एवं बन्धुत्व की भावना से अनुप्राणित है। छायावाद व्यक्ति चेतना-प्रधान काव्य है। उसमें सामाजिक वर्जनाओं, धार्मिक रूढ़ियों और रूढ़ नैतिकता के प्रति विद्रोह है। व्यापक अर्थ में छायावाद भारत के मध्यवर्ग की मुक्ति-कामना का काव्य है। विद्रोही चेतना और मुक्ति कामना की दृष्टि से छायावाद पश्चिमी रोमैंटिसिज्म का सहचर काव्य है। लेकिन उसमें देश की राष्ट्रीय चेतना, सामाजिक नवोन्मेष और सांस्कृतिक जागरण का जो समवेत स्वर है वह छायावाद को पश्चिमी रोमैंटिसिज्म से अलग अपनी विशिष्ट पहचान देता है। वैयक्तिकता की खुली अभिव्यक्ति, स्वच्छंद प्रेम एवं रहस्य चेतना, प्रकृति के प्रति नवीन दृष्टि, अतिशय भावुकता एवं कल्पनाशीलता, राष्ट्रीय भावना और विद्रोह चेतना, अभिव्यक्ति की नई भंगिमाएँ आदि छायावाद की मुख्य प्रवृत्तियाँ हैं।

प्रेम छायावादी कविता का प्राणततत्त्व है। प्रेम का क्षेत्र अत्यंत व्यापक है। स्त्री-पुरुष प्रेम और प्रेमजन्य वात्सल्य तक प्रेम के अनेक प्रकार और विस्तार हैं। हमने इस निबन्ध में प्रेम को स्त्री-पुरुष का प्रणय और उसके विविध आयामी भाव-संवेदन तक सीमित रखा है।

छायावादी कविता में प्रेम की अभिव्यक्ति कवि की निजी अनुभूति के रूप में हुई। छायावाद में कवि स्वयं रति भाव का आश्रय बन गया। प्रेम चित्रण में कवियों ने प्रायः 'मैं' शैली अपनाई। उन्होंने द्विवेदी युगीन नैतिकता के बन्धनों को तोड़ा और स्वच्छंद प्रेम का मार्ग प्रशस्त किया। स्वच्छंद प्रेम में व्यक्ति की स्वतंत्रता और नारी-पुरुष की समता की प्रतिष्ठा हुई। इस समतामूलक सम्बन्ध में नारी को प्रेयसी का ऊँचा स्थान प्राप्त हुआ। 'सजनी', 'सखी', 'प्रिये' और 'प्रियतमे' जैसे सम्बोधनों से प्रिय और प्रिया के समतामूलक आत्मीय सम्बन्ध की गहन अभिव्यक्ति सम्भव हुई। अतः छायावादी प्रेम चित्रण में द्विवेदी युगीन द्विधा नहीं रही। यह प्रेम अपने में

एक नई नैतिकता की प्रतिष्ठा और नये दर्शन की नियोजना करने वाला बन गया।

आत्माभिव्यंजना प्रधान काव्य में प्रेम प्राय: व्यक्तिनिष्ठ एवं विषयीप्रधान होता है। लेकिन छायावाद में नारी सौन्दर्य की पीठिका पर ही प्रेम का उदय और विकास चित्रित हुआ है। नारी चरित्र की विशिष्टता की अपेक्षा उसका दैहिक सौन्दर्य ही प्रेमोदय का उपादान बनता है। छायावाद की श्रद्धामयी, करुणामयी, कल्याणी, कलामयी और प्रेममयी नारी उसके दैहिक सौन्दर्य की दहलीज से ही पुरुष के हृदय तक पहुँच पाती है। प्रसाद के 'आँसू' की प्रिया की सुछवि प्रिय की आँखों में प्रतिमा में सजीवता-सी बस जाती है। उस कला की कमनीयता की प्यारी-प्यारी सुषमा का चित्र कवि ने कई छंदों में उरेहा है :

बाँधा था विधु को किसने
इन काली जंजीरों से
मणिवाले फणियों का मुख
क्या भरा हुआ हीरों से?...विद्रुम सीपी सम्पुट में
मोती के दाने कैसे
है हँस न, शुक यह, फिर क्यों
चुगने को मुक्ता ऐसे?...थी किस अनंग के धनु की
वह शिथिल शिंजनी दुहरी
अलबेली बाहुलता या
तनुछवि सर की नव लहरी?

प्रिया के मुख, अधर, दाँत और नाक का यह चित्रण रीतिकालीन नख-शिख वर्णन का छायावादी रूपान्तर लगता है।

छायावाद के नारी रूप वर्णन में प्रकृति की रूप छवियों की बिम्ब योजना है। छायावाद की नारी प्रकृतिमय और प्रकृति नारीमय दिखाई देती है। नारी के रूप चित्रण के लिए प्रकृति का मानवीकरण छायावादी सौन्दर्य चेतना की विशिष्ट प्रवृत्ति है। अपनी कल्पना की उड़ान से कवियों ने नारी का जो रूप प्रस्तुत किया उसमें वह मानवी कम, अप्सरा अधिक लगती है। सौन्दर्य चित्रण में छायावादी कवि ने नारी की पुन: सृष्टि की। नामवर सिंह के अनुसार "छायावादी नारी आधी मानवी है और आधी कल्पना।" (छायावाद, पृ. 59)

छायावादी काव्य में आत्माभिव्यंजना की प्रधानता होते हुए भी कवि अपनी निजी प्रणयानुभूतियों का खुला चित्रण करने से कतराते थे। 'लहर' के आत्मकथात्मक गीत 'मधुप गुनगुनाकर कह जाता कौन कहानी यह अपनी' में कवि ने अपने असफल प्रेम की ओर संकेत किया है :

उज्ज्वल गाथा कैसे गाऊँ मधुर चाँदनी रातों की
अरे खिलखिला कर हँसते होने वाली उन बातों की।
मिला कहाँ वह सुख जिसका मैं स्वप्न देख कर जाग गया?
आलिंगन में आते-आते मुस्कराकर जो भाग गया?

इस असफल प्रेम का रूपकात्मक आख्यान ही 'आँसू' है। लेकिन प्रसाद को 'आँसू' के परिवर्तित एवं परिवर्धित संस्करण में निगूढ़ व्यंजना द्वारा अपनी प्रेमानुभूति पर रहस्य का आवरण डालना पड़ा। इसका यह परिणाम हुआ कि छायावाद का प्रेम भौतिक से अधिक आध्यात्मिक प्रतीत होने लगा। शंभुनाथ सिंह के अनुसार "छायावादी कवियों ने प्रेम को अत्यंत पवित्र और सार्वभौम तत्त्व माना। उन्होंने उसे आत्मा का धर्म माना और शारीरिक सम्बन्धों को प्रेम के क्षेत्र से बहिष्कृत कर दिया।" (काव्य : छायावाद युग शीर्षक लेख, हिन्दी साहित्य, तृतीय खंड; पृ. 192) यह कथन हमें भ्रामक लगता है। छायावादी काव्य में स्त्री-पुरुष प्रेम की प्रगाढ़ता है। तीव्र भावावेश है। उसमें संयोग एवं रति के अनेक चित्र हैं। नये उपमान, प्रतीक, बिम्ब एवं रूपक योजना द्वारा प्रस्तुत प्रेम चित्रण में रति चर्या मूर्त हो उठी है। प्रसाद के 'आँसू', निराला की 'जुही की कली' और 'शेफालिका' से लेकर 'गीतिका' के असंख्य गीतों में रति का रूपकात्मक चित्रण है। आगे कवियों के प्रेम विवेचन के प्रसंग में हम इसकी विशद चर्चा करेंगे।

छायावादी प्रेम की सामान्य प्रवृत्तियों की ओर ऊपर संकेत किया गया है। लेकिन व्यक्तिगत रुचि, संस्कार और जीवन-दृष्टि के आधार पर हर छायावादी कवि की प्रेम परिकल्पना में थोड़ा-बहुत अन्तर रहता है। अतः छायावाद के चार प्रमुख कवियों के प्रेम चित्रण के अध्ययन के द्वारा ही छायावादी प्रेम का सर्वांगीण अध्ययन और विश्लेषण सम्भव है।

प्रसाद का प्रेम विषयक प्रथम काव्य 'प्रेम पथिक' (1913) है। इस काव्य में लौकिक प्रेम का आदर्शीकरण और उदात्तीकरण है। चमेली और किशोर का प्रेम विरह और पुनर्मिलन से होकर अन्त में विश्वात्मा की ओर उन्मुख हो जाता है। 'प्रेमपथिक' में प्रसाद द्वारा निरूपित प्रेम व्यष्टि से समष्टि और समष्टि से विश्वात्मा की ओर ले चलने वाला है।

इस पथ का उद्‌देश्य नहीं है श्रांत भवन में टिक रहना
किन्तु पहुँचना उस सीमा पर जिसके आगे राह नहीं।

(पृ. 22)

'प्रेमयज्ञ में स्वार्थ और कामना हवन करना होगा', 'इसका सिद्धान्त—मिटा देना अस्तित्व सभी अपना', 'किन्तु न परिमित करो प्रेम, सौहार्द, विश्वव्यापी कर

दो', 'प्रकृति मिला दो विश्वप्रेम में विश्व स्वयं ही ईश्वर है' जैसी अनेक उक्तियाँ 'प्रेम पथिक' में मिलती हैं जो प्रेम के उदात्तीकरण के संकेत हैं।

'प्रेम पथिक' के बाद 'आँसू' का प्रकाशन (1925) हुआ। 'आँसू' प्रेम, विरह और स्मृति दंश का करुण काव्य था। लेकिन इसका मांसल प्रेम और उद्दीपक शृंगार से हिन्दी जगत एकदम चौंक गया। प्रतिष्ठित पंडितों और प्रवर आलोचकों ने इसकी निंदा की। इसका यह परिणाम निकला कि परिवर्धित संस्करण (1933) में 'आँसू' अन्तर्जगत की रोमांचपूर्ण रहस्यानुभूतियों से युक्त काव्य में बदल गया। ध्यातव्य है कि पहले संस्करण में 'आँसू' की छंद संख्या 126 है, और दूसरे संस्करण में 1900 नये जोड़े गए 64 छंदों में प्रेम को रहस्यात्मक बनाकर विश्वमंगल की कामना के साथ काव्य की इतिश्री की गई।

प्रिया के प्रथम दर्शन में उसका रूप ही कवि को मोह लेता है। कवि के एकाकी जीवन में उदासी छाई हुई थी। हृदय एकदम संज्ञाहीन एवं भावनाशून्य हो गया था। जीवन के उस पतझड़ में नव वसन्त के समान प्रिया का आगमन हुआ :

पतझड़ था, झाड़ खड़े थे
सूखी-सी फुलवारी में
किसलय नव कुसुम बिछाकर
आए तुम इस क्यारी में। (पृ. 19)

आगे सुख का उन्मत्त विलास एवं निबिड़ शृंगारिकता है। उसके कितने ही चित्र 'आँसू' में अंकित है—

परिरम्भ कुम्भ की मदिरा
निश्वास मलय के झोंके
मुख-चन्द्र चाँदनी जल से
मैं उठता था मुँह धोके।
थक जाती थी सुख रजनी
मुख-चन्द्र हृदय में होता
श्रम-सीकर सदृश नखत से
अम्बर पट भीगा होता। (पृ. 27)

सुख की ये मादक रातें विरह की निशाओं में बदल गईं। प्रिया ने कवि से मुँह फेर लिया। कवि का हृदय करुणा कलित हो गया। मन की घनीभूत पीड़ा आँसू बनकर बरस पड़ी। विरह की ज्वाला में जलते हुए कवि के मन में यह सन्देह उठता है प्रिया छलना तो नहीं थी? उसमें हृदय रहा क्या?

वह रूप रूप था केवल
या हृदय रहा भी उसमें
जड़ता की सब माया थी
चैतन्य समझकर मुझमें। (पृ. 25)

'आँसू' में विरह का विशद मार्मिक चित्रण है। कवि के हृदय में वेदना की मादकता है। मन में मूर्च्छना भरी है। विस्मृति छा गई हैं। विरह की ज्वाला में तन-मन जल रहा है—

शीतल ज्वाला जलती है
ईंधन होता दृग-जल का
यह व्यर्थ साँस चल-चल कर
करती है काम अनिल का। (पृ. 10)

आगे देखिए—

छिल-छिल कर छाले फोड़े
मल-मल कर मृदुल चरण से
धुल-धुल कर वह रह जाते
आँसू करुणा के कण से। (पृ. 11)

'आँसू' के विरह की तीव्रता और पीड़ा की सघनता को देखते हुए हमें डॉ. कुमार विमल का यह कथन सार्थक लगता है, 'आँसू' छायावादी वेदना प्रवाह की पहली तुंग तरंग है।' (हिन्दी साहित्य का बृहत् इतिहास, दशम भाग, पृ. 149)

'आँसू' के समष्टि चिन्तन और विश्वमंगल की कामना के बावजूद 'कामायनी' में प्रसाद का आत्ममुग्ध श्रृंगारी व्यक्तित्व प्रकट होता है। 'कामायनी' में रूप-सम्मोह, निबिड़ श्रृंगारिकता और विलास लोलुपता का मदमत्त प्रवाह है। 'चिर किशोर-वय, नित्य विलासी देव समूह/ कुसुमित कुंजों के पुलकित प्रेमालिंगन', अरुण कपोलों पर छाया-सी पड़ती मुख की सुरभित भाप और भुज मूलों में शिथिल वसन की व्यस्त होती भाप रूप, सम्मोह तथा काम-क्रीड़ा के मोहक दृश्य-संकेत हैं। सौरभ से पूरित दिगंत और आलोक-अधीर अन्तरिक्ष में रति की एक अचेतन गति थी। आगे—

वह अनंग पीड़ा अनुभव सा अंग भंगियों का नर्तन
मधुकर के मरंद-उत्सव सा मदिर भाव से आवर्तन
सुरा सुरभिमय कल कपोल था जहाँ बिछल्ता कल्पवृक्ष का पीत पराग।
(पृ. 17)

मनु की स्मृतियों के बहाने कवि ने सामन्ती सभ्यता की रूपासक्ति, कामातुरता एवं विलासिता का चित्रण किया है। अपने रईसी जीवन के वैभव विलास और रति-रंग में प्रसाद उस ह्रासोन्मुख, दम तोड़ती सामन्ती सभ्यता से, उसकी आखिरी कड़ी के रूप में जुड़े हुए थे। मुक्तिबोध ने लिखा भी है "मनु की मूल उच्छृंखल शृंगारात्मक अन्तर्मुख भावना प्रसाद जी की भी भावना रही है।" (कामायनी : पुनर्विचार, पृ. 221, मुक्तिबोध रचनावली-4) और "मनु प्रसाद जी के व्यक्तित्व की बहुत भीतरी प्रवृत्तियों का प्रतिनिधि चरित्र है।" (वही, पृ. 218)

श्रद्धा के सहवास में उसका समर्पण, सेवा, दया, माया, ममता, विश्वास और मधुरिमा पाकर भी मनु अपने को सहज और सुखी नहीं बना पाया। सुप्त वासना जाग उठी। उसकी भोगलिप्सा बलवती होती गई। असुर पुरोहित आकुलि और किलात द्वारा पशुबलि और उसकी समाप्ति पर सोमपान से मनु की वासना ज्वाला भड़क उठी—

जाग उठी है दारुण ज्वाला इस अनन्त मधुवन में
कैसे बुझे कौन कह देगा इस नीरव निर्जन में? (पृ. 110)

उसकी तरल वासना और मादकता उसे श्रद्धा की ओर ले चली। श्रद्धा गहरी नींद में थी। मनु को उसके—

खुले मसृण भुज-मूलों से वह आमंत्रण था मिलता,
उन्नत वक्षों में आलिंगन सुख लहरों से तिरता। (पृ. 115)

मनु के स्पर्श से श्रद्धा जाग उठी। वासना के आवेग में मनु ने उसे बहकाया।

आकर्षण से भरा विश्व यह केवल भोग्य हमारा,
जीवन के दोनों कूलों में बहे वासना धारा। (पृ. 118)

उसने श्रद्धा से सोमपान का आग्रह किया। पहले तो श्रद्धा ने प्रतिवाद किया और मनु को समझाया कि अपना स्वार्थ छोड़कर समष्टि हित की ओर उन्मुख होना चाहिए। फिर मनु ने सोमपान से बुद्धि के बन्धन खोलने की बात की तो श्रद्धा मान गई। मधुपान के बाद श्रद्धा नशे में मनु के पास खिंचती गई। फिर मदहोशी में दोनों का चुम्बन, आलिंगन और रति सुख।

और एक फिर व्याकुल चुम्बन रक्त खौलता जिससे,
शीतल प्राण धधक उठता है तृषा तृप्ति के मिस से
दो काठों की संधि बीच उस निभृत गुफा में अपने,
अग्नि शिखा बुझ गई, जागने पर जैसे सुख सपने। (पृ. 126)

दो काठों की संधि बीच अग्नि शिखा का बुझना रति का सुन्दर रूपक रचता है।

उपर्युक्त विवेचन का यह निष्कर्ष निकलता है कि प्रसाद का प्रेम हृदय की अपेक्षा देह की पुकार अधिक है। उसमें चिर-कामनाएँ हैं, असीम रूपासक्ति है, मनोरम शृंगार है, अतृप्त वासना, विरह-जन्य वेदना एवं करुणा है। यह प्रेम प्रसाद के सामन्ती-रईसी संस्कारों की उपज है। प्रसाद ने प्रेम और विरह का जो मनोरम संसार रचा वह अपनी कल्पना की रंगीनी, भावों की मसृणता और अभिव्यंजना की सूक्ष्मता में अनुपम है।

छायावादी कविता में प्रेम का सबसे स्वस्थ सुन्दर और आह्लादकारी रूप, निराला में मिलता है। उनकी प्रेम परिकल्पना में एक ओर स्वच्छंदता और उन्मुक्तता है तो दूसरी ओर निश्छल पवित्रता एवं निष्कामता है। कवि की मानसिकता का सूक्ष्म विकास उसमें लक्षित होता है। उसमें कवि की आत्ममुग्धता और आत्ममोह नहीं है। प्रेम भोक्ता को आत्मतोष से होकर आत्मानुभूति तक पहुँचाता है। प्रेम में शृंगार और रति तो है, लेकिन उसमें विलासिता और वासना नहीं है। जैसे निराला ने स्वयं कहा है, यह प्रेम—"वासना की मुक्ति, मुक्ता/ त्याग में तागी" है। इस प्रेम में कवि की निजता की अभिव्यक्ति है। निराला की प्रेम कविताएँ उनके निजी व्यक्तित्व से हमारा साक्षात्कार कराती हैं जिसमें राग एवं विराग का द्वंद्व तथा समाहार है।

निराला का प्रेम स्वच्छंद है। जाति, वर्ण, वर्ग, धर्मभाव आदि प्रेम मार्ग की जितनी बाधाएँ हैं उनके प्रति कवि विद्रोह करता है—'प्रेयसी' कविता की पंक्तियों में यह विद्रोह मुखर है—

दोनों हम भिन्न वर्ण
भिन्न-जाति, भिन्न-रूप,
भिन्न-धर्मभाव, पर
केवल अपनाव से, प्राणों से एक थे। (निराला रचनावली-1, पृ. 328)

अपनाव से, प्राणों से एक होने वाले प्रेमी युग्म का चित्र कवि के शब्दों में—

मिली ज्योति-छवि से तुम्हारी
ज्योति छवि मेरी,
नीलिमा ज्यों शून्य से,
बँधकर मैं रह गई; (वही, पृ. 325-26)

प्रिया के प्रेम की ज्योति-छवि प्रिय को मोह की माधुरी की मूर्च्छना से आत्ममुक्ति की ओर ले जाती है। इस उपलब्धि पर वह अपने को गर्वित और गरीयसी अनुभव करती है—

गर्वित, गरीयसी अपने में आज मैं
रूप के द्वार पर

मोह की माधुरी
कितने ही बार पी मूर्च्छित हुए हो, प्रिय,
जागती मैं रही
गह बाँह, बाँह में भर कर सँभाला तुम्हें। (वही, पृ. 328-29)

उन्मुक्त प्रणय का अनुमोदन एवं अभिनन्दन 'सम्राट् अष्टम एडवर्ड के प्रति' कविता में है। सन् 1936 में सत्तारूढ़ सम्राट एडवर्ड अष्टम ने तलाकशुदा अमेरिकी महिला मिसेज सिम्पसन से शादी करने के लिए सिंहासन छोड़ा था। यह उन्मुक्त प्रणय की ऐतिहासिक घोषणा थी। प्रेम की नवीन सभ्यता का सूर्योदय था। कवि सम्राट का अभिनन्दन करते हुए इतिहास में उनका महत्त्व रेखांकित करता है—

तुम नहीं मिले,—
तुमसे हैं मिले हुए नव
योरप-अमेरिका
सौरभ प्रमुक्त!
प्रेयसी के हृदय से हो तुम
प्रतिदेशयुक्त,
प्रतिजन, प्रतिमन,
आलिंगित तुमसे हुई
सभ्यता यह नूतन! (वही, पृ. 340)

'जुही की कली' में निराला ने जुही की कली और पवन की प्रतीक योजना द्वारा रति का गत्यात्मक बिम्ब प्रस्तुत किया है। कविता के पहले बंध में ही 'उसने की केलि कली-खिली-साथ' में सम्भोग की व्यंजना है। प्रिया के कपोल चूमने, सुकुमार देह झकझोर डालने और गोरे कपोल मसल डालने में रति के उपचारों का खुला चित्रण है। निद्रा से जागी प्रिया का चित्र देखिए—

चौंक पड़ी युवती—
चकित चितवन निज चारों ओर फेर,
हेर प्यारे को सेज-पास,
नम्रमुख हँसी-खिली,
खेल रंग, प्यारे संग। (वही, पृ. 41-42)

प्रिय को सेज पास देखकर प्रिया में लज्जा का ईषत् संचार होता है। क्षणिक व्रीड़ा के बाद वह एकदम मुदित होती है और प्यारे संग रति-रंग में मग्न होती है। प्रिया की ये भंगिमाएँ उद्दाम रति को प्रेम की तन्मयता और आत्मतोष में बदल देती हैं।

'शेफालिका' में 'जुही की कली' की जैसी ही चित्र (योजना) है—

बन्द कंचुकी के सब खोल दिये प्यार से
यौवन-उभार ने
पल्लव-पर्यंक पर सोती शेफालिके
मूक-आह्वान-भरे लालसी कपोलों के
व्याकुल विकास पर
झरते हैं शिशिर से चुम्बन गगन के। (वही, पृ. 144)

'जुही की कली' के शिथिल पत्रांक के स्थान पर यहाँ पल्लव पर्यंक है। तनु तरुणी का उभार यौवन उभार में व्यंजित है। गगन प्रिय की भूमिका में है। शेफालिका उन्निद्र है। उसके 'मूक आह्वान भरे लालसी कपोलों के व्याकुल विकास' में उसकी प्रेमातुरता और उद्दीप्त भाव संवेग प्रकट हैं।

'नयनों के डोरे लाल गुलाल-भरे' गीत में निराला ने सम्भोग का खुला चित्रण किया है। कविता में संगोपन और दुराव-छिपाव बिलकुल नहीं है। रति का ऐसा नग्न चित्र निराला काव्य में दूसरा नहीं मिलता—

प्रिय-कर-कठिन-उरोज-परस कस कसक मसक गई चोली,
एक वसन रह गई मन्द हँस अधर दशन अनबोली—
कली-सी काँटे की तोली। मधु-ऋतु-रात, मधुर अधरों की पी मधु सुध-बुध खो ली,
खुले अलक, मुँद गए पलक-दल, श्रम-सुख की हद हो ली—
बनी रति की छबि भोली
बीती रात सुखद बातों में प्रात पवन प्रिय डोली,
उठी सँभाल बाल, मुख-लट, पट, दीप बुझा, हँस बोली—
रही यह एक ठठोली। (वही, पृ. 226-27)

बुझाए दीप की जगह प्रिया की हँसी का दीप जल उठता है। उसकी विदग्धता और भंगिमापूर्ण उक्ति 'रही यह एक ठठोली' में ऐसी स्निग्धता है कि कविता में प्रेमरस की सहज निष्पत्ति होती है।

प्रेम चित्रण में निराला स्थूलता के नहीं, सूक्ष्मता के कवि हैं। वे भाव चित्रण में संवरणशील हैं। सूक्ष्म भाव व्यंजक शब्दों, प्रतीकों और बिम्बों के द्वारा प्रेम की अन्तर्दशाओं की सांकेतिक अभिव्यक्ति ही निराला की कला की खूबी है। 'रेखा' कविता में निराला ने यौवन की प्रेमातुरता, प्रबल आवेग और चिर अतृप्त कामनाओं के परिवेश में 'सुख चिर मिलन' के चित्र प्रस्तुत किये हैं। प्रेम के स्वरूप और भावभंगिमाओं के साथ प्रिया की रूप छवि का मधुर अंकन है। कवि ने प्रेम की परिभाषा भी प्रस्तुत की है—

प्रेमभाव बिना भाषा का,
तानतरल कम्पन वह बिना शब्द अर्थ की। (वही, पृ. 171)

और प्यार है—

स्पर्श में अनुभव-रोमांच
हर्ष रूप में—परिचय,
विनोद, सुख गन्ध में,
रस में मज्जनानन्द,
शब्दों में चमत्कार, (वही, पृ. 174)

प्रिया की रूप-छवि देखिए—

उत्सुकता वेदना
भीति, मौन, प्रार्थना
नयनों की नयनों से,
सिंचन सुहाग-प्रेम
दृढ़ता चिबुक की,
अधरों की विह्वलता,
भ्रू-कुटिलता, सरल हास,
वेदना कंठ में,
मृदुता हृदय में,
काठिन्य वक्षस्थल में,
हाथों में निपुणता,
शैथिल्य चरणों में,
दीखी नहीं तब तक
एक ही मूर्ति में
तन्मय असीमता। (वही, पृ. 173)

प्रिया की रूप-छवि-चित्रण में दैहिक सौन्दर्य के साथ उसके हाव-भाव और भंगिमाओं का भी चित्र है। सूक्ष्म के प्रति कवि का विशेष रुझान उनकी प्रेम कविताओं को गहरा आन्तरिक संस्पर्श देता है।

'रेखा' (अप्रकाशित 'रेखा' से) में धरा और मेघ का कामोत्सुक मिलनातुर दृश्य प्रस्तुत है—

उतर रहे थे मेघ
मेदिनी के हृदय पर,

हर्षित रोमांच से
सिहर उठे थे तृण,
गुरु-भार-कंपित,
धरा का वक्ष बार-बार
विह्वल था प्रणय से,
पल्लव-कपोलों में
उत्सुकता खुली थी,
चुम्बन की सूचना,—
कम्पन अनिच्छा में
प्रेयसी का प्रगट भाव,
कुसुम नयनों में सरल
मौन आग्रह-भरा। (वही, पृ. 176-77)

कविता में जो बिम्ब योजना एवं प्रतीक विधान है उसका चरम उत्कर्ष 'गीतिका' में संकलित निम्न गीत में मिलता है—

स्पर्श से लाज लगी;
अलक-पलक में छिपी छलक
उर से नव-राग जगी!
चुम्बन-चकित चतुर्दिक चंचल
हेर, फेर मुख कर बहु सुख-छल,
कभी हास, फिर त्रास, साँस-बल
उर-सरिता उमगी।
प्रेम-चयन के उठा नयन नव
विधु-चितवन, मन में मधु-कलरव;
मौन पान करती अधरासव
कंठ लगी उरगी।
मधुर स्नेह के मेह प्रखरतर,
बरस गए रस-निर्झर झरझर,
उगा अमर-अंकुर उर-भीतर,
संसृति-भीति भगी। (वही, पृ. 220)

इस गीत में सम्भोग का सघन और सूक्ष्म चित्र प्रस्तुत है। गीत में शब्दों के विशिष्ट विन्यास और बिम्बयोजना से सम्भोग के सुख को परत दर परत प्रत्यक्ष कर दिया गया है। प्रिय के स्पर्श से प्रिया में नवराग का उदय, प्रिय का चुम्बन, चुम्बन चकित प्रिया का व्रीड़ावश मुख फेर चतुर्दिक देखना, फिर निश्चिन्त होकर

बहु सुख छल कर असीम तन्मयता में डूबना—ये सारे कार्य-व्यापार एकदम मूर्त हो उठे हैं। फिर, कभी हास, फिर त्रास और साँस बल में तीव्र से तीव्रतर होता हुआ सुख और उल्लास व्यंजित हैं। 'साँस बल से उर-सरिता उमंगी' में उमड़ती हुई नदी के बिम्ब द्वारा कुचों का उठना-गिरना मूर्त कर दिया गया है। फिर उस मदहोशी का चित्रण है जिसमें प्रिया प्रिय-कंठ से लगी अधरासव पान कर रही है। 'उरगी' शब्द में स्त्री के तीखे वासना जहर का संकेत है। गीत यहाँ समाप्त होता तो यह रति का वासनामय चित्र मात्र रह जाता। लेकिन रति के चरमोत्कर्ष में मधुर स्नेह के मेघ जो झरझर रस निर्झर बरसाते हैं उससे प्रेम के अमर अंकुर उगते हैं। अमर प्रेम में प्रेमी युगल संसार सारे दुख तनाव से मुक्त हो जाते हैं। 'संसृति भीति भगी' में नव-सृष्टि द्वारा भव तारण भय से मुक्ति भी संकेतित हो।

निराला की प्रेम परिकल्पना का सारतत्त्व है प्रेम द्वारा व्यक्तित्व की पूर्णता की प्राप्ति। वासना-मुक्त, निष्कलुष और निष्काम प्रेम ही प्रेमी को आत्म-मुक्ति तक पहुँचाता है। आत्म-मुक्ति ही व्यक्तित्व की पूर्णता है। प्रेम की यह नई संकल्पना निराला के दार्शनिक व्यक्तित्व की उपज है। दूधनाथ सिंह के शब्दों में "प्रेम को आन्तरिक और बाह्य परम पावन अनुभूति से मंडित करके उसे आत्म-मुक्ति के सोपान तक ले जाने वाले कवि, आधुनिक युग में अकेले निराला हैं। व्यक्तिगतता का इतना प्रसार, आत्म-साक्षात्कार की सघन अनुभूति की इतनी पवित्र अभिव्यक्ति, अपने निजत्व की समीपतम पहचान की इतनी प्रखर और भावमयी अभिव्यक्ति किसी दूसरे कवि में नहीं मिलती।" (निराला : आत्महन्ता आस्था, पृ. 49)

सुमित्रानन्दन पंत को प्रेम और सौन्दर्य का कवि कहा गया है। "प्रेम और सौन्दर्य की सूक्ष्म मानसिक विवृति तक में पंतजी की कल्पना समर्थ हुई है,..." (हिन्दी साहित्य : बीसवीं शताब्दी, नन्ददुलारे वाजपेयी, पृ. 180) लेकिन प्रेम के मानवीय पक्ष का, स्त्री-पुरुष के प्रणय का चित्रण पंत काव्य में दुर्लभ है। 'उच्छ्वास', 'आँसू' और 'ग्रंथि' पंत की विरह वेदना प्रधान कविताएँ हैं। मगर उनमें प्रेम के संयोग पक्ष का चित्रण नहीं है। कविताओं में प्रेम का आलम्बन भी स्पष्ट नहीं है। 'उच्छ्वास' में प्रकृति सौन्दर्य का चित्रण करते हुए अचानक सन्दर्भ से छूट कर जो पंक्ति कोष्ठक में आई है—"वह सरला उस गिरि को कहती थी बादल घर!" वह कवि की बालिका मित्र की ओर संकेत करती है। आगे कवि उस सरला को अपनी बालिका मित्र मानता है—

सरल शैशव की सुखद सुधि-सी वही
बालिका मेरी मनोरम मित्र थी!

कवि अपनी मनोरम मित्र की रूप छवि का सूक्ष्म अंकन किया है—

सरलपन ही था उसका मन
निरालपन था आभूषण
कान से मिले अजान नयन
सहज था सजा सजीला तन!

बालिका मित्र के सरलपन से कवि ने अपना हृदय सजाया था। नित्य मधुर गीतों से उसका उर उकसाया था। उसे कल्पनाओं की कल कल्पलता कह अपनाया था। उसके भीतर नवल भावनाओं का पराग पाया था—

मैं मन्द हास-सा उसके
मृदु अदरों पर मँडराया;
औ' उसकी सुखद सुरभि से
प्रतिदिन समीप खिंच आया

यहाँ कवि ने मिलन के अस्पष्ट संकेत दिये हैं। लेकिन कवि के संकोच जनित संगोपन की प्रवृत्ति उस प्रेम मिलन के प्रसंग को आगे बढ़ने नहीं देती। हमें लगता है कि स्त्री-पुरुष प्रेम और रति को लेकर कवि के मन में वर्जना का भाव था। इसलिए यौवन से कवि अपने बालापन की ओर लौटना चाहता है। कवि का यह निवेदन है—

मेरे यौवन के प्याले में
फिर वह बालापन भर दो। (पल्लव)

बालापन की यह चाह एक ओट है जिसमें कवि अपने भीतर बैठी नारी को छिपाना चाहता है। वह नारी को मर्द की दृष्टि से देख नहीं पाता। 'नारी के रोम-रोम से प्रेम अपार' करते हुए भी कवि उसे पत्नी या प्रेमिका के रूप में नहीं चाह पाता। प्रत्युत कह उठता है—'तुम्हारे छूने में था प्राण, संग में पावन गंगा स्नान।' पंत की कविता में नारी देवी है, मानवी कम। सहचरी और प्राण के रूप में नारी की कल्पना पंत काव्य में दुर्लभ है। 'छाया' कविता में तरु के नीचे सोई छाया का रूप चित्रण करते हुए कवि ने नारी बिम्बों की झड़ी लगा दी है। लेकिन उनमें श्रृंगार और रतिमूलक बिम्ब नहीं मिलते। छाया वीतराग हो। सुख की कामनाओं से ही परे हो—

पत्रों के अस्फुट अधरों से
संचित कर सुख
दुख के गान,
सुला चुकी हो क्या तुम अपनी
इच्छाएँ सब अल्प, महान? (पल्लव)

कवि उसके पावन अंचल में मुँह छिपाकर बस सो जाना चाहता है—

हे सखि! इस पावन अंचल से
मुझको भी निज मुख ढककर
अपनी विस्तृत सुखद गोद में
सोने दो सुख से क्षण भर! (वही)

'अप्सरा' कविता में भी अप्सरा का कामिनी या प्रेयसी रूप दिखाई नहीं पड़ता। कवि ने उसे कल्पना और रहस्य में छिपा दिया है—

जग के सुख-दुख, पाप-ताप
तृष्णा-ज्वाला से हीन,
जरा-जन्म-भय-मरण-शून्य,
यौवनमयि, नित्य नवीन;
अतल विश्व शोभा वारिधि में
मज्जित जीवन-मीन,
तुम अदृश्य, अस्पृश्य अप्सरी,
निज सुख में तल्लीन! (गुंजन)

'भावी पत्नी के प्रति' कविता में 'प्रिये, प्राणों की प्राण!' सम्बोधन के बावजूद कवि ने प्रिया का रूप चित्रण उसके बालिका एवं किशोरी रूप में ही किया है। प्रिया का किशोरी रूप देखिए—

अरुण अधरों की पल्लव प्रात,
मोतियों-सा हिलता हिम-हास
इन्द्रधनुषी पट से ढक गात
बाल-विद्युत का पावस-लास;
हृदय में खिल उठता तत्काल
अधखिले अंगों का मधुमास,
तुम्हारी छवि का कर अनुमान,
प्रिये, प्राणों की प्राण! (गुंजन)

जहाँ प्रिया की छवि का अनुमान मात्र है, प्रेमी प्राणों का आवेग सम्भव कैसे? कवि के लिए प्रथम मिलन भी अज्ञात ही रह जाता है—

अरे, वह प्रथम मिलन अज्ञात!
विकंपित मृदु-उर, पुलकित-गात
सशंकित ज्योत्स्ना-सी चुपचाप
जड़ित पद, नमित-पलक-दृग पात

तक पढ़ते-पढ़ते हम मादक मिलन के दृश्य के लिए उतावले हो जाते हैं। लेकिन तुरन्त बाद की पंक्तियों में कवि का संकोची आवरणशील मन मिलन पर अवरोध खड़ा करता है और दोष प्रिया पर, उसकी लाज पर लगा देता है—

पास जब आ न सकोगी, प्राण!
मधुरता में सी मरी अजान
लाज की छुई-मुई-सी म्लान
प्रिये, प्राणों की प्राण!

सचमुच यह कवि के भीतर की ग्रंथि बन बैठी नारी है जो छुई-मुई-सी म्लान हो जाती है। प्रेम की यह विचित्र गति देखकर ही नामवर सिंह ने कटाक्ष किया कि "छायावादी कवि के लिए पत्नी सदैव 'भावी' ही रही, वह वर्तमान न हो सकी।" (छायावाद, पृ. 63) छायावादी कवियों में पंत का प्रेम सर्वाधिक कल्पनावासी और अतृप्त रहा।

छायावादी कवियों में महादेवी की प्रेम साधना विवादास्पद और रहस्यपूर्ण रही। प्रेम की उनकी साधना विरह की साधना है। पीड़ा की अनन्त उपासना है। चिरंतन दुख का वरण है। स्वप्न एवं स्मृति में निवास है। अपने आराध्य के माध्यम से रहस्य लोक की रचना है। प्राय: हिन्दी साहित्य के इतिहासकारों और आलोचकों ने महादेवी की प्रेम साधना को रहस्यमूलक माना है। लेकिन महादेवी का व्यक्तिगत जीवन, उनका चरित्र एवं संस्कार और उनके काव्य-संग्रहों की भूमिकाओं में अभिव्यक्त जीवन-दृष्टि को देखते हुए उनके काव्य को पूर्णतया रहस्यवादी मानना संगत नहीं है।

अभिजात परिवार में जन्मी महादेवी अपने संस्कार एवं अर्जित चरित्र से ममतामयी एवं करुणामयी रही है। उनका चरित्र अत्यन्त पवित्र एवं उज्ज्वल रहा। मनुष्य और प्रकृति के प्रति, समस्त जीव-जन्तुओं के प्रति महादेवी में अजस्र प्रेम और अनन्त करुणा रही। 'अतीत के चलचित्र' और 'स्मृति की रेखाएँ' के उनके स्मृति चित्र कवयित्री के प्रेम और करुणा के साक्ष्य हैं। दर्शनशास्त्र में परास्नात महादेवी में जीवन के प्रति गहन दार्शनिक-दृष्टि का होना भी सहज है।

महादेवी का सम्पूर्ण काव्य अज्ञात प्रियतम के प्रति प्रणय निवेदन है। कविता के चित्रपट में एक ओर चाँदनी रात है, नक्षत्रमालिकाओं से दीप्त आकाश है तो दूसरी ओर तिमिराच्छन्न रात्रि और नीरव रोदन है। सारा प्रेम व्यापार सुप्ति एवं स्वप्न में चलता है। एक चाँदनी रात में अज्ञात प्रियतम की मुस्कान प्रिया को मधुमय पीड़ा में बोर गई—

गई वह अधरों की मुस्कान
मुझे मधुमय पीड़ा में बोर; (नीहार)

प्रिय की स्मृति में प्रिया का मन दीपक सा अविराम जलता रहता है। उसका दुख आँखों में आँसू बनकर सोता है। पीड़ा इस कदर बढ़ जाती है कि वह प्रिय को पीड़ा में ढूँढ़ती है और स्वयं उसमें पीड़ा को ढूँढ़ने लगती है—

तुमको पीड़ा में ढूँढ़ा
तुममें ढूँढ़ूँगी पीड़ा। (नीहार)

विरह की पीड़ा में जलते हुए भी वह प्रिय से मिलना नहीं चाहती—

मेरे जीवन की जागृति
देखो फिर भूल न जाना,
जो वे सपना बन आवें
तुम चिर निद्रा बन जाना। (वही)

और

मिलन का मत नाम ले मैं विरह में चिर हूँ! (सांध्य गीत)

प्रिय मिलन के प्रति उपेक्षा एवं उदासीनता महादेवी के रहस्यवाद के प्रति प्रश्न-चिह्न खड़ा करती हैं।

मिलन के प्रति प्रिया की उदासीनता इसलिए कि कामनाओं की चिर प्राप्ति जीवन को निष्फल कर जाती है। अतः वह चाहती है—

मेरे छोटे जीवन में
देना न तृप्ति का कण भर;
रहने दो प्यासी आँखें
भरती आँसू के सागर!

और

पाने में तुमको खोऊँ
खोने में समझूँ पाना;
यह चिर अतृप्ति हो जीवन
चिर तृष्णा हो मिट जाना! (रश्मि)

प्रिया कभी अमरता नहीं चाहती, इसलिए कि—

अमरता है जीवन का ह्रास
मृत्यु जीवन का चरम विकास। (रश्मि)

प्रिया अपने जीवन को विरह का जलजात मान बैठती है—

विरह का जलजात जीवन, विरह का जलजात!
वेदना में जन्म करुणा में मिला आवास;
अश्रु चुनता दिवस इसका, अश्रु गिनती रात!
जीवन विरह का जलजात! (रश्मि)

महादेवी के प्रेम एवं विरह के विवेचन की दृष्टि से अत्यंत महत्त्वपूर्ण गीत है—'मधुर मधुर मेरे दीपक जल'।

युग युग प्रतियुग प्रतिक्षण प्रतिपल
प्रियतम का पथ आलोकित कर

के हर बंध के अन्तिम चरण के शब्दबंध गीत के मूल चरित्र को व्याख्यायित करते हैं। 'मधुर मधुर जल' के बाद 'पुलक पुलक', 'सिहर सिहर', 'विहँस-विहँस', 'बिखर बिखर', 'सहज सहज', 'सजल सजल', 'सरल सरल', और 'मदिर मदिर' जलने के क्रिया विशेषणों में, उल्लसित एवं उमंगित आत्मदान के बीच कहीं स्वप्नात्मक रतिमूलक संकेतों की झलक भी मिलती है। 'प्रिय सांध्य गगन मेरा जीवन', 'मैं नीर भरी दुख की बदली' जैसे गीतों में प्रिय की उपेक्षा एवं तिरस्कार जन्य अकेलापन, निराशा और पीड़ा के साथ जीवन की अर्थहीनता की मुखर अभिव्यक्ति है—

विस्तृत नभ का कोई कोना,
मेरा न कभी अपना होना
परिचय इतना इतिहास यही
उमड़ी कल थी मिट आज चली!

में उपर्युक्त भाव मूर्तिमान हो उठे हैं।

प्रिय की वणिक वृत्ति के कारण ही प्रिया का जीवन अकेलापन और पीड़ा की यंत्रणा से गुजर रहा है। 'विहंगम मधुर स्वर तेरे' गीत में प्रिय विहंगम के प्रतीक में प्राण-प्रिय की वणिक-वृत्ति की ओर संकेत है—

तुझे व्यवसाय गति है
प्राण का व्यापार है मेरा! (दीपशिखा)

प्रेम के प्राण व्यापार की करुण परिणति प्रिया के लयक्षार होने में है जब कि प्रिय गगन का अमर किन्नर बने रहते हैं—

गगन का तू अमर किन्नर,
धरा का अजर गायक वर,
मुखर है शून्य तुझसे, लय भरा
यह क्षार है मेरा!

'व्यवसाय गति' और 'अमर किन्नर' में प्रिय की लाभ-लोभ प्रेरित व्यवसाय-वृत्ति और मधुचर्या झलकती है। गीत में अलौकिक प्रेम के संकेतों के रहते हुए भी प्रिया के लौकिक स्वच्छंद प्रेम और उसके आत्मसमर्पण के करुण अन्त की झलक प्रकट है।

असंख्य बिम्बों और प्रतीकों के सहारे महादेवी ने रहस्यात्मक प्रेम का जो संसार रचा है उसके भीतर लौकिक प्रणय की झाँकियाँ भी कम नहीं हैं। इस दृष्टि से महादेवी की प्रेम साधना पर कुमार विमल की यह टिप्पणी हमें सार्थक लगती है "इनकी कविता में एक निरामिष 'रोमांस' मिलता है।" (हिन्दी साहित्य का बृहत् इतिहास, भाग-10, पृ. 239)

उपर्युक्त विवेचन का यह निष्कर्ष है कि छायावादी प्रेम कवियों की निजी अनुभूति प्रधान है। उसमें प्रेम की असफलता, विरह और पीड़ा की प्रचुरता है। निराला काव्य का प्रेम इसका अपवाद है। छायावादी प्रेम मांसल और मादक भी है। लेकिन कवियों ने अपने अभिव्यंजना कौशल से स्थूल को भी सूक्ष्म बनाकर प्रस्तुत किया है। इसके लिए उन्होंने नूतन प्रतीक, बिम्ब, अलंकार तथा शब्द-शक्ति की अनन्त सम्भावनाओं का प्रयोग किया है।

छायावादी काव्य में मिथकीय प्रतीकों की पुनर्रचना
(सन्दर्भ : 'कामायनी' और 'राम की शक्तिपूजा')

विनोद तिवारी

मिथक और साहित्य का सम्बन्ध अभिन्न है। यह सम्बन्ध नया भी नहीं है। बहुत पुराना है। जबसे मनुष्य है, समाज है, साहित्य है, सम्भवतः तब से। आदिमानव काल से लेकर विकसित समाजों तक में मिथक किसी न किसी रूप में पाए जाते हैं। मिथक, आदिम समाजों से लेकर आज तक चले आ रहे हैं, इन्हें मनुष्य की सामूहिक गल्पात्मक (fictional) अभिव्यक्ति का नतीजा मान सकते हैं। ऐसा माना जाता है कि जब इतिहास लेखन शुरू भी नहीं हुआ था, आद्य-बिम्बों और मिथकों के सहारे ही मनुष्य प्रकृति और अपने सम्बन्ध को खोजने-पाने की कोशिश करता रहा होगा। जब मनुष्य और प्रकृति के बीच विभाजक रेखाएँ स्पष्ट नहीं थीं, मनुष्य प्रकृति की लीला, उसके रहस्य और उसके चमत्कार को देखकर विस्मय और भय से भर उठता होगा। इसी विस्मय और भय से छुटकारा पाने की आकांक्षा में मिथक की रचना हुई होगी। ऐसे में यह कहा जा सकता है कि मिथक आदिम मानव की सामूहिक अनुभूतियों का अतिप्राकृत अभिव्यक्त रूप हैं। अतिप्राकृत घटनाओं और चमत्कारों का मानवीकरण और अध्यात्मीकरण करने के लिए इसका उपयोग साहित्य आदि में किया जाता रहा है। विद्वानों ने मिथकों की तीन कोटियाँ बताई हैं—

1. सृष्टि/प्रलय सम्बन्धी मिथक
2. पूजा-टोटेम-आचार सम्बन्धी मिथक
3. प्रकृति सम्बन्धी मिथक

पाश्चात्य विद्वानों मैक्समूलर, जेम्स फ्रेजर, जॉन हेरिसन, गिल्बर्ट मरे, मालेनिवस्की, लेवी स्ट्रास, फ्रायड, युंग आदि ने अपने अकादमिक अध्ययनों के द्वारा मिथक का सिद्धान्तीकरण करते हुए इन्हें ही आधि-व्याधि सम्बन्धी मिथक (Aetiological Myth), ऐतिहासिक मिथक (Historical Myth) और मनोवैज्ञानिक मिथक (Psychological Myth)—कहा है। परन्तु, इस लेख का

लक्ष्य मिथक या मिथकशास्त्र की रचना और सैद्धान्तिकी का विवेचन नहीं है। इसलिए उस ओर जाने का न तो अवसर है न ही औचित्य। दरअसल, साहित्य आदि कलाओं में, समय-समय पर, मिथक और उनके प्रतीकों के सहारे किसी समाज और संस्कृति को किस तरह से रचित, पुनर्रचित, परिभाषित और पुनर्परिभाषित करने के प्रयास किए जाते हैं, उनको जानना और उनकी समीक्षा ही इस लेख का लक्ष्य है। इस तरह की समीक्षा की जरूरत भी इसलिए पड़ती है कि "संस्कृति या समकृति कोई निर्मित वस्तु न होकर विकास का अनवरत क्रम है। मनुष्य का प्रत्येक कर्म अपने पीछे विचार, चिन्तन, संकल्प, भाव तथा अनुभूति की दीर्घ और अटूट परम्परा छिपाए रहता है, इसी से संस्कार-क्रम भी अव्यक्त और व्यक्त दोनों सीमाएँ छूता हुआ चलता है। भाषा संस्कृति का लेखा-जोखा रखती है, अतः वह भी अनेक संकेतों और व्यंजनाओं में ऐश्वर्यवती है।"[1] निश्चित ही संस्कृति विचार, चिन्तन, संकल्प, भाव तथा अनुभूति का व्यक्त रूप है। भाषा इसी अभिव्यक्ति की सामाजिक क्रिया-प्रतिक्रिया और साहित्य भाषा और समाज की इस क्रिया-प्रतिक्रिया का सृजनात्मक रूप। इसलिए जब हम साहित्य के आधार-बिन्दुओं और धारणाओं के धरातल पर मिथक की समीक्षा करते हैं तो उसका अर्थ वही नहीं है जो दूसरे अनुशासनों में मिथक के अध्ययन-मनन का है। इसी बात की ओर बहुत पहले हिन्दी के कवि सच्चिदानन्द हीरानन्द वात्स्यायन 'अज्ञेय' ने अपने एक लेख 'साहित्य में मिथक' में समझाते हुए लिखा है, "सांस्कृतिक दृष्टि से मिथक की चर्चा करें तो उसका कुछ और रूप हमारे सामने आएगा, समाजशास्त्र या नृतत्वशास्त्र की दृष्टि से उसकी चर्चा करें तो हम एक दूसरे ही क्षेत्र में चले जाएँगे, धर्म के सन्दर्भ में उसकी चर्चा करें और एक क्षेत्र में चले जाएँगे। साहित्य में मिथक का विचार करते समय हम इनमें से किसी को छोड़ नहीं सकते, क्योंकि ऐसा नहीं है कि साहित्य में धर्म या समाज का या संस्कृति का कोई स्थान नहीं होता। लेकिन साहित्य की परिधि में मिथक की चर्चा में इन सबको सम्मिलित करते हुए भी कुछ दूसरे प्रकार के प्रश्न भी हमारे सामने आ जाएँगे।"[2] आगे चलकर अपने इसी लेख में अज्ञेय 'ये दूसरे प्रकार के प्रश्न' कौन से हैं उसका खुलासा करते हैं। वह मिथक को रहस्यमय शक्ति का स्रोत मानते हुए लिखते हैं, "एक तरफ वह (मिथक की शक्ति) किसी भी संस्कृति या जाति की अस्मिता का आधार होती है, दूसरी तरफ वह उसको किसी दूसरी संस्कृति से अलग और विशिष्ट रखने का भी एक साधन होती है। इसलिए हर संस्कृति के जो मिथक होते हैं वे जहाँ एक तरफ उस संस्कृति के पूरी अनुभव संचय से काम लेते हैं, वहाँ उसके साथ-साथ एक ऐसी रहस्यमय भाषा भी गढ़ते हैं जो उस संस्कृति की अस्मिता को और सब संस्कृतियों से अलग बनाए रखने में योग देता है।...'यह संस्कृति मेरी संस्कृति है' जहाँ एक तरफ इसकी पहचान उसकी हर इकाई अपने लिए करना चाहती है वहाँ उसके साथ-साथ हर इकाई स्पष्ट या

निहित भाव से यह प्रयत्न भी करती हे कि कोई दूसरा इस रहस्य तक अनायास न पहुँच सके। इसलिए मिथक एक तरफ अपनी पहचान का और दूसरी तरफ अपनी रक्षा का भी एक साधन होते हैं।"[3] साहित्य और मिथक के इस सम्बन्ध और उनकी रचना/पुनर्रचना के स्रोत से संस्कृति की व्याख्या/पुनर्व्याख्या के परिप्रेक्ष्य में हम आधुनिक हिन्दी कविता की दो महत्त्वपूर्ण रचनाओं 'कामायनी' और 'राम की शक्तिपूजा' को पढ़ने और समझने का प्रयास करेंगे। किसी भी संस्कृति और सभ्यता को प्रकट करने, उसे अभिव्यक्त करने की प्राय: दो रचनात्मक विधियाँ उपयोग में लाई जाती हैं—प्रतीकात्मक और वस्तुपरक। कहीं-कहीं दोनों विधियों की अनन्यता भी पाई जाती हैं। प्रतीकात्मकता से वस्तुपरकता की यात्रा भी कुछ रचनाओं में देखी जा सकती है। इसे हम आदर्शवाद से यथार्थवाद की यात्रा भी कह सकते हैं। क्या छायावादी काव्य में मिथकों का प्रतीकात्मक उपयोग इसी रास्ते पर है? इसकी पड़ताल की कोशिश भी आपको इस लेख में दिख जाएगी।

'कामायनी' न केवल जयशंकर प्रसाद की, वरन् छायावाद और आधुनिक हिन्दी कविता की एक महत्त्वपूर्ण उपलब्धि है। इसे आधुनिक युग का महाकाव्य कहा गया है। नामवर सिंह जैसे आलोचकों ने इसे 'भारत की आधुनिक सभ्यता का प्रतिनिधि महाकाव्य'[4] कहा है। कुछ विद्वानों ने इसे पाश्चात्य भोगवादी भौतिक-सभ्यता के बरक्स भारतीय त्याग और तप की अध्यात्मवादी-सभ्यता के रूप में भी चिन्हित और परिभाषित किया है। 'कामायनी' में प्रसाद 'सृष्टि/प्रलय मिथक' को कथा का प्रस्थान बनाते हैं और तीन मिथकीय चरित्रों अथवा प्रतीकों मनु, श्रद्धा और इड़ा के सहारे कथानक का निर्माण करते हैं। मिथक बिम्बों और प्रतीकों के माध्यम से अभिव्यक्त होते हैं। समय, समाज और सभ्यता के विकास-क्रम में मिथक, जातीयता के निर्माण और उत्थान/पुनरुत्थान के नाम पर अपने प्रतीकों के माध्यम से लौट-लौटकर आते हैं। संस्कृति, सभ्यता, समाज और राष्ट्र को परिभाषित/पुनर्परिभाषित करने के बहाने पुराने मिथक नई अर्थवत्ता के साथ, नए सिरे से प्राणवान और जीवंत हो उठते हैं। यही कारण है कि सभी युगों में लेखकों ने साहित्य में मिथकों का आश्रय ग्रहण किया है। अगर, केवल आधुनिक हिन्दी कविता की ही बात की जाए तो विस्तार में न जाते हुए भी अयोध्या सिंह उपाध्याय 'हरिऔध' का 'प्रियप्रवास', मैथिलीशरण गुप्त रचित साकेत, निराला रचित 'राम की शक्तिपूजा' और प्रसाद के 'कामायनी', नरेंद्र शर्मा के 'द्रौपदी', नागार्जुन का 'भस्मांकुर' धर्मवीर भारती के 'अन्धायुग', 'महाप्रस्थान', 'कनुप्रिया' तथा 'शबरी', जगदीश चन्द्र का 'शंबूक', नरेश मेहता के 'संशय की एक रात', भारतभूषण अग्रवाल के 'अग्निलीक', कुँवर नारायण के 'आत्मजयी' तथा 'वाजश्रवा के बहाने', एवं दिनकर के 'रश्मिरथी' और 'उर्वशी' जैसे काव्य, खंडकाव्य और महाकाव्य इसके प्रमुख उदाहरण हैं। इस तरह के और भी उदाहरण मौजूद हैं।

हिन्दी के स्वातंत्र्योत्तर खंडकाव्यों की कथावस्तु में पौराणिक मिथकों को आधार बनाकर उसे नवीन अर्थवत्ता प्रदान करते हुए आधुनिक जीवन की किसी न किसी समस्या का समाधान प्रस्तुत करने का प्रयास किया है। इन काव्यों, खंडकाव्यों और महाकाव्यों में व्यक्ति-चरित्र, से लेकर बदलते हुए सामाजिक, सांस्कृतिक और राजनीतिक मूल्यों की खोज की प्रक्रिया में साभ्यतिक विमर्श और सांस्कृतिक पुनर्रचना का लक्ष्य सामने आता है। 'संस्कृति' सम्बन्धी अपने गम्भीर अध्ययन और निष्कर्षों के लिए जाने जाने वाले फ्रांसीसी चिन्तक रोलां बार्थ्स आधुनिक और वैज्ञानिक समाजों में मिथकों के जीवित बचे रहने के पीछे एक दूसरा तर्क उपस्थित करते हैं जो औद्योगिक सभ्यता और पूँजीवादी संस्कृति के बीच निर्मित व्यक्ति, वर्ग और समाजों को समझने में बहुत महत्त्वपूर्ण तर्क है, "आधुनिक और वैज्ञानिक रूप से विकसित तर्कशील समाजों में भी मिथकों का बने रहना, विकसित होते जाना इसलिए सम्भव होता है कि बुर्जुवा वर्ग कई तरह के छद्म में जीता है। वह लिखते हैं कि "यह वर्ग इतिहास के एक ऐसे दौर से गुजर रहा है जहाँ वह जीवन के परिवर्तनशील यथार्थ को बाँधकर रखना चाहता है, पर यह नहीं चाहता कि उसके इस प्रगतिविरोधी रूप को कोई देख ले। यही कारण है कि अपने चेहरे को छिपाने के लिए वह तरह-तरह के मिथकों की सृष्टि कर रहा है। 'राष्ट्रवाद', 'नैतिकता', 'संस्कृति', 'परम्परा', 'आस्था' आदि धारणाओं को इस रूप में रखा जाता है, मानो ये सनातन सत्य हों, जिनके बारे में बात करना, बहस करना उचित नहीं।"[5]

रोलां बार्थ्स के उक्त कथन के आलोक में, मिथक के प्रयोग के सन्दर्भ से कहना हो तो कहा जा सकता है कि प्रसाद ने 'कामायनी' में यह लक्ष्य रखा है कि कैसे पुरातन को सनातन और सनातन को अद्यतन बनया जाए। इस निर्मिति में वह जिस मानवीय-सभ्यता की रचना करना चाहते हैं और कामायनी को बौद्धिकता के बरक्स जिस भावात्मक (आध्यात्मिक भी नहीं) परिणति तक ले जाते हैं, वह भारतीय मिथक, इतिहास, चेतना, तार्किकता, भावुकता, पलायन आदि की व्याख्या और विवेचन का महत्त्वपूर्ण कथानक बन जाता है। इसीलिए 'कामायनी' को लेकर हिन्दी आलोचना में खूब बहसें हुई हैं। पर, सभी बहसों में जो मुद्दा केन्द्रीय रूप से सामने आता है वह 'सभ्यता-विमर्श' अथवा 'सभ्यता-समीक्षा' ही है। 'कामायनी' में जल-प्रलय के बाद विनष्ट देव-सभ्यता और तत्पश्चात मनु और श्रद्धा के द्वारा सृष्ट नूतन मानव-सभ्यता के निर्माण की कथा कही गई है, जिसे मनु के नाम पर मन्वंतर कहा गया है। जल-प्रलय और सृष्टि का यह मिथक दुनिया की प्राय: सभी प्राचीन सभ्यताओं—मिस्र, यूनानी, सुमेरियन—सभी में पाया जाता है। पारिस्थितिकी और नृतत्वशास्त्र का अध्ययन और शोध करने वाले अध्येताओं का मानना है कि जल-प्रलय की कथा का स्रोत कहीं न कहीं सिधु, नील, दजला, फरात जैसी बड़ी

नदियों में आने वाली विनाशक बाढ़ से जरूर रहा होगा। भारतीय वाङ्मय की बात करें तो शतपथ ब्राह्मण में जल-प्लावन की कथा का वर्णन मिलता है। इसके अलावा ऋग्वेद, छान्दोग्य उपनिषद, श्रीमद्भागवत पुराण आदि से मनु, श्रद्धा और इड़ा सम्बन्धी कथा से मदद ली गई है। प्रसाद ने इतिहास सम्बन्धी गढ़ंत का सहारा भी लिया है और कल्पना से कथा में कुछ जगहों पर नवीनता भी भरी है। श्रीमद्भागवत पुराण में मानव-सृष्टि के प्रारम्भ की कथा मनु और श्रद्धा से मानी गई है—

ततो मनुः श्राद्धदेवः संज्ञायामास भारत
श्रद्धायां जनयामास दशपुत्रान् स आत्मवान्।

प्रसाद इस 'जल-प्रलय और सृष्टि मिथक' और उसकी कथा को ऐतिहासिक मानते हैं। वह लिखते हैं, "जलप्लावन भारतीय इतिहास में एक ऐसी ही प्राचीन घटना है, जिसने मनु को देवों से विलक्षण, मानवों की एक भिन्न संस्कृति प्रतिष्ठित करने का अवसर दिया। वह इतिहास ही है।"[6] जबकि कामायनी के एक गम्भीर अध्येता मुक्तिबोध इसे 'फैंटेसी' मानते हैं। और उसी के आधार पर इसका अध्ययन-विवेचन करते हैं। अति संक्षेप में 'कामायनी' के कथासार पर एक नजर डाल लेते हैं। 'कामायनी' की कथा, विनाशकारी जल-प्रलय से नष्ट हो चुकी भोगवादी देव-सभ्यता के पश्चात अकेले बचे मनु की चिन्ता से शुरू होती है। चिन्ता सर्ग को प्रसाद इस महाकाव्य की नींव कहते हैं। दूसरा सर्ग 'आशा' इस नींव से नई सृष्टि का कैसे निर्माण हो उसकी पृष्ठभूमि का काम करता है। सृष्टि के अंकुरण की प्रक्रिया तीसरे सर्ग श्रद्धा से शुरू होती है, प्रकृति और पुरुष के योग से, सांख्य-दर्शन के सन्दर्भ में इस योग को देखा जा सकता है। अगले तीन सर्ग काम, वासना और लज्जा सृजन की प्रक्रिया के सर्ग हैं, जो कामना, सुख और संयोग-शृंगार से परिपूरित हैं। सातवें और आठवें सर्ग-कर्म और ईर्ष्या-मनुष्य-जीवन के कर्म, संघर्ष, उद्वेलन, तनाव आदि को दर्शाने वाले सर्ग हैं। इड़ा सर्ग से कामायनी का कथानक एक दूसरा मोड़ लेता है। इस नवें सर्ग में कवि ने आधुनिक जीवन पद्धति, राष्ट्र और राजनीति, आत्मवाद बनाम बुद्धिवाद, भोग, त्याग आदि का चित्रण किया है। इड़ा मनु के जीवन और उसकी दिशा को पुनः बदलने वाली उत्प्रेरक की तरह है। इस बदलाव की प्रक्रिया, अगले तीन सर्गों—स्वप्न, संघर्ष और निर्वेद में, घटित होती है। पर, यह बदलाव अधूरा ही है क्योंकि मनु का 'मानस-देश' अभी भी सूना है—'देश बसाया पर उजड़ा है, सूना मानस देश यहाँ'। मनु मानस के इस सूनेपन से इस कदर आलोड़ित होते हैं कि सब कुछ छोड़कर पुनः उसी हिमालय पर चले जाते हैं, जहाँ पर अवतरित हुए थे। अन्ततः श्रद्धा ही के पुनः संयोग से उनका यह 'सूनापन' दूर होता है। आनन्द की प्राप्ति के लिए दोनों अन्ततः कैलाशवासी हो जाते हैं। कामायनी लोक-अग्नि में तपकर भी लोक से कट जाती है। अन्तिम तीन

सर्गों—दर्शन, रहस्य और आनन्द में, इसी का चित्रण किया गया है। ये तीनों सर्ग 'कामायनी' की संस्कृति-सभ्यता-दर्शन के निचोड़ माने जा सकते हैं।

'कामायनी' में प्रसाद जिस प्रलय/सृष्टि-मिथक के प्रस्थान से, मिथकीय प्रतीकों/रूपकों के सहारे 'मानव-सभ्यता' के निर्माण की कथा कहते हैं, क्या वह कथा आधुनिक-युग में व्यक्ति के संघर्ष और निर्माण की कथा के रूप में ठीक उसी तरह से पढ़ी जा सकती है जिस तरह से 'राम की शक्तिपूजा'? अथवा 'राम की शक्तिपूजा' के राम और कामायनी के मनु का जो व्यक्ति-संघर्ष है, जो सामाजिक संघर्ष है, आखिर में दोनों के नायकत्व की जो परिणति है, क्या उसे भी एक तरह से पढ़ा जाना चाहिए? इसका उत्तर हाँ और नहीं दोनों छोरों के बीच कहीं ढूँढ़ना होगा। दोनों रचनाएँ लगभग एक ही समय की रचनाएँ हैं। पर दोनों के विषय-वस्तु और शिल्प-संरचना में अन्तर है। एक में अपने ही कृत्यों से पतन को प्राप्त हो चुकी देव-सभ्यता के बरक्स एक नई सभ्यता, मानव-सभ्यता के जन्म, निर्माण और विकास की कथा कही गई है और दूसरे में दो सभ्यताओं के बीच धर्म-अधर्म, न्याय-अन्याय, नीति-अनीति के बीच फँसे व्यक्ति के द्वंद्व और संघर्ष को चित्रित किया गया है। पर, यह देखना प्रीतिकर होगा कि मिथकीय और पौराणिक विधान के साथ सांस्कृतिक और साभ्यतिक-विमर्श के अवधान और विधान में दोनों एक जैसे मूल्यों और आदर्शों की बात करते हैं या इन दोनों में कोई फर्क भी है? संस्कृति की परिभाषा देते हुए जयशंकर प्रसाद अपने एक लेख 'काव्य और कला' में लिखते हैं, "संस्कृति सौन्दर्य-बोध के विकसित होने की मौलिक चेष्टा है। इसलिए साहित्य के विवेचन में भारतीय संस्कृति और तदनुकूल सौन्दर्यानुभूति की खोज अप्रासंगिक नहीं किन्तु आवश्यक है।"[7] इसी लेख में वह आगे चलकर सौन्दर्य-बोध को व्याख्यायित करने के दौरान रुचि-भेद का वर्गीकरण करते हुए हेगेल को उद्धृत करते हैं, "हेगेल के मतानुसार कला के ऊपर धर्मशास्त्र का और उससे भी ऊपर दर्शन का स्थान है।"[8] हेगेल के इस कथन के साथ अपना यह बलाघात लगाना वह नहीं छोड़ते, "इस विचारधारा का सिद्धान्त है कि मानव सौन्दर्य-बोध के द्वारा ईश्वर की सत्ता का अनुभव करता है। फिर धर्मशास्त्र के द्वारा उसकी अभिव्यक्ति-लाभ करता है। फिर शुद्ध तर्क ज्ञान से उससे एकीभूत होता है।"[9] इस बलाघात के सहारे प्रसाद अपनी धारणा और दृष्टि के लिए वह मनोभूमि खोज लेते हैं, जिस पर ज्ञान, कर्म और इच्छा का मेल कराते हैं। ऐसा इसलिए सम्भव होता है कि हेगेल के 'विश्वात्मा सम्बन्धी सिद्धान्त' में इस तरह के घुसपैठ और बलाघात की गुंजाइश है। यही नहीं, उसके 'द्वंद्वात्मक भौतिकवाद' के सिद्धान्त में इसकी थोड़ी-बहुत गुंजाइश है। असल में, हेगेल ने भौतिकवाद की आर्थिक संरचना और निर्मिति के कारणों को जिस तरह से 'नैतिक निर्णय' और 'ऐतिहासिक विकास' के आकस्मिक नियमों के तर्क पर मिला दिया है, जिस तरह से उसने बुद्धि और इच्छा को भी मिला दिया है, उसमें इस तरह

की छूट ले लेने की सम्भावना बची रहती है। ऐतिहासिक विकास के आकस्मिक नियमों और परिणामों का आकलन हेगेल से छूट गया है, मार्क्स ने जिसे आगे चलकर दुरुस्त किया है। बुद्धि और इच्छा के हेगेलियन मेल के सहारे, भारतीय दर्शन और वाङ्मय के आधार पर, प्रसाद बहुत चतुराई पूर्वक, सुचिन्तित ढंग से 'कामायनी' में समरसता के नाम पर ज्ञान, कर्म और इच्छा का एक सामाजिक-दार्शनिक घोल तैयार करते हैं। यहीं पर, आचार्य नन्ददुलारे द्वारा प्रसाद जी को दी गई यह पदवी कि वह 'उपायनिरूपक स्मृतिकार'[10] हैं, अपनी पूरी अर्थवत्ता में उपस्थित हो जाता है। पर जब हम इसे मुक्तिबोध के इस निष्कर्ष के साथ पढ़ते हैं तो इस अर्थवत्ता का वास्तविक अर्थ सामने आता है, "प्रसाद ने अतीत की भावुक गौरव-छायाओं से ग्रस्त, वेदोपनिषदिक आर्य वातावरण से अनुप्राणित, समाजादर्श से प्रेरित होकर अपनी विश्व-दृष्टि तैयार की। यह विश्वदृष्टि कामायनी में प्रकट हुई।"[11]

कामायनी में निदर्शित दर्शन को लेकर अधिकांश विद्वानों ने यह मत व्यक्त किया है कि 'कामायनी' में शैवागम के प्रत्यभिज्ञा दर्शन से प्रसाद ने समरसता का सिद्धान्त प्रस्तुत किया है। यह समरसता का सिद्धान्त जिस दार्शनिक निदान में निष्पन्न होता है उसे 'अभेदवाद' कहा गया है और इसके प्रमाण के रूप में प्रसाद कि इन पंक्तियों को उद्धृत किया जाता है—

नीचे जल था, ऊपर हिम था
एक तरल था एक सघन
एक तत्त्व की ही प्रधानता
कहो उसे जड़ या चेतन।

अथवा

पर यह आनन्द का दर्शन
है बिलकुल आध्यात्मिक ही।

कामायनी में प्रसूत 'समरसता' सम्बन्धी उक्त दर्शन के सम्बन्ध में मुक्तिबोध का यह कथन जरूर देखा जाना चाहिए, "अधिक से अधिक प्रसाद जी के सम्बन्ध में यह कहा जा सकता है कि 'कामायनी' में जिस समरसता के दर्शन को वह सामने रखते हैं वह एक उदार पूँजीवादी-व्यक्तिवादी दर्शन है, जो यदि एक मुँह से वर्ग-विषमता की निंदा करता है, तो दूसरे मुँह से वर्गातीत, समाजातीत व्यक्तिमूलक-चेतना के आधार पर, समाज के वास्तविक द्वंद्वों का वायवीय तथा काल्पनिक प्रत्याहार करते हुए, 'अभेदानुभूति' के आनन्द का ही सन्देश देता है।"[12] 'दर्शन' सर्ग का यह निचोड़—'समरस अखंड आनन्द वेश', भी इसी की पुष्टि करता हुआ प्रतीत होता है—

हीरक गिरि पर विद्युत विलास,
उल्लसित महा हिम धवल हास।

देखा मनु ने नर्तित नटेश,
हत चेत पुकार उठे विशेष;

"यह क्या! श्रद्धे! बस तू ले चल,
उन चरणों तक दे निज सम्बल;
सब पाप-पुण्य जिसमें जल जल,
पावन बन जाते हैं निर्मल;

मिटते असत्य से ज्ञान लेश,
समरस अखंड आनन्द वेश!"

बुद्धिवाद के बरक्स इस समरस अखंड आनन्द के रूप में प्रसाद ने जो निदान प्रस्तुत किया है वह नितान्त आत्मवादी है। जो देश-काल से परे जाकर एक ऐसे मानस-लोक में शरण पाता है जिसे कैलाश कहा गया है जहाँ—

स्वप्न, स्वाप, जागरण भस्म हो
इच्छा क्रिया ज्ञान मिल लय थे;
दिव्य अनाहत पर निनाद में
श्रद्धायुत मनु बस तन्मय थे।

'राम की शक्तिपूजा' में प्रयुक्त मिथक और प्रतीकों को समझने के क्रम में हम पाते हैं कि 'राम की शक्तिपूजा' में दैवी, आसुरी, मानवी, अतिप्राकृत सभी तरह के पात्रों की योजना की गई है। इस प्रबन्धात्मक कविता में निराला ने प्रतीक-विधानों की रचना के क्रम में एक मनुष्य की तरह राम के द्विभाजित मन को जय-पराजय की युक्ति के रूप में उपयोग में लिया है। राम में ही नहीं हम सबके भीतर दो मन होते हैं, जिनमें दो तरह के भाव, प्रवृत्तियाँ, उनके द्वंद्व पाए जाते हैं। काव्य-रचना में इन द्वंद्वात्मक भावों के निदान के लिए कवि या रचनाकार जिन प्रतीकों का सहारा लेता है, वे प्रतीक सामाजिक हैं, प्राकृतिक हैं, दैवीय हैं अथवा अतिप्राकृतिक हैं, उनका विवेचन-विश्लेषण यहाँ काम्य है। 'राम की शक्तिपूजा' अपनी प्रबन्धात्मकता में महकाव्यात्मक हो या न हो पर, नाटकीय-विधान वाली कविता जरूर है। बनारस के युवा कवि और रंगकर्मी भाई व्योमेश शुक्ल ने देश भर में, रंगमंच पर इस कविता का प्रदर्शन कर, इसे सिद्ध कर दिखाया है। राम रावण से युद्ध में पराजित होकर अपनी क्षत-विक्षत सेना के साथ शिविर में लौट

आए हैं। आज की हार का मंथन चल रहा है। विजय की कोई आशा नहीं। आज के युद्ध में सारे प्रयास निष्फल हुए। अब राम के मन में रावण की जीत का डर बैठ गया है—'रह रह उठता जग जीवन में रावण जय भय'। यहाँ तक, कविता मानवीय-संघर्ष, संशय, द्वंद्व और व्यक्ति की जिजीविषा के चित्र प्रस्तुत करती है। पर, आगे अचानक कविता 'दैवी-विधान' की संरचना में चली जाती है। राम को लगता है कि आज की पराजय के पीछे वह भीमामूर्ति है जो आज रणभूमि में रावण की रक्षा कर रही थी और मेरे प्रत्येक वार को, मन्त्रपूत, ज्योतिर्मय अस्त्र-शस्त्र को निष्फल कर रही थी। कविता, यहाँ से अतिप्राकृत और चमत्कारिक होना शुरू होती है। अगर इस कविता के दो खंड—पूर्वखंड और उत्तरखंड—बनाए जाएँ तो, दूसरा खंड मिथक और मिथकीय प्रतीकों के अध्ययन-विश्लेषण की दृष्टि से अधिक सन्दर्भवान है। कविता के 'वास्तु' को समझने की दृष्टि से, इस तरह का एक विभाजन 'राम की शक्तिपूजा' के एक टीकाकार वागीश शुक्ल ने किया है। पर, वागीश जी का विभाजन सटीक और उचित है। प्रारम्भिक पंक्ति—'रवि हुआ अस्त ज्योति के पत्र पर लिखा अमर' से लेकर 'सब चले सदय, राम की सोचते हुए विजय' तक, 248 पंक्तियों का पूर्वखंड और 'निशि हुई विगत, नभ के ललाट पर प्रथम किरण' से लेकर 'कह, महाशक्ति राम के वदन में हुईं लीन' तक 249 पंक्तियों का उत्तरखंड।

दूसरा खंड, पहले दिन की पराजय के बाद हताश राम और उनकी सेना की रात्रि 'सभा' में जांबवान के इस सुझाव से कि 'शक्ति की करो मौलिक कल्पना' तभी विजय सम्भव होगी, की आशा से शुरू होता है—'निशि हुई विगत, नभ के ललाट पर प्रथम किरण'। यह खंड 'राम की शक्तिपूजा' में अब तक राम की जो छवि है, उससे इतर छवि रचने वाला खंड है, जो अलौकिक, चमत्कारिक और अतिप्राकृत शक्तियों से सज्जित है। साहित्य में मिथकों और मिथकीय प्रतीकों का उपयोग चाहे जितना भी समकालीन अर्थ और प्रसंगों के सन्दर्भ में किया जाए पर उनका सांस्कृतिक-महत्त्व अगर केवल धार्मिक महत्त्व से आच्छादित हो जाता हो तो इसे लक्ष्य से भटकाव माना जाए या संस्कारों का प्रभाव या उन मिथकों और प्रतीकों के प्रति समाज की धार्मिक-विश्वास, जादू-टोना, चमत्कार आदि के कारण, लोक में गहरे धँसी आस्था, अन्धविश्वास, भय आदि को माना जाए अथवा इन तीनों को ही जिम्मेदार माना जाए। शूमाकर ने सांस्कृतिक प्रतीकों के अर्थ-विश्लेषण की प्रक्रिया में लिखा है कि "सांस्कृतिक प्रतीकों की अर्थ प्राप्ति भाषा-प्रतीकों के द्वारा ही सम्भव है।"[13] निराला ने 'राम की शक्तिपूजा' में न केवल मिथकीय पात्रों का अवतरण किया है बल्कि कई स्थलों पर मिथकीय भाषा, संरचना का भी प्रयोग है। ऐसे स्थलों और प्रसंगों में कविता विस्मय, रहस्य, कौतूहल, चमत्कार, अलौकिकता से भर उठी है। मनुष्य की विवशता यहाँ प्रकट हुई है।

इस सन्दर्भ में कुछ प्रसंगों को देखना उचित होगा। पहला प्रसंग, उस भीमामूर्ति के वर्णन का है जो महाशक्ति के रूप में युद्धभूमि में आकाश को आच्छादित किए रावण की रक्षा कर रही है। दूसरा प्रसंग, युद्धभूमि में आज महाशक्ति के कारण रावण की विजय और अपनी पराजय के बारे में सोचते हुए राम की आँखों से आँसू निकाल आते हैं। फिर क्या, राम न सामान्य मनुष्य रह जाते हैं और न उनके परमभक्त हनुमान साधारण वानर। राम 'अस्ति-नास्ति' के अनिंद्य रूप अर्थात् विष्णु हो जाते हैं और हनुमान रुद्र के अवतार। ऐसे में भला हनुमान को राम के आँसू कैसे सहन हो सकते हैं, वह तत्क्षण पूरे वेग से सप्ताकाश को चीरते हुए शिव के निवास 'महाकाश' में पहुँच जाते हैं। यह देखकर शंकर की आकुलता बढ़ जाती है। इस महाविनाश को रोने के लिए वह उपाय सोचते हैं और महाशक्ति को सलाह देते हैं कि बल से नहीं बल्कि बुद्धि से हनुमान को रोका जाए। शक्ति माँ अंजना का वेश धारण करती हैं और प्रकट होकर हनुमान के बचपन की उस भूल की याद दिलाते हुए, जिसमें वह सूर्य को ही ग्रसने पहुँच गए थे, उनका येन-केन-प्रकारेण प्रबोधन करती हैं और उनके क्रोध का शमन कर उन्हें वापस करती हैं। तीसरा प्रसंग, रावण के पक्ष में, श्यामा के रूप में जो महाशक्ति काम कर रही हैं, उन्हें अपने पक्ष में करने के लिए समर छोड़कर नवरात्रि में खंडित न होने वाली कठिन पूजा करने के जांबवान के सुझाव का है—'आराधन का दृढ़ आराधन से दो उत्तर'। सबसे चमत्कारिक और अतिप्राकृत चौथा प्रसंग पूजा के अन्तिम पड़ाव पर आखिरी कमल-पुष्प के चोरी हो जाने का है। उसके बदले में राम द्वारा अपनी एक आँख देवी को समर्पित करने के लिए तैयार होना और 'श्यामा' का 'दुर्गा' के रूप में अवतरित होते हुए उनके वदन में समा जाने वाले हैं। इस अवतरण और समाहितिकरण के जो चित्र निराला ने खींचे हैं धार्मिक रूप से वे चित्र अत्यंत ही भव्य और दिव्य हैं। श्रीदुर्गा का यह चित्र देखने लायक है—महाशक्ति के मस्तक पर शिव विराज रहे हैं, उनकी दाईं ओर लक्ष्मी और गणेश हैं और बाईं ओर सरस्वती और कार्तिकेय। दसों हाथों में तरह-तरह के अस्त्र-शस्त्र हैं। 'राम की शक्तिपूजा' के एक भाष्यकार वागीश शुक्ल इन शस्त्रों की पहचान शास्त्रों के प्रमाण में करते हुए इनके नाम गिनाएँ हैं—खड्ग, बाण, गदा, शूल, चक्र, पाश, शंख, भुशुंडि, धनुष और कटा हुआ सिर। हालाँकि, आप मिलान करेंगे तो अलग-अलग प्रमाणों से इनमें कुछ भिन्नता भी मिल जाएगी। खैर, देवी के दाएँ पैर के नीचे सिंह है और बाएँ पैर के नीचे महिषासुर। यह मिथकीय प्रतीकों का सबल उदाहरण है। ऐसे और भी प्रसंग कविता में उदाहरण स्वरूप ढूँढ़े जा सकते हैं। सवाल, इन प्रसंगों और इनके द्वारा कविता के पूर्वखंड के राम और उत्तरखंड के राम के व्यक्तित्व और छवि-परिवर्तन का है। निराला के राम इस उत्तरखंड में आकर दैवीय गुणों से युक्त भले ही नहीं दिखाए गए हों पर उनका सारा संघर्ष सामाजिक-मनोभूमि पर न होकर

दैवीय और अतिप्राकृत शक्तियों के सहारे धार्मिक-भावभूमि पर घटित होने लगता है जिसके द्वारा असफल, पराजित, हारे हुए साधारण मनुष्य के लिए यह निष्कर्ष निकलता है कि अतिप्राकृत, अलौकिक और चमत्कारिक शक्तियों के बिना कुछ भी सम्भव नहीं। भले ही इन प्रतीकों की व्याख्या समकालीन रूपकों और अर्थों में की जाए। भले ही सीता को भारतमाता और राम को उनके उद्धारकर्ता नायक के रूप में देखा जाए, पर यह कविता अपने उत्तरखंड में जिस तरह के दैवीय-विधान में सफलता और विजय का हल ढूँढ़ती है वह सांस्कृतिक और राजनीतिक दोनों ही अर्थों में धार्मिक है।

'कामायनी' के मनु और 'राम की शक्तिपूजा' के राम, दोनों के नायकत्व में प्रसाद और निराला ने भय-चिन्ता, आशा-निराशा, सुख-दुख, संशय-दुविधा, संघर्ष-पलायन, जय-पराजय जैसे मानवीय गुण भरे हैं। यह सत्य है कि दोनों के नायक 'ईश्वरीय' नहीं हैं। एक तो अविजित, अमर देवताओं के लोक देवलोक से एक नई सभ्यता के निर्माण के लिए आया है। दूसरा उसी देवलोक से इस निर्मित मानव-सभ्यता में विकसित हो गए अनाचार और अन्याय को खत्म करने आया है। परन्तु, मनु और श्रद्धा के सन्दर्भ में अधिक से अधिक यह कहा जा सकता है कि टोटेम और अतिप्राकृत चमत्कारों को कहीं-कहीं प्रसाद ने 'कामायनी' में जगह दी है पर मनु में 'ईश्वरत्व' के संकेत नहीं हैं। 'राम की शक्तिपूजा' के राम आधुनिक मनुष्य के रूप में चित्रित हैं। कविता के पूर्वखंड में उनके व्यक्ति-संघर्ष के द्वारा 'ईश्वरत्व' जगह-जगह टूटता है। कविता में चित्रित मानवीय दुर्बलताएँ इस ईश्वरत्व को तोड़ती हैं, परन्तु 'शक्तिपूजा' के आखिरी हिस्से में राम के लिए प्रयुक्त सम्बोधनों पर ध्यान देना चाहिए। यह ठीक है कि निराला के राम तुलसी के राम की तरह ईश्वर नहीं हैं पर, वह अच्युत, शेषशयन तो हैं ही जो विष्णु के सम्बोधन हैं। इससे 'राम की शक्तिपूजा' का बचाव नहीं किया जा सकता। यही कारण है कि प्रबल धार्मिक-आस्था के साथ हर जगह राम और सीता में 'ईश्वरत्व' और 'अवतार' ढूँढ़ने वाली साधारण जनता से लेकर इस कविता के कुछ भाष्यकार निराला के राम और सीता को परमब्रह्म परमात्मा और परमशक्ति पार्वती का लीलावतार सिद्ध करके छोड़ते हैं। यहाँ पर, ऐसे दो भाष्यकारों, सूर्य प्रसाद दीक्षित और वागीश शुक्ल का उल्लेख करना उपयुक्त होगा। सूर्यप्रसाद दीक्षित लिखते हैं, "पूरी कविता में पाँच स्थलों पर इस प्रकार के संकेत सूत्र प्राप्त होते हैं, जिनके आधार पर 'राम की शक्तिपूजा' के राम परब्रह्म परमात्मा के लीलावतार सिद्ध होते हैं। उन्हें 'अच्युत' शेषशयन, अस्ति-नास्ति के भेद से युक्त सच्चिदानन्द, लीला सहचर आदि रूपों में यथाप्रसंग स्मरण किया है।"[14] अब दूसरे भाष्यकार/टीकाकार वागीश शुक्ल का यह तर्क-प्रस्ताव देखना चाहिए। वागीश जी का कहना है कि 'राम की शक्तिपूजा' की व्याख्या 'स्त्री-विमर्श' के धरातल पर प्रायः नहीं हुई है। अतः सीता की 'देवी'

वाली छवि को महत्त्व दिलाने और उनकी अलौकिक शक्तियों की महत्ता को स्थापित करने के प्रयास में 'स्त्री-विमर्श' की दृष्टि से उन्होंने 'राम की शक्तिपूजा' की व्याख्या करते हुए 'शक्ति' को सीता से जोड़ते हुए यह प्रस्ताव दिया है, "हमें इस कविता के स्त्री-विमर्श को सीता और शक्ति के परस्पर गुंफित सन्दर्भ में देखना चाहिए। इस कविता का वैशिष्ट्य यह है कि इसमें हार रहे राम को जनक-वाटिका में दीखी सीता की याद से शक्ति मिलती है, यह आगे होने वाली शक्तिपूजा का बीज है और उसका पूर्वाभ्यास। इसके लिए जिन शास्त्रसमर्थित संकेतों का सहारा लिया गया है उनका विशदीकरण व्याक्रिया (वागीश जी, शल्यक्रिया की तर्ज पर व्याख्या के लिए व्याक्रिया पद का प्रयोग करते हैं) खंड में है।...यहाँ इस पर बात करते हैं कि स्त्री-विमर्श के सन्दर्भ में इसका क्या मतलब हो सकता है। 'स्त्री-निंदा' और 'स्त्री-प्रशंसा' का सारा साहित्य स्त्री को एक वैशिष्ट्य से मंडित करता है जो स्त्री को पुरुष से अलग करता है। जिसे 'समान अधिकार की लड़ाई' कहते हैं वह इस वैशिष्ट्य से मुक्ति का प्रयास होना चाहिए, व्यवहार में वह क्या बन जाएगी यह यहाँ अप्रासंगिक है। रामकथा के सन्दर्भ में सामान्यतः और इस कविता के सन्दर्भ में विशेषतः, रावण वध अकेले राम का नहीं, राम और सीता का संयुक्त उपक्रम होना चाहिए।"[15] आगे टीकाकार ने शास्त्रसमर्थित सन्दर्भों और संकेतों का सहारा लेते हुए इस 'चाहिए' की विशद 'व्याक्रिया' की है और 'चाहिए' को 'ही हैं' में निष्पन्न कर दिया है—"जिस शक्ति की उपासना की जा रही है वह और कोई नहीं, सीता ही हैं।"[16] फिर क्या, फिर तो सब कुछ स्वतः सिद्ध हो जाता है। 'होगी जय, होगी जय, हे पुरुषोत्तम नवीन' कहते हुए, जो राम द्वारा पूजित देवी उनके वदन में समा जाती हैं, वह कोई और नहीं सीता ही हैं। अतः, ऐसे में इस निष्कर्ष तक पहुँचना अत्यंत सरल हो जाता है कि 'राम की शक्तिपूजा' में निराला, राम और सीता के लीलावतार को ही रचते हैं। उन दोनों का विग्रह, उस लीला का ही अंग था। कहने का तात्पर्य यह है कि 'राम की शक्तिपूजा' में निराला जिस तरह से दैवीय और अतिप्राकृत शक्तियों के सहारे विजय का उपक्रम करते हैं, जिस तरह से 'मौलिक कल्पना' के नाम पर 'शक्तिपूजा' का विधान रचते हैं, उससे कविता में इस तरह की व्याख्याओं और नवीन प्रस्तावनाओं के लिए पर्याप्त गुंजाइश है। परन्तु, नवीन उद्भावना के साथ इस तरह की 'व्याक्रिया' से सहमत हो पाना मुश्किल है। ऐसे में तो, कामायनी के अन्तिम तीन सर्गों दर्शन, रहस्य और आनन्द के आधार पर, श्रद्धा द्वारा गुरु बनकर सारस्वत प्रदेश से पलायन कर चुके गुहावासी मनु को 'त्रिपुर' दर्शन में ज्ञान, कर्म और इच्छा के सामरस्य का ज्ञान देने वाली शक्ति (अर्थात पार्वती अथवा पराशक्ति) के अवतार के रूप में देखना नवीन उद्भावना होगी। अब तक, सम्भवतः टीकाकारों और आलोचकों की नजर वहाँ नहीं गई है जहाँ श्रद्धा को 'कामायनी' के अन्तिम चार छंदों में से तीन छंदों में, कल्याणी, गौरी और विमला

कहा गया है। पुराणों में ये तीनों नाम किसके लिए प्रयुक्त होते हैं, यह स्पष्ट है।

कामायनी में वस्तुपरकता को सामाजिक धरातल पर न देखकर, खोजकर मानसिक दशाओं, अवस्थाओं और आध्यात्मिक आकांक्षाओं में निष्पन्न किया गया है। जबकि 'राम की शक्तिपूजा' में वस्तुपरकता का व्यक्ति-संघर्ष का सामाजिक धरातल होते हुए भी उसमें आखिर में अतिप्राकृत और अलौकिक शक्तियों के महत्त्व को बढ़ा दिया गया है। यहाँ, कामायनी के सम्बन्ध में मुक्तिबोध का वह निष्कर्ष याद आता है जो 'राम की शक्तिपूजा' पर भी लागू होता है—"वास्तविकता अनेक प्रतीकों द्वारा प्रस्तुत होती है। सामाजिक क्रान्ति को, युद्ध और संघर्ष को प्रायः प्राकृतिक विप्लव द्वारा ही सूचित किया जाता है। इस प्राकृतिक विप्लव में कभी-कभी अतिप्राकृत शक्तियाँ भी काम करती दिखाई जाती हैं। जब प्राकृतिक विप्लव में, आकस्मिक रूप से, अतिप्राकृत शक्तियाँ योग देती हुई बताई जाती हैं तब यह अनुमान होना स्वाभाविक ही है कि फैंटेसी का अंकनकर्ता नियतिवादी है।"[17]

मिथक और मिथकीय प्रतीकों का साहित्य में उपयोग, युग-सन्दर्भों के साथ उनकी पुनर्रचना और समकालीन-सन्दर्भों में उनका अर्थापन और इन सबके प्रति रचनाकार का अपना युगबोध और सामाजिक-सांस्कृतिक दृष्टि वे आधार हैं जिनके द्वारा सम्बन्धित रचना का विवेचन होता है। अतः आदिम मानव-समाजों से विकसित औद्योगिक और पूँजीवादी सभ्यता तक की अपनी विकास यात्रा में मानव ने अपने को कितना आद्यभौतिक से लेकर भौतिक, अतिप्राकृत से लेकर प्राकृत, अलौकिक से लौकिक, चमत्कारों से वैज्ञानिक, टोटेम और अन्धविश्वासों से तार्किक बनाया है, सम्बन्धित समाजों और उनके साहित्य में प्रयुक्त मिथकों और उनके प्रतीकों के अध्ययन और विवेचन से इसकी जानकारी हासिल की जा सकती है।

सन्दर्भ

1. महादेवी वर्मा, संभाषण, साहित्य भवन प्रा. लि., इलाहाबाद, पृ. 78
2. सच्चिदानन्द हीरानन्द वात्स्यायन 'अज्ञेय', साहित्य में मिथक, संकल्प-2 : मिथक और भाषा विशेषांक (सम्पा. शंभुनाथ), हिन्दी विभाग, कलकत्ता विश्वविद्यालय, कलकत्ता, पृ. 64
3. वही, पृ. 65
4. नामवर सिंह, कामायनी के प्रतीक नामक लेख, कामायनी : मूल्यांकन और मूल्यांकन (सम्पा. इंद्रनाथ मदान), नीलाभ प्रकाशन, इलाहाबाद, पृ.106
5. रोलां बार्थ्स, माइथोलोजीज (अंग्रेजी अनुवाद—रिचर्ड हावर्ड और एन्नेत्त लावर्स, हिल एंड वैंग पाब्लिशर्स, लंदन, पृ. 109
6. जयशंकर प्रसाद, आमुख : कामायनी, लोकभारती प्रकाशन इलाहाबाद, पृ. 4
7. काव्य और कला तथा अन्य निबन्ध, प्रसाद प्रकाशन, प्रसाद मन्दिर, वाराणसी, पृ. 61
8. वही,
9. वही,

10. नन्ददुलारे वाजपेयी, आधुनिक साहित्य : सृजन और समीक्षा, दि मैकमिलन कंपनी ऑफ इंडिया लिमिटेड, पृ. 35
11. गजानन माधव मुक्तिबोध, कामायनी एक पुनर्विचार, राजकमल प्रकाशन, पृ. 16
12. वही, पृ. 28
13. फ्रांसिस शूमाकर, एस्थेटिक एक्सपीरिएंस एंड दि ह्यूमेनिटीज : मॉडर्न आइडियाज ऑफ एस्थेटिक एक्सपीरिएंस इन दि रीडिंग ऑफ वर्ल्ड लिटरेचर, कोलम्बिया यूनिवर्सिटी प्रेस, पृ. 65
14. सूर्यप्रसाद दीक्षित, निराला रचित राम की शक्तिपूजा : भाष्य, अभिव्यक्ति प्रकाशन, इलाहाबाद, पृ. 25
15. वागीश शुक्ल, छन्द-छन्द पर कुंकुम, प्रभात प्रकाशन, दिल्ली, भूमिका—पृ. 42-43
16. वही, पृ. 14
17. गजानन माधव मुक्तिबोध, कामायनी एक पुनर्विचार, राजकमल प्रकाशन, पृ. 13

छायावादी कवियों के शब्द-प्रयोग

कमलेश वर्मा

छायावादी कवियों का शब्द-भंडार विशाल है। इनके शब्द-प्रयोग की प्रवृत्तियों पर हिन्दी आलोचना में टिप्पणियाँ मिलती हैं, विस्तार से किया हुआ काम नहीं मिलता है। स्वयं छायावादी कवियों के द्वारा कही गई बातें, इस सन्दर्भ में, महत्त्वपूर्ण रही हैं। निराला और पंत ने काव्य-भाषा और शब्दों के बारे में जो कुछ कहा है उनसे छायावादी शब्द-प्रयोगों की विशिष्टताओं का अन्दाजा लगाया जा सकता है। आलोचकों और कवियों के द्वारा कही गई इन बातों के दायरे में छायावादी काव्य-भाषा के कुछ ही शब्द-प्रयोग सामने आ पाए। इनके विवरणों में प्रायः वैसे प्रयोगों पर जोर दिया गया है जो विशिष्ट या भिन्न थे, जिन प्रयोगों को समझने में असुविधा की सम्भावना थी!

इस आलेख में कही गई बातों का आधार 'छायावादी काव्य-कोश'[1] है। 'छायावादी काव्य-कोश' पर काम करते हुए इन चारों कवियों के शब्द-प्रयोगों पर स्वभावतः ध्यान गया। यह बात सामने आई कि अब तक हुए विचार-विमर्श के दायरे में कुछ ही शब्दों को रखा जा सका है, जबकि छायावादी कविता में प्रयुक्त शब्दों की संख्या बहुत बड़ी है। अत्यंत प्रचलित और सामान्य अर्थ रखनेवाले शब्दों को छोड़ते हुए, समस्त छायावादी कविताओं से शब्दों को लेकर जो 'छायावादी काव्य-कोश' बनाया गया, उसमें प्रविष्टियों की कुल संख्या 12664 है।

इस कोश में 1918 से 1936 के बीच की कविताओं को आधार बनाया गया है। प्रसाद, निराला, पंत और महादेवी की 1918-36 के बीच लिखित-प्रकाशित कविताओं को ही सामान्य रूप से छायावादी कविता कहा जाता रहा है। नामवर सिंह ने लिखा है, "छायावाद नाम सबसे पुराना होने के साथ ही प्रसाद, निराला, पंत, महादेवी की कविता के लिए रूढ़ भी हो गया है। ऐसी हालत में 'छायावाद' शब्द का अर्थ चाहे जो हो, परन्तु व्यावहारिक दृष्टि से यह प्रसाद, निराला, पंत, महादेवी की उन समस्त कविताओं का द्योतक है, जो 1918 से '36 ई. के बीच

लिखी गईं। छायावाद की मनमानी परिभाषा करने की अपेक्षा उसके ऐतिहासिक और व्यावहारिक अर्थ को स्वीकार करना अधिक वैज्ञानिक है।"[2]

आलेख के प्रारम्भ में ही यह निवेदन किया गया है कि छायावादी कवियों के शब्द-प्रयोग पर आलोचकों ने जो टिप्पणियाँ की हैं उनकी परिधि कुछ ही शब्दों तक सीमित है, जबकि छायावादी कविता की शब्द-सम्पदा विपुल है। इन चारों कवियों के बीच तुलना करने की सम्भावना भी पर्याप्त है। 'छायावादी काव्य-कोश' पर काम करते हुए शब्दों के जो विवरण प्राप्त हुए उनके माध्यम से ऐसी तुलना करने के रास्ते खुलते हैं।

आचार्य रामचन्द्र शुक्ल ने छायावाद पर विचार करने के क्रम में लिखा है—"अंग्रेजी काव्यों से परिचित हिन्दी कवि सीधे अंग्रेजी से तरह-तरह के लाक्षणिक प्रयोग लेकर उनके ज्यों के त्यों अनुवाद जगह जगह अपनी रचनाओं में जड़ने लगे। 'कनक प्रभात', 'विचारों में बच्चों की साँस', 'स्वर्ण समय', 'प्रथम मधुबाल', 'तारिकाओं की तान', 'स्वप्निल कान्ति' ऐसे प्रयोग अजायबघर के जानवरों की तरह उनकी रचनाओं के भीतर इधर-उधर मिलने लगे।"[3]

नामवर सिंह ने भी कुछ इसी तरह की टिप्पणी की है, " 'ब्रोकेन हार्ट' के वजन पर गढ़ा हुआ 'भग्न हृदय', 'हेवेनली लाइट' के लिए 'स्वर्गीय प्रकाश', 'गोल्डेन ड्रीम' के लिए 'सुनहला स्वप्न' और इसी तरह सुनहला स्पर्श, स्वर्ण का काल आदि शब्द बुरे नहीं हैं।"[4]

आचार्य शुक्ल की टिप्पणी में आया हुआ 'कनक प्रभात' निराला के द्वारा प्रयुक्त हुआ है। 'विचारों में बच्चों की साँस' का प्रयोग पंत ने किया है, जो प्रसिद्ध है। लेकिन 'स्वर्ण समय', 'प्रथम मधुबाल', 'तारिकाओं की तान', 'स्वप्निल कान्ति' का प्रयोग इन चारों कवियों ने कहीं नहीं किया है। सम्भव है कि इन चार कवियों के अलावा अन्य छायावादी कवियों में से किसी ने इन शब्दों का प्रयोग किया हो! नामवर सिंह के ऊपर के कथन में आए हुए शब्द—'भग्न हृदय', 'स्वर्गीय प्रकाश', 'सुनहला स्वप्न', 'सुनहला स्पर्श', 'स्वर्ण का काल'—का प्रयोग भी चारों कवियों की कविताओं में कहीं नहीं मिलता है। 'सुवर्ण का काल' पंत की 'परिवर्तन' कविता में आया है, मगर 'स्वर्ण का काल' नहीं है। पंत 'सुवर्ण अवसान' शब्द का प्रयोग 'मौन निमंत्रण' कविता में करते हैं। नामवर सिंह का जोर 'सुनहला' ('गोल्डेन') शब्द पर है। 'सुनहला/सुनहली' शब्द महादेवी और प्रसाद में सर्वाधिक आया है, पंत में कुछ ही बार और निराला में एक बार भी नहीं। ध्यान दिया जाना चाहिए कि शब्द-निर्माण में अंग्रेजी का प्रभाव प्रसाद और महादेवी पर सबसे कम रहा है। पंत 'सुनहला' के बजाय 'स्वर्ण' या 'स्वर्णिम' शब्द का प्रयोग ज्यादा करते हैं। उन्होंने छायावादी दौर के बाद 'स्वर्णकिरण' और 'स्वर्णधूलि' शीर्षक से काव्य-संग्रह भी तैयार किए थे।

नामवर सिंह के कुछ और कथनों को उद्धृत करते हुए यह देखा जा सकता है कि छायावादी कवियों के शब्द-प्रयोगों के बारे में कही गई बातों में किस तरह की विसंगतियाँ चलती आई हैं। इसका कारण यही रहा कि आज तक चारों छायावादी कवियों के द्वारा प्रयुक्त शब्दों को एक साथ किसी कोश में व्यवस्थित करके अध्ययन नहीं किया जा सका था।

नामवर सिंह लिखते हैं, "कुल मिलाकर यदि छायावाद के समस्त शब्दों की सूची बनाकर विचार किया जाए तो पता चलेगा कि असीम, अनन्त, स्वप्निल, तंद्रिल, उर्मिल, नीरव, निःश्वास, उच्छ्वास, स्पंदन, कंपन, सिहरन, उन्मन, गुंजन, कलकल, टलमल, छल-छल आदि कुछ ऐसे शब्द हैं, जिनकी आवृत्तियाँ बहुत अधिक हुईं। ये शब्द छायावादियों के तकियाकलाम-से हो गए थे।"[5] 'छायावाद के समस्त शब्दों की सूची' तभी बन सकती थी जब कोश-निर्माण का कार्य किया जाए। नामवर जी ने अनुमान से शब्द-प्रयोगों के बारे में लिखा है, क्योंकि उनके सामने ऐसी कोई 'सूची' नहीं थी। इस उद्धरण में जो शब्द आए हैं उनकी आवृत्ति को 'छायावादी काव्य-कोश' के माध्यम से जाँचा जा सकता है। इन शब्दों को नामवर जी 'तकियाकलाम' भी कह रहे हैं। यह सही है कि 'असीम' और 'अनन्त' का प्रयोग चारों कवियों के द्वारा अनेक बार किया गया है। मगर इनके विवरण भी अलग-अलग हैं। 'असीम' का प्रयोग महादेवी में सर्वाधिक है और सबसे कम पंत में। प्रसाद-निराला में लगभग बराबर! 'अनन्त' सबसे ज्यादा बार प्रसाद में आया है और सबसे कम पंत में। 'अनन्त' के प्रयोग में महादेवी, निराला से पर्याप्त आगे हैं। कुल मिलाकर 'असीम' और 'अनन्त' के प्रति सर्वाधिक लगाव महादेवी में है और सबसे कम पंत में। 'असीम' और 'अनन्त' के प्रति 'बालसुलभ जिज्ञासा' ज्यादा देर टिक भी नहीं सकती थी! इसके लिए जिस परिपक्व व्यक्तित्व की जरूरत थी, वह निश्चित रूप से महादेवी की कविताओं में मौजूद है!

नामवर जी ने 'स्वप्निल' शब्द को भी तकियाकलाम बताया है। पंत ने लगभग पाँच से अधिक बार इस शब्द का प्रयोग किया है। निराला ने केवल एक बार 'जागो फिर एक बार कविता में' और महादेवी ने भी केवल एक बार 'स्वप्निल हाला' को कविता में शामिल किया है। प्रसाद के विपुल काव्य में 'स्वप्निल' शब्द एक बार भी नहीं आया है। इसलिए इस शब्द को पंत का 'तकियाकलाम' तो कहा जा सकता है, मगर छायावादी कवियों का नहीं। (नामवर जी ने ऊपर के उद्धरण के तुरन्त बाद यह लिखा जरूर है कि 'सभी छायावादी कवियों के तकियाकलाम एक से नहीं हैं'।) नामवर जी के द्वारा बताए गए अलग-अलग तकियाकलाम की जाँच भी इस कोश के माध्यम से की जा सकती है।

ऊपर के उद्धरण का अगला शब्द है 'तंद्रिल'। यह पंत में लगभग चार बार और महादेवी में दो बार आया है। प्रसाद-निराला में एक बार भी नहीं। क्या इतनी

कम आवृत्ति होने पर भी इसे छायावादी कवियों का 'तकियाकलाम' कहा जा सकता है? प्रसाद-निराला ने 'तंद्रालस' का प्रयोग जरूर किया है, मगर एक-दो बार ही। यह शब्द पंत में भी मिलता है, मगर महादेवी में एक बार भी नहीं।

अगला शब्द है 'उर्मिल'। नामवर जी ने 'उर्मिल' की चर्चा नहीं की है। प्रसाद और निराला ने इन दोनों रूपों का प्रयोग चार-पाँच बार किया है। पंत ने 'उर्मिल' का प्रयोग एक बार भी नहीं किया है, उन्हें दीर्घ रूप 'ऊर्मिल' पसन्द है। महादेवी की कविताएँ न तो 'उर्मिल' होती हैं और न ही 'ऊर्मिल'। अगर 'तकियाकलाम' कहना ही हो तो 'उर्मि' और 'ऊर्मि' को कहा जा सकता है। इनका प्रयोग महादेवी को छोड़कर तीनों कवियों ने अनेक बार किया है।

'नीरव' का सर्वाधिक प्रयोग महादेवी ने किया है और सबसे कम निराला ने। निराला की तुलना में 'नीरव' शब्द का दस गुना ज्यादा प्रयोग महादेवी में मिलता है, प्रसाद और पंत में लगभग तीन गुना। 'नीरव' शब्द को निर्विवाद रूप से छायावादी कवियों का तकियाकलाम कहा जा सकता है।

'निःश्वास' का प्रयोग न तो निराला ने किया है और न ही महादेवी ने! पंत ने एक-दो बार किया है। प्रसाद में यह कई बार आया है। महादेवी 'साँस' का ज्यादा प्रयोग करती हैं और निराला 'श्वास' का। यदि इन तीनों शब्दों को मिलाकर देखा जाए तो इनकी सर्वाधिक आवाजाही प्रसाद की कविताओं में हैं और सबसे कम निराला में। ऐसी स्थिति में 'निःश्वास' शब्द को भी छायावादी कवियों का तकियाकलाम नहीं कहा जा सकता है।

'उच्छ्वास' शब्द पंत से जुड़ा हुआ है। इस शीर्षक से उनकी प्रसिद्ध कविता 'पल्लव' में संगृहीत है। मगर तथ्य यह है कि इस शब्द का अपनी कविताओं में सबसे कम प्रयोग पंत ने किया है। चारों कवियों में निराला इसका उपयोग सबसे ज्यादा करते हैं। प्रसाद और महादेवी ने कहीं-कहीं इससे काम लिया है। यह तो कहा जा सकता है कि इस शब्द का प्रयोग चारों कवियों ने किया था, मगर इसे छायावादी कवियों का तकियाकलाम नहीं कहा जा सकता है। 'टलमल' शब्द निराला की कविताओं में छह-सात बार आया है और पंत में एक बार। प्रसाद और महादेवी ने इसका प्रयोग नहीं किया है।

नामवर सिंह ने ऊपर की टिप्पणी के आगे लिखा है, "इन शब्दों का यदि थोड़ा और बारीकी से अध्ययन किया जाए तो मालूम होगा कि सभी छायावादी कवियों के तकियाकलाम एक से नहीं हैं। पंत के यहाँ स्वप्निल, उर्मिल, मृदुल आदि ज्यादा हैं; प्रसाद के यहाँ मधु, माधव, माधवी आदि; निराला के यहाँ नव या फिर विराटता के बोधक बड़े-बड़े शब्द; और महादेवी के यहाँ दीप, बाती, तूली, ओस, अश्रु आदि।"[6]

'स्वप्निल' और 'उर्मिल' पर ऊपर टिप्पणी की जा चुकी है। पुनः ध्यान दिया

जाना चाहिए कि पंत 'उर्मिल' के बजाय 'ऊर्मिल' का प्रयोग करते हैं। 'मृदुल' का प्रयोग महादेवी ने सबसे ज्यादा बार किया है। उनसे तीन-चौथाई बार प्रसाद ने और एक-चौथाई बार पंत और निराला ने। इतना ही नहीं 'मृदु' और इससे बने शब्दों का सर्वाधिक प्रयोग महादेवी वर्मा ने किया है। इसलिए नामवर सिंह का यह निष्कर्ष गलत है कि पंत के यहाँ 'मृदुल' ज्यादा बार आया है। नामवर जी का यह निष्कर्ष सही है कि 'मधु', 'माधव' और 'माधवी' का प्रयोग सबसे ज्यादा प्रसाद में मिलता है। 'मधु' और इससे बने शब्दों के प्रयोग में दूसरे नम्बर पर महादेवी हैं, फिर क्रमशः पंत और निराला। यह शब्द छायावादी कवियों को बहुत प्रिय है। 'मधु' और इससे बने शब्दों की प्रविष्टियाँ 200 से ज्यादा हैं, जो एक बड़ी संख्या है। 'माधव' शब्द निराला-पंत में है ही नहीं और 'माधवी' शब्द पंत-महादेवी में नहीं है। 'नव' शब्द का प्रयोग निराला के बराबर प्रसाद में भी मिलता है। 'नव' और उससे बने शब्दों की प्रविष्टियाँ 75 से ज्यादा हैं, जिनमें से 31 प्रसाद से हैं और 24 निराला से। इसलिए 'नव' के प्रयोग के मामले में निराला, प्रसाद से आगे नहीं हैं। नामवर जी बिलकुल ठीक लिखते हैं कि 'दीप' का प्रयोग महादेवी में ज्यादा है। यह संख्या इतनी बड़ी है कि उनके आगे तीनों कवियों के प्रयोग नगण्य माने जाएँगे! 'अश्रु' और 'आँसू'—दोनों महादेवी के पास सर्वाधिक हैं, सबसे कम निराला के पास! प्रसाद के पास 'आँसू' नाम की किताब है और पंत के पास 'आँसू' शीर्षक महज एक कविता, मगर यह शब्द मानो बूँद बनकर पंत में प्रसाद से ज्यादा झरा है!

नामवर सिंह ने महादेवी वर्मा के बारे में 'जिसके आगे राह नहीं' शीर्षक अध्याय में जो कुछ लिखा है उससे ध्वनित होता है कि महादेवी का एकाकी जीवन 'अतृप्ति' से भरा था। बाहरी जीवन से कटी हुई महादेवी का जीवन 'साँसों की समाधि न हो जाए तो क्या हो?' वे लिखते हैं, "पहले जहाँ 'अतृप्ति' की प्रधानता थी, बाद में तृप्ति का काल्पनिक आनन्द अनुभव किया जाने लगा।"[7] इस आशय की जाँच यदि शब्दों के माध्यम से की जाए तो दूसरी स्थिति सामने आती है। यदि 'अतृप्ति' शब्द को ध्यान में रखा जाए तो इसका सर्वाधिक प्रयोग प्रसाद ने किया है। महादेवी ने केवल दो-तीन बार इसका उपयोग किया है। 'तृप्ति' शब्द भी प्रसाद में ही सर्वाधिक है और महादेवी में बहुत कम! इसी तरह का अर्थ देनेवाला शब्द है 'प्यास'। यह भी प्रसाद के पास ही सबसे ज्यादा है। इसी तरह का एक शब्द है 'तृषा'। यह महादेवी की कविताओं में आया ही नहीं है। इस प्रसंग में 'वासना' से ज्यादा अच्छा शब्द भला क्या होगा! 'वासना' भी प्रसाद में सबसे अधिक है। उनसे आधी मात्रा में निराला के पास है और पंत में काम चलाने भर! महादेवी 'वासना' से मुक्त हैं। 'काम' की आवृत्ति को देखा जाए यह भी प्रसाद में ही अधिकतम है और उसका आधा निराला में! यह रोचक है कि 'काम' और 'वासना' की मात्रा

प्रसाद में निराला की अपेक्षा दोगुनी है। 'वासना' की तरह ही 'काम' शब्द महादेवी की कविता में आया ही नहीं है (दुस्तर काम—'मुझे क्यों देते हो अभिराम/थाह पाने का दुस्तर काम'—यहाँ 'काम' शब्द का प्रयोग 'कार्य' के अर्थ में हुआ है।)। वैसे 'काम' पंत में भी नहीं है। जाहिर सी बात है कि पंत 'कामदेव' का भी जिक्र नहीं करते, हालाँकि 'पल्लव' में उनकी एक कविता ही है—'अनंग'। बेचारा कामदेव सांगोपांग न आकर 'अनंग' ही रहा पंत की कविता में! तीनों पुरुषों ने समान रुचि लेकर 'रति' को सराहा है, मगर महादेवी ने 'रति' को अपनी कविताओं में आने ही नहीं दिया है और 'कामदेव' तो बाहर है ही! उन्हें 'अनंग' से भी कुछ लेना-देना नहीं है। 'प्रेम' शब्द की भी स्थिति इसी तरह की है। यह प्रसाद में अनेक बार आया है, निराला-पंत में कम ही संख्या में है और महादेवी में सबसे कम बार। महादेवी ने 'नीहार' में 'प्रेम की चमकीली आकर' लिखा है और एक जगह 'प्रेम' आया भी है तो बेचारा 'प्रेममय दुख' बनकर! 'प्रणय' के मामले में भी प्रसाद सबसे आगे हैं और सबसे पीछे महादेवी! महादेवी की कविताओं में न तो 'पुरुष' है और न ही 'नारी', जबकि तीनों पुरुष कवियों में 'पुरुष' भी है और नारी भी। 'पुरुष' और 'नारी' के प्रयोग में भी कामायनीकार सबसे आगे है; और केवल उसी की कविता में 'पौरुष' और 'पुरुषत्व' मिलता है। 'नारी' से चोट खाए 'तुलसीदास' में निराला ने केवल एक बार इस शब्द का प्रयोग किया है और पंत अपनी एक कविता का शीर्षक-भर दे पाए—'नारी रूप'। इसी कविता की अमर पंक्ति है—'देवि! मा! सहचरि! प्राण!' पूरी कविता में केवल एक बार आया है 'नारि'—

तुम्हारे रोम-रोम से, नारि!
मुझे है स्नेह अपार;

'स्नेह अपार' के दावे के बावजूद पंत की कविता में 'नारी' नहीं आई। 'स्त्री' शब्द का प्रयोग चारों में से किसी ने नहीं किया है!

इस तरह 'तृप्ति' हो या 'अतृप्ति', 'प्यास' हो या 'तृषा', 'काम' हो या 'वासना', 'प्रेम' हो या 'प्रणय', 'पुरुष' हो या 'नारी'—प्रसाद छायावादियों में सबसे आगे हैं और महादेवी इन सबसे सर्वाधिक मुक्त।

शब्दों के उपर्युक्त चयन से भी इन कवियों की प्रवृत्तियों की पुष्टि की जा सकती है। महादेवी का 'प्रिय' तो है जिससे वे पूछती हैं—'कौन तुम मेरे हृदय में?', मगर वह 'पुरुष' या 'नारी' के रूप में चिह्नित नहीं है। उससे महादेवी का जो रिश्ता है उसमें 'प्रेममय दुख' तो है मगर 'काम' या 'वासना' के लिए जगह नहीं है। पंत की प्रेम भावना में पुरुष-नारी हैं जरूर, मगर उनमें 'अनंग-भाव' की प्रधानता है! निराला का 'प्रेम' सांसारिक के साथ-साथ दार्शनिक भी है। इस मामले में शीर्ष पर हैं जयशंकर प्रसाद। 'प्रेम' के जितने भी पक्ष इन शब्दों के माध्यम से खुल सकते

हैं वे सब उनकी कविताओं में खूबसूरती से व्यक्त हुए हैं।

निराला ने 'अधिवास' शीर्षक कविता में एक पंक्ति लिखी—'मैंने 'मैं'—शैली अपनाई'। छायावाद की वैयक्तिकता की पहचान बन गई यह पंक्ति! नामवर सिंह ने लिखा भी है, "छायावादी कविता का आरम्भ इसी व्यक्तिवादी भावना से हुआ।"[8] हिन्दी आलोचना ने 'मैं' की प्रधानता के लिए निराला की सर्वाधिक प्रशंसा की है। मगर 'मैं' का उपयोग महादेवी ने निराला की तुलना में लगभग दोगुना से कुछ कम किया है। निराला की छायावादी कविताओं में 'मैं' और 'मैंने' का उपयोग 100 से ज्यादा बार हुआ है और महादेवी में कम से कम 200 बार। 'कामायनी' की कथात्मकता के बावजूद प्रसाद के यहाँ यह संख्या 100 से कुछ कम होगी और पंत की कविताओं में मुश्किल से 40 बार। 'मेरा', 'मेरे' और 'मेरी' का प्रयोग भी सबसे ज्यादा महादेवी ने किया है।

रामविलास शर्मा ने लिखा है, "निराला का एक प्रिय शब्द है 'अराल'। 'सम्राट् अष्टम एडवर्ड के प्रति' के आरम्भ में सौन्दर्य की उदात्त भंगिमा के चित्रण में इसका प्रयोग हुआ है—

वीक्षण : अराल
बज रहे जहाँ
जीवन का स्वर भर छंद ताल।

भय का व्यापक प्रभाव दिखने के लिए 'अर्चना' में इसका बड़ा सफल प्रयोग हुआ है :

निविड़ विपिन पथ अराल।[9]

निराला ने 'बेला' के एक गीत में भी इस शब्द का प्रयोग किया है—'जो सरल वही देखा अराल' (शीर्षक—'मृत्यु है जहाँ...')। छायावादी दौर में निराला ने 'अराल' शब्द का प्रयोग केवल एक बार किया है और वह भी अपनी अन्तिम छायावादी कविता में ('सम्राट् अष्टम एडवर्ड के प्रति'—रचनाकाल : 12 दिसम्बर, 1936, 'सरस्वती', मासिक, प्रयाग, जनवरी, 1937, में प्रकाशित)। 'बेला' (1946) और 'अर्चना' (1950) तो छायावाद के बाद की पुस्तकें हैं। निराला की पूरी काव्य-यात्रा में 'अराल' शब्द केवल तीन बार आया है और रामविलास जी ने इसे निराला का 'प्रिय शब्द' कहा है! यह ठीक नहीं कहा जा सकता। 'अराल' शब्द का प्रयोग प्रसाद और पंत ने भी किया है। 'इड़ा' सर्ग में यह शब्द एक बार आया है (दे. 'अराल')। पंत ने 'गुंजन'(1932) में इस शब्द का प्रयोग तीन बार किया है। जाहिर सी बात है कि प्रसाद और पंत ने छायावादी दौर में 'अराल' शब्द का प्रयोग निराला से पहले कर लिया था और ज्यादा बार किया था!

रामविलास जी ने यह बात बिलकुल ठीक लिखी है, "निराला ने दृग शब्द का बहुत प्रयोग किया है।"[10] 'दृग' का सबसे कम प्रयोग पंत ने किया है। प्रसाद में भी यह शब्द पर्याप्त मात्रा में है। इस शब्द के प्रयोग के मामले में निराला को टक्कर देती हैं महादेवी! उन्होंने निराला की अपेक्षा अपने छोटे काव्य-संसार में, निराला से कुछ ज्यादा बार, 'दृग' शब्द का प्रयोग किया है!

पंत के 'पल्लव' (1926) की भूमिका और नामवर सिंह के 'छायावाद' (1954) से लेकर आज तक इन चार छायावादी कवियों के शब्द-प्रयोग पर जो विचार मिलते हैं, उनमें ऐसी विसंगतियाँ मिल जाना स्वाभाविक है जिनका जिक्र ऊपर किया गया है। नामवर सिंह ने 'छायावाद के समस्त शब्दों की सूची' की जो चर्चा की है, उसका न होना ही ऐसी विसंगतियों की वजह रही है। 'छायावादी काव्य-कोश' एक ऐसा प्रयास है जिसमें इन चार कवियों की छायावादी कविताओं से यथासम्भव आवश्यक प्रविष्टियाँ ली गई हैं। फिर भी, दावा नहीं किया जा सकता है कि इस काम के माध्यम से शब्दों की तुलनात्मक संख्या के बारे में जो विश्लेषण रखा जा रहा है वह बिलकुल निर्दोष हो ही! कोश-निर्माण के क्रम में शब्दों के लेखा-जोखा रखने का प्रयास किया गया है, मगर इसमें भूल हो सकती है। इसलिए ऐसे दोषों के मिलने पर पूरी विनम्रता के साथ संशोधन का प्रयास किया जाएगा!

शब्द-निर्माण की विभिन्न प्रवृत्तियों के बारे में बात की जाए तो हम पाते हैं कि चारों कवियों के पास कुछ शब्द ऐसे जरूर हैं, जो शेष तीन कवियों के पास नहीं हैं। यह भी दिखाई पड़ता है कुछ शब्द किन्हीं तीन कवियों के पास तो हैं, मगर चौथे के पास नहीं हैं। कुछ शब्द ऐसे भी हैं जो दो कवियों के पास हैं, तो बाकी दो के पास नहीं हैं। यह भी देखा गया है कुछ शब्दों के पर्याय के रूप में बड़ी संख्या में अलग-अलग शब्द प्रयुक्त हुए हैं। किसी एक उपसर्ग के आधार पर पचासों शब्द रचे गए हैं। कुछ शब्द ऐसे भी मिलते हैं जिनका निर्माण कवि ने स्वयं किया और प्रयोग भी केवल एक बार ही किया!

छायावाद के प्रत्येक कवि ने अपने ढंग से शब्दों का चयन किया और कई बार गढ़ा भी। इस मामले में निराला की बराबरी कोई नहीं कर सका। निराला न केवल नए शब्द लेकर आए थे, बल्कि अपने द्वारा प्रयुक्त शब्दों को एक-दो बार प्रयोग करके छोड़ देने की प्रवृत्ति भी उनमें ज्यादा थी। 'निराला रचनावली' के अनुसार उनकी पहली कविता है—'जन्मभूमि' (1920)। इस कविता में एक शब्द आया है—'जगन्महारानी'। यह शब्द निराला के काव्य में दोबारा नहीं आया है। 'राम की शक्ति-पूजा' की प्रसिद्ध पंक्ति है—'लख शंकाकुल हो गए अतुल-बल शेष-शयन,—' । इसमें प्रयुक्त 'शंकाकुल' निराला की छायावादी कविताओं में केवल यहीं एक बार प्रयुक्त हुआ है। इसका दोबारा प्रयोग उन्होंने छायावाद के बाद 1949 के एक गीत में किया है—'शंकाकुल निशा गई'। 'राम की शक्ति-पूजा' में प्रयुक्त प्रसिद्ध

शब्द है—'आराधन' ('आराधन का दृढ़ आराधन से दो उत्तर')। यह शब्द इस पंक्ति में दो बार आया है। इससे पहले 'कवि' के प्रति' (1924) शीर्षक कविता में निराला 'आराधन' का एक बार प्रयोग कर चुके थे। यह शब्द बाकी तीनों छायावादी कवियों में नहीं है। आगे चलकर निराला का संग्रह आया 'आराधना' (1953), मगर 'आराधन' का प्रयोग नहीं मिलता। निराला 'आराधन' को छायावाद में ले आए, उसे प्रसिद्धि भी मिली; मगर कुल जमा दो कविताओं में जगह मिली और प्रयोग केवल तीन बार! 'राम की शक्ति-पूजा' का 'खलखल', इससे पहले 'बादल-राग' में आ चुका था। मगर निराला ने इसका प्रयोग केवल दो ही बार किया।

छायावादी कवियों को जैसे 'असीम' और 'अनन्त' प्रिय हैं, वैसे ही इन शब्दों को प्रकट रूप से दिखानेवाले 'समुद्र' और 'आकाश' के पर्यायवाची शब्दों की उनकी कविताओं में भरमार मिलती है। 'समुद्र' से ज्यादा 'आकाश' के पर्यायवाची शब्दों का प्रयोग दिखाई पड़ता है। उत्तर प्रदेश के इन चारों कवियों के लिए 'समुद्र' जीवंत सम्पर्क से बाहर था, मगर आकाश तो सबके पास है! विराटता के बोधक इन दोनों प्राकृतिक पक्षों को छायावादी कवियों ने अनेक प्रकार के शब्दों के माध्यम से व्यक्त किया। 'समुद्र' के लिए कम से कम 25 और 'आकाश' के लिए कम से कम 50 शब्दों का प्रयोग छायावादी कवियों ने किया है।

रामविलास शर्मा ने लिखा है, "अधिकांश प्रकाश-प्रेमी छायावादी कवियों की तुलना में निराला की रचनाओं में प्रकाश से अन्धकार अधिक है।"[11] इस बात की जाँच यदि 'तम' और 'तिमिर' शब्द के आधार पर की जाए, तो सबसे आगे महादेवी दिखाई पड़ती हैं। प्रसाद और निराला में ये दोनों शब्द लगभग बराबर संख्या में प्रयुक्त हुए हैं। पंत में 'तम' तो है मगर 'तिमिर' बहुत कम! 'ध्वांत' का अर्थ होता है—अँधेरा। यह प्रसाद में दो बार आया है और पंत में एक बार। निराला-महादेवी में यह शब्द है ही नहीं।

मुक्तिबोध ने 'कामायनी' पर जो 'पुनर्विचार' किया है उसका मूल स्वर यही है कि प्रसाद सामन्तवादी मूल्यों से युक्त देव-सृष्टि के ध्वंस पर मनु का विलाप दिखा रहे हैं और मानव की सभ्यता के रूप में पूँजीवादी सभ्यता की तरफ खड़े हो जा रहे हैं। मार्क्सवादी दृष्टि की बुनियाद है—द्वंद्वात्मकता। मुक्तिबोध मार्क्सवादी दृष्टि से 'कामायनी' पर पुनर्विचार कर रहे थे। यदि शब्द का सहारा लें, तो छायावादी कवियों में केवल प्रसाद 'द्वंद्व' शब्द का प्रयोग करते हैं। 'द्वयता' भी केवल उन्हीं के पास है और ये दोनों शब्द 'कामायनी' में ही हैं। महादेवी और निराला के पास 'द्वैत' जरूर है। पंत के पास 'द्वैत' भी नहीं है।

प्रसाद पर 'पलायनवादी' और 'नियतिवादी' होने के आरोप लगे। कहा गया कि 'ले चल वहाँ भुलावा देकर/ मेरे नाविक! धीरे धीरे' में जो 'नाविक' है वह प्रसाद की 'नियति' है, जिसके हाथ में उन्होंने स्वयं को छोड़ दिया है। यह शब्द

निराला को छोड़कर पंत-महादेवी की कविताओं में भी है। पंत ने इसका उपयोग एकाध बार किया है। महादेवी ने तो 'नियति' के अर्थ में ही इस शब्द का उपयोग किया है।

'चेतन' या 'चेतना' का प्रयोग सबसे ज्यादा प्रसाद की कविताओं में है, फिर निराला में। पंत और महादेवी में इनका प्रयोग नहीं मिलता है। 'चेतना' को शान्त करने के हिमायती प्रसाद 'बेसुध' का भी प्रयोग करते हैं। मगर, 'बेसुध' और 'सुधि' का प्रयोग सबसे ज्यादा महादेवी ने किया है। इसलिए 'चेतना' या 'सुध' से मुक्त होने का आग्रह केवल प्रसाद में नहीं है, वह महादेवी में भी प्रबल है। लेकिन 'बेसुध' तो तब हुआ जा सकता है, जब 'सुधि' न हो! लेकिन 'सुधि' इतनी ज्यादा है महादेवी में कि शेष तीनों कवि मिलकर भी उनके दस प्रतिशत के बराबर इस शब्द का प्रयोग नहीं करते हैं। प्रसाद में 'सुधि' है ही नहीं, निराला में केवल एक बार, पंत में लगभग दस बार। 'सुधि' का श्रुति-सम-भिन्नार्थक शब्द 'सुधी' केवल निराला में है और केवल एक बार!

छायावादी कविताओं में 'महा' उपसर्ग का उपयोग ध्यान खींचता है। चारों कवियों ने इसका उपयोग किया है। छायावाद में विराटता का बोध कराने की प्रवृत्ति दिखाई पड़ती है। नामवर सिंह ने लिखा भी है कि विराटता का बोध कराने वाले शब्द निराला में ज्यादा हैं। सम्भव है कि 'विराटता' को प्रकट करने वाले शब्द जितने प्रकार के हो सकते हैं, उन सबकी जाँच करने पर नामवर जी की बात सही निकले! मगर केवल 'महा' शब्द की जाँच की जाए तो इससे बनने वाले शब्दों की सर्वाधिक संख्या प्रसाद की कविताओं में है। प्रसाद ने 'महा' का उपयोग केवल उपसर्ग के रूप में ही नहीं किया है, बल्कि वे 'भूल महा' का भी उपयोग करते हैं। हालाँकि यहाँ अर्थ 'महा भूल' ही है।

छायावादी कवियों के शब्द-प्रयोग के बारे में ढेर सारी बातें बताई जा सकती हैं। इस आलेख में इस विषय के कुछ पक्षों को रखने का विनम्र प्रयास किया गया है।

सन्दर्भ

1. छायावादी काव्य-कोश, कमलेश वर्मा, सुचिता वर्मा, द मार्जिनलाइज्ड पब्लिकेशन, दिल्ली, 2019
2. छायावाद, नामवर सिंह, राजकमल प्रकाशन, नई दिल्ली, 1993, पृ. 16
3. हिन्दी साहित्य का इतिहास, आचार्य रामचन्द्र शुक्ल, नागरी प्रचारिणी सभा, वाराणसी, सं. 2047 वि., पृ. 354
4. वही, पृ. 115
5. वही, पृ. 117

6. वही, पृ. 118
7. वही, पृ. 146
8. वही, पृ. 23
9. निराला की साहित्य साधना-2, रामविलास शर्मा, राजकमल प्रकाशन, नई दिल्ली, 1994, पृ. 384
10. वही, पृ. 385
11. राग-विराग, सम्पादक रामविलास शर्मा, लोकभारती प्रकाशन, इलाहबाद, 2016, पृ. 23

प्रसाद का छायावाद : अनन्त को सांत में बाँधने के भाव

विनोद शाही

जयशंकर प्रसाद छायावाद के प्रवर्तक भी हैं और उसका शिखर भी। उनके छायावाद को समझना, एक तरह से हिन्दी छायावाद की मूल प्रकृति को समझने जैसा है। प्रसाद ने छायावाद की जो जमीन तैयार की, उसे निराला ने अपनी प्रयोगशीलता के द्वारा विविधताधर्मी बनाया। पंत ने उसे कलात्मक रूप में और अधिक निखारा और उसे व्यापक सौन्दर्य अनुभूति के साँचे में ढाल दिया। महादेवी के साथ वह अधिक आत्मीय होकर हमारे एकान्त का भावमय सहचर हो गया। इसका अर्थ यह है कि प्रसाद के पास जो था, उसे उनके इन तीन मुख्य सहयात्रियों ने प्राणमय, सौन्दर्यमय तथा भावमय बनाने में अपनी भूमिका निभाई। ऐसे में अब हमारा यह पूछना एकदम से मूल मंतव्य पर आने जैसा है कि प्रसाद के छायावाद का स्वरूप क्या है और वह कैसे हिन्दी छायावाद की मूलभूमि बनने लायक होता है?

प्रसाद का छायावाद 1914 में 'इंदु' में प्रकाशित उनकी कविता 'खोलो द्वार' के साथ अब तक बन्द पड़े हिन्दी काव्य के कपाट खोलकर अपनी वास्तविक भूमि पर पदार्पण करता है और 1936 में प्रकाशित महाकाव्य 'कामायनी' के साथ अपने कैलाश शिखर का आरोहण करता नजर आता है। आइए, देखते हैं कि छायावाद की यह मूल भूमि क्या है?

शिशिर कणों से लदी हुई, कमली के भीगे हैं सब तार
पश्चिम का चलता है मारुत, लेकर शीतलता का भार
भीग रहा है रजनी का, वह सुन्दर कोमल कबरी भाल
अरुण किरण सम कर से छू लो, खोलो प्रियतम, खोलो द्वार

(खोलो द्वार, 1914)

वह चन्द्र किरीट रजत नग, उदित सा पुरुष पुरातन
देखता मानसी गौरी, लहरों का कोमल नर्तन

प्रतिफलित हुई सब आँखें, उस प्रेम ज्योति विमला से
सब पहचाने से लगते, अपनी ही एक कला से
समरस थे जड़ या चेतन, सुन्दर साकार बना था
चेतनता एक विलसती, आनन्द अखंड घना था

(कामायनी, आनन्द सर्ग, अन्तिम पद, 1936)

इस पूरी काव्य यात्रा को ध्यान से देखें, तो निम्न बातें स्पष्ट रूप में दिखाई दे सकती हैं—

1. बन्द द्वार खुलने पर उस ओर मौजूद प्रियतम को पाया जा सकता है। परन्तु उस ओर जो है वह चन्द्र किरीट रजत-नग कैलाश की तरह दुर्गम, बेहद ऊँचा, परन्तु अति भव्य है।
2. यह पूरी यात्रा 'प्रेम की तलाश' के लिए की गई यात्रा है। प्रेम स्वरूपतः ज्योतिर्मय है। बन्द द्वार के इस ओर अन्धा बनाने वाला अँधेरा है, जड़ बनाने वाला शीत है और शोकाकुल अश्रु-तरल भाव भूमि है। उस ओर हृदय और आत्मा को छू लेने वाले अरुण कर हैं, सबको अपना बनाने वाली आत्मीय ऊष्मा है और आँखों को सब दिखाने वाला प्रतिफल है।
3. बन्द द्वार के इस ओर 'पश्चिम' की ओर से बहकर आता मारुत है और उस ओर 'पूर्व' में उदय होता अरुण देश है।
4. इधर कमली की वीणा के तार रुद्र हो रहे हैं और उधर समरस सहस्त्रार कमल के खिलने की सम्भावना है।
5. इधर का यथार्थ जड़ और चेतन में विभाजित है और उधर जड़ और चेतन को समरस बनाने वाली 'आनन्दमय चेतनता' है।

उपर्युक्त विश्लेषण के आधार पर अब हम प्रसाद के छायावाद के स्वरूप को रेखांकित करने का प्रयास कर सकते हैं।

प्रसाद का छायावाद आधुनिक युगबोध के अन्तर्विरोधों का प्रेममूलक रहस्यानुभूति में ऐसा समन्वय है, जिसे प्रकृति से समरस होकर साधा जा सकता है।

इसका मतलब यह है कि प्रसाद के छायावाद के मुख्यतः तीन पक्ष हैं—

1. युग के अन्तर्विरोध प्रसाद के छायावाद की पृष्ठभूमि हैं। इनका सम्बन्ध एक ओर हमारे पूर्व और पश्चिम में अन्तर्विभाजित होने से है, तो दूसरी ओर आत्मावलोकन से, जो हमारे आत्मगौरव और पिछड़ेपन के बीच डोलता रहता है।

औपनिवेशिक दौर में हमारे ऊपर प्राच्यवादी धारणाओं का आरोपण हुआ।

उन्होंने हमें 'स्व' और 'पर' के वर्चस्व में से किसी एक को चुनने के लिए विवश किया। यह हमें अजनबी और परायी सभ्यता एवं संस्कृति के खिलाफ लड़ाई लड़ने की ओर ले गया। इससे हम आत्मबोध को नये रूप में उपलब्ध होने के लिए विवश होते हैं, आत्मावलोकन करके अपनी कमजोरियों से लड़ना आरम्भ करते हैं। अपने उस इतिहासबोध को पाना चाहते हैं, जो आधुनिक पश्चिमी ज्ञान, विज्ञान, सभ्यता और संस्कृति के नये प्रतिमानों के मुकाबले इस अर्थ में बेहतर लगता है कि वह अधिक मानवीय सम्भावनाओं से युक्त दिखाई देता है। इस युगबोध का अन्तर्विरोध यह है कि यह हमें अपने पतन के कारणों तक तो ले जाता है, लेकिन पश्चिमी विकल्प को स्वीकार करने की बजाय प्रतिरोध की भंगिमा अख्तियार करता है। नतीजतन विकल्प की तलाश वास्तविक यथार्थ की जमीन को छोड़कर अमूर्त की ओर रुख करने लगती है।

2. उपर्युक्त पृष्ठभूमि अपने अन्तर्विरोधों के द्वारा हमें विभाजित और विखंडित करती है। ऐसे में हम भग्न हृदय प्रेमियों की तरह अपने भावों का सुदूर और गहन अन्तर्भूमियों तक विस्तार होता हुआ पाते हैं। यह एक तरह का अभाव पूर्ति का प्रयास है। घिसे हम बाहर की दुनिया में हासिल नहीं कर पाते, उसे अपने अन्तर्जगत में मूर्तिमान करने की कोशिश करते हैं। इस तरह हम अपनी चेतना को युग स्थितियों का विकल्प बनाने की दिशा खोलते हैं। वजह यह है कि हम युग स्थितियों का खिलौना होने से इनकार करते हैं और अपनी प्रेम करने की स्वच्छंद लीलामय सामर्थ्य का आह्वान करते हैं। लीला की बेपरवाही हमें जीवन और मृत्यु की बाजी तक लगा देने का खेल खेलने की हिम्मत देती है। यह एक तरह से हमारे सदा स्वतंत्र होने की प्रवृत्ति का पर्याय होती हैं। प्रेम का यह स्वातंत्र्य हमें एक ओर राष्ट्रप्रेम का पाठ पढ़ाता है, तो दूसरी ओर वह हमें हमारी आत्मा तक ले जाता है, उस आत्मा तक जो अहं के विगलन से हमारे प्रेम में डूबने से हमें मिलती है। स्पष्ट है कि प्रेम का यह रहस्यों युगस्थितियों के यथार्थ और इतिहासबोध की उपज है, न कि कोई अव्यावहारिक भावुक पलायन, जैसा कि बहुत से लोग यथार्थवाद के उथले आग्रह के कारण वहाँ देखते-दिखाते हैं।

यहाँ एक उदाहरण प्रासंगिक मालूम पड़ता है। 'ले चल मुझे भुलावा देकर, मेरे नाविक धीरे-धीरे' में पलायन वृत्ति नहीं है, अपितु 'निर्जन' की खोज के लिए आत्मानुभूति के पर्याय अपने 'नाविक' से यह कहना है कि वह 'निश्छल प्रेम कथा' कहने वाले सिन्धु में ले जाए। प्रसाद के यहाँ सिन्धु बार-बार आता है। वह हिन्दू और हिदुस्तान का तत्सम रूप है। उसके निर्जन अरण्य कांड आज भी निश्छल प्रेम

की कथा कहते हैं। परन्तु सिन्धु पर सवार होकर छलियों की वजह से यह सिन्धु हमारे विनाश के प्रलयंकारी ज्वार से युक्त 'कोलाहल' से भर गया है। प्रसाद के प्रेम के आत्मलोक की जमीन किस प्रकार गहरे में हमारे राष्ट्र के भूगोल की तरह अपने नक्शे खोलती है, इसे देखे-समझे बिना हमारी प्रसाद तक पहुँचने की कोशिश अपर्याप्त ही रहेगी।

3. प्रकृति से समरसता प्रसाद के छायावाद की मंजिल है। प्रेम के द्वारा आत्मा के जिस स्वातंत्र्य को पाया जाता है, वह हमें अन्त: तथा बाह्य प्रकृति के साथ एकाकार या समरस होने की दशा तक ले जाता है। इसे प्रसाद 'जड़ और चेतन के बीच भेद के मिट जाने' की दशा कहते हैं। इसे अमूर्त किस्म के अध्यात्म की तरह देखना प्रसाद के साथ अन्याय करना है।

आलोचकों का ध्यान, छायावाद की एक प्रवृत्ति की तरह रेखांकित होने वाले 'प्रकृति के मानवीकरण' पर अटका रह गया है। हिन्दी का छायावाद, बरास्ते प्रसाद, 'प्रकृति के मानवीकरण' को एक जीवन दर्शन की तरह विकसित करता है। इसकी जमीन तत्कालीन युगबोध में है। उस दौर के बरक्स प्रसाद भारत को 'प्रकृति के पलने' की तरह देखते हैं—

किसी का हमने छीना नहीं, प्रकृति का रहा पलना यही
हमारी जन्मभूमि थी यही, कहीं से हम आए थे नहीं
बचा कर बीज रूप में सृष्टि, नाव पर झेल प्रलय का शीत
अरुण चेतन लेकर निज बाद, वरुण पर हम बढ़े अभीत
सुना है वह दधीचि का त्याग, हमारी जातीयता विकास
पुरंदर ने पवि से है लिखा, अस्थि युग का मेरा इतिहास

पश्चिम हमसे हमारी इस प्रकृति को ही नहीं, हमारी जन्मभूमि के हमारे अपने इतिहास को भी हमसे छीन लेना चाहता है। हम इसका प्रतिरोध करते हैं, क्योंकि हमारे लिए अन्त: और बाह्य प्रकृति में कोई अन्तर नहीं है। और क्योंकि हमने प्रकृति के बीजों को बचाया है और अपने देश को पलना बनाकर उसको सींचा है। इस प्रक्रिया में हमारा आत्म-बलिदान होता है। वह हमारे इतिहास को अस्थियुग में बदल देता है। हम अस्थि कंकाल होकर भी अपनी अन्त:बाह्य प्रकृति की समरसता को अपनी करुण कथा की तरह जीते हैं। इससे जीने का रहस्य हमारे सामने खुलता है, जो हमें आनन्दलोक में ले जाता है।

मनु ने कुछ कुछ मुस्काकर, कैलाश ओर दिखलाया
बोले देखो कि यहाँ, कोई भी नहीं पराया

हम अन्य न और कुटुम्बी, हम केवल एक हमीं हैं
तुम सब मेरे अवयव हो, जिसमें कुछ नहीं कमी है

अद्वैत की यह आत्मानुभूति, अमूर्त और पारलौकिक आध्यात्मिक दशा नहीं है। यह समरसता दर्शन, यथार्थ एवं वास्तविक युग स्थितियों को ही रहस्यानुभूति के रूप में पुनरुलब्ध करता है। वह जो अभिव्यक्ति में रहस्य है, अन्तर्वस्तु के तल पर वह तत्कालीन यथार्थ का सांस्कृतिक चेतना मूलक विकल्प है।

प्रसाद के निबन्ध उनके अपने छायावाद सम्बन्धी चिन्तन विमर्श को हमारे सामने लाते हैं। अपने इन निबन्धों में वे इस सन्दर्भ में अपना मंतव्य स्पष्ट करते हुए कहते हैं कि उस समय की काव्य चेतना यथार्थवाद और आदर्शवाद के दोनों तयशुदा रास्तों से अलग है। वह इन दोनों से अपनी अलग दिशा निर्धारित कर आगे बढ़ती है। तथापि प्रसाद की निगाह में ये ज्ञान विमर्श काव्य की व्याख्या के लायक तभी होते हैं, जब वे 'मनुष्य' की बाबत अपने दृष्टिकोण को प्रकट करते हैं।

प्रसाद के अनुसार यथार्थवाद 'मनुष्य की लघुता' का दर्शन है, जबकि आदर्शवाद 'मनुष्य की महत्ता' वाले पहलू पर जोर देता है। इसका मतलब यह है कि वे यथार्थवाद और आदर्शवाद की ज्ञानमीमांसा और तत्त्वमीमांसा को काव्यालोचन का हेतु नहीं बना रहे हैं। इसके उलट उनका काव्यशास्त्रीय चिन्तन 'मनुष्य केन्द्रित' है।

मनुष्य की लघुता के दर्शन की तरह यथार्थवाद को देखने का मतलब यह है कि प्रसाद वहाँ यह देख रहे थे कि इतिहास और सामाजिकता मनुष्य को जिस तरह नियंत्रित करती है, उसके कारण मनुष्य अपनी स्वतंत्रता खो देता है। उसकी स्वतंत्र चेतना का इस सामूहिकता के सामने कुछ खास महत्त्व नहीं बचता। प्रसाद इस वजह से यथार्थवाद को स्वीकार नहीं कर पाते।

प्रसाद के समय में प्रेमचन्द यथार्थवादी दर्शन से प्रभावित होकर ऐसे मनुष्य का चित्रण कर रहे थे, जिसकी चेतना वर्गीय या सामाजिक स्थितियों के द्वारा नियंत्रित होती है। इससे उनके साहित्य में मनुष्य अपनी मार्मिक और त्रासद परिणतियों की ओर उन्मुख होता हुआ पाठक में गहरे अवसाद और करुणा का संचार करता है। उस वक्त भारत के सामाजिक ऐतिहासिक हालात हमारे समय से बहुत अलग नहीं थे। साहित्य के केन्द्र में मौजूद मनुष्य, स्थितियों को बदलने की दृष्टि से आज की तरह ही काफी लाचार और विवश नजर आता है। प्रेमचन्द के सामने एक विकल्प गांधीवादी रूपान्तर का था। इस लिहाज से प्रेमचन्द के पात्र सामाजिक रूपान्तर की चेतना से युक्त होने पर सुधारवादी होने लगते हैं। क्रान्तिकारी प्रतिरोध के अलावा यथार्थवाद में ऐसी गुंजाइश पैदा नहीं होती कि वह मनुष्य को उसकी आत्मा तक ले जा सके। भारत के तत्कालीन हालात में क्रान्तिकारी प्रतिरोध की चेतना से लैस

पात्रों के चित्रण का मतलब, अविश्वसनीय यथार्थ का चित्रण करना भर होता। प्रसाद यथार्थवाद की इस सीमा को देख पा रहे थे। इसलिए वे प्रेमचन्द की राह पर नहीं चले। वे कठिन से कठिन हालात में भी मनुष्य के लिए भी थोड़ी गुंजाइश बची हुई देखना चाहते थे। इसके बावजूद कि उस रास्ते पर चलता उनका मनुष्य आत्मघाती परिणतियों की ओर ही अग्रसर क्यों न हो रहा हो। 'कंकाल' में यही होता है। प्रसाद के इस उपन्यास की प्रेमचन्द ने तारीफ की थी। यहाँ प्रेमचन्द का अपनी तरह का यथार्थवाद, प्रसाद के अपनी तरह के मनुष्यवाद के बहुत करीब आ जाता है। लेकिन दोनों के बीच हालात और परिणतियों की समानता के बावजूद, एक बात बुनियादी किस्म के भेद की तरह वहाँ मौजूद देखी जा सकती है। वह बात है, दोनों की मनुष्य की परिकल्पना में अन्तर की। प्रेमचन्द के पात्रों की त्रासद परिणतियों के लिए सामाजिक-ऐतिहासिक स्थितियाँ जिम्मेवार हैं, जबकि प्रसाद के पात्र अपनी परिणतियों के लिए खुद जिम्मेवार होते हैं। अगर वे अपने लिए अजनबीयत या मृत्यु का चुनाव करते हैं, तो उनका वह चुनाव उनकी अपनी चेतना के भीतर से प्राप्त निर्णयों और संकल्पों के कारण उपजता है।

'कामायनी' के नायक मनु के चरित्र को समझना हो तो हमें प्रसाद की इस मनुष्य केन्द्रित सोच और समझ को अपने सामने रखना होगा। यह न प्रेमचन्द के भिन्न तरह के यथार्थवाद जैसी समझ है और न परम्परागत आदर्शवाद से मेल खाती है। इस आदर्शवाद को उनके काव्य में मौजूद शैव और वैष्णव प्रभावों को देखते हुए, अक्सर बिना किसी विवेचन-विश्लेषण के उनके काव्य पर आरोपित कर लिया जाता है। प्रसाद का काव्य इस पूर्वग्रह का पूरी तरह निराकरण करता है।

प्रसाद अपने निबन्धों में यथार्थवाद को ही नहीं, आदर्शवाद को भी साहित्य की मूलभूमि बनाने समझने से इनकार करते हैं। आदर्शवाद को प्रसाद मनुष्य की महत्ता स्थापित करने वाला दर्शन कहते हैं। इसका मतलब यह है कि वे वहाँ ऐसी मनुष्य चेतना की प्रधानता देखते हैं जो युग स्थितियों और समाजिक-ऐतिहासिक प्रभावों को अपना नियंता नहीं मानती। वहाँ मनुष्य चेतना ब्रह्म के अंशावतार की तरह युग स्थितियों के साथ लीलामय खिलवाड़ किया करती है। इस आदर्शवादी प्रवृत्ति को प्रसाद का काव्य 'खो गए दैवी अस्तित्व' की तरह देखता है। दैवी चेतना की आदर्शवादी प्रधानता को वह पतनशील विलासप्रिय प्रवृत्तियों की लीलाभूमि की तरह देखता है। यह काव्य इस पतनशील आदर्शवाद को प्रलय के घटित होने का मुख्य कारण मानता है।

आदर्शवाद की बाबत प्रसाद की यह कटु आलोचना, जिसे हम उनके काव्य में परोक्ष रूप में पिरोया हुआ देख सकते हैं, विश्वयुद्ध कालीन समय के आत्मालोचन का परिणाम जान पड़ती है। आर्य श्रेष्ठता के दैवी वारिस के रूप में एक ओर हिटलर खड़े हैं और दूसरी ओर हमारे औपनिवेशिक दौर के शैव, वैष्णव या इस्लामी अतीत

की महापता पर गर्व करने वाले शासक हैं, जिनकी नकेल अंग्रेज के हाथ में है। ये सब मिलकर भारतीय समाज को प्रलयकालीन हालात में धकेले लिए जाते हैं। हमारे इन शासकों का दैवी चेतना विलास, प्रसाद को स्वीकार्य नहीं है। इसलिए वे अपना वैकल्पिक रचना संसार खड़ा करते हैं।

एक भारतीय विकल्प के रूप में प्रस्तुत प्रसाद का यह जो छायावाद है, वह न यथार्थवादी है और न आदर्शवादी। तब फिर वह क्या है? ऊपर इसे हमने प्रसाद का मनुष्यवाद कहा है, परन्तु उससे बात पूरी तरह स्पष्ट नहीं होती। इसलिए आइए, इसकी गहराई में उतरने की कोशिश करते हैं।

प्रसाद ने अपनी काव्य चेतना की व्याख्या करते हुए उसे 'आत्मा की संकल्पात्मक अनुभूति' कहा है। प्रसाद के लिए आत्मा, मनुष्य के मनुष्य होने की पहचान की तरह है। 1920 में प्रकाशित उनके निबन्ध 'कविता का भविष्य' में काव्य, मनुष्य और उसकी आत्मा के बीच के रिश्ते पर गौरतलब चर्चा मिलती है। वे कहते हैं कि काव्य की मूलभूमि 'बाहरी प्रकृति से ध्यान हटाने के उपरान्त, अन्तर्जगत पर ध्यान देने' से निर्मित होती है। ऐसा करने से 'काव्य का लक्ष्य मनुष्य' हो जाता है और उसे 'आत्मा के रहस्य का ज्ञान होता है'।

आत्मा की व्याख्या करते हुए वे कहते हैं कि 'यह सांत में अनन्त के अनुभव की दशा' है। सांत में अनन्त का अनुभव हर तरह का काव्य नहीं कराता। यहाँ प्रसाद श्रेष्ठ काव्य के प्रतिमान को खोजते हुए दिखाई देते हैं।

उनकी निगाह में ऐसा काव्य, 'जो भावों के आविष्कार की कला' से युक्त होता है, महान या श्रेष्ठ होता है। इसे हम प्रसाद के छायावाद की व्याख्या करने वाले प्रतिमानात्मक लक्षण की तरह भी देख सकते हैं। प्रसाद यहाँ जिस कला को काव्य की श्रेष्ठता का आधार बना रहे हैं, वह, उनकी निगाह में, 'ज्ञान के विकास से होने वाला भावों का विकास' है, जो नये भावों के आविष्कार तक ले जाता है।

अब सवाल उठता है कि नये भावों का काव्य मूलक आविष्कार कैसे होता है? यहाँ प्रसाद अपने समय से बहुत आगे का चिन्तन करते नजर आते हैं। वे भावों के विकास को ज्ञान के विकास से जोड़ते हैं। उनके मुताबिक काव्य में भावों के नये आविष्कार का आधार जिस 'ज्ञानदशा' में निहित है, वह सामान्य ज्ञान दशा न होकर, 'ज्ञान की ऊर्जितावस्था' होती है। इसे प्रसाद अन्यत्र 'ज्ञान की श्रेयमयी संकल्प दशा' भी कहते हैं। यह ज्ञान जब 'आत्मा की संकल्पात्मक अनुभूति' बनता है, तो ही वह श्रेष्ठ काव्य का उदाहरण हो पाता है।

प्रसाद काव्य की 'संकल्पात्मक आत्मानुभूति' को 'रहस्यानुभूति' भी कहते हैं। चूँकि यह काव्य का ही स्वरूपात्मक प्रतिमान है, इसलिए वे यहाँ तक कह देते हैं कि 'जो रहस्यमय नहीं है, वह काव्य भी नहीं है।' प्रसाद ऐसा इसलिए कह पाते

हैं, क्योंकि वे रहस्यानुभूति को आदर्शवाद के अमूर्त लोक से नहीं जोड़ते।

छायावादी रहस्यानुभूति के विशिष्ट स्वरूप को स्पष्ट करते हुए वे कहते हैं कि 'जो साधारण है, वही वस्तुत: असाधारण होता है'। उनका 'सांत', न सिर्फ 'साधारण' है, वह 'क्षुद्र' भी है। इसलिए प्रसाद 'अनन्त की अनुभूति' के लिए यथार्थ की पूरी दुनिया को ही आधार बनाने में समर्थ हो जाते हैं।

यहाँ प्रसाद रामचन्द्र शुक्ल की रहस्यानुभूति सम्बन्धी धारणा का खंडन करते नजर आते हैं। शुक्ल जी को छायावादी रहस्यानुभूति इसलिए आपत्तिजनक लगती थी, क्योंकि वह सूफी और ईसाई आदर्शवाद की जमीन से पैदा हुई एक अभारतीय वस्तु थी। परन्तु प्रसाद उसे युगबोधक यथार्थ की मार्फत ग्रहण करते हुए भारतीय बना लेते हैं। वे भारतीय समाज के साधारण और क्षुद्र जनों के भीतर की असाधारणता और महानता को खोजते हुए अपनी रहस्यानुभूति को युगबोधक अद्वैतवाद की शक्ल देने में कामयाब हो जाते हैं।

इस विवेचन से स्पष्ट है कि प्रसाद न तो यथार्थवाद की मार्फत आने वाले 'मनुष्य की लघुता' को स्वीकार करते हैं और न आदर्शवाद के द्वारा प्रस्तावित 'मनुष्य की उस महत्ता' को अपने सिर पर बिठाते हैं, जो स्वरूपत: पारलौकिक एवं अवतारवादी है। वे इन दोनों सम्भावनाओं से अलग अपने उस मनुष्य तक पहुँचते हैं, जो अपने समय की ज्ञान धाराओं के साथ हमकदम होकर नये भावों की सृष्टि करता है और अपनी साधारणता को असाधारण बनाता है। वह अपनी ज्ञान संकल्पमय रचनाशीलता से जन्म लेने वाली आत्मानुभूति को काव्य के रूप में अभिव्यक्त करता है।

इस तरह प्रसाद का मनुष्य अपने युग की उपज बनकर हमारे सामने आता है। वह यथार्थवाद के द्वारा उद्घाटित मनुष्य की लघुता के भीतर मौजूद उसकी महानता को प्रकट करता है और आदर्शवाद के द्वारा प्रस्तावित मनुष्य की पारलौकिक महानता को जमीन पर उतारता है।

प्रसाद के छायावाद के 'दार्शनिक' होने की यह जो वस्तुस्थिति है, वह हिन्दी के छायावाद को पश्चिमी स्वच्छंदतावाद से बहुत अलग बनाती है।

प्रसाद के काव्य का दर्शन पक्ष उनके अपने मौलिक चिन्तन की उपज है। इसे हिन्दी आलोचकों के द्वारा बहुत कम समझा गया है। हिन्दी आलोचकों का ध्यान 'कामायनी' के शैव दर्शन पर अटका रहा है। जबकि वस्तुस्थिति यह है कि 'कामायनी' में कैलाश यात्रा हूबहू प्रत्यभिज्ञा दर्शन को काव्य वस्तु बनाने का सजग प्रयास बहुत कम करती है। कैलाश वहाँ चेतना के ज्ञान संकल्पात्मक रूप का 'ऊर्जस्वित शिखर' है। प्रसाद 'ज्ञान के ऊर्जित रूप' में उस आत्मानुभूति को 'मन से वाणी में उतारते' हैं, जो सांत में अनन्त का बोध कराती है और इस तरह 'जड़ और चेतन के बीच समरसता' के बोध तक ले जाती है।

जड़ और चेतन की समरसता इसलिए हमारा युगबोधक लक्ष्य हो जाती है, क्योंकि पश्चिम के भौतिकवाद के सांस्कृतिक आक्रमण ने भारत की चेतना को जड़ और चेतन के बीच विभाजित कर दिया है। दार्शनिक रूप में यह भारत के ज्ञान विमर्शों का यथार्थवाद और आदर्शवाद में विभाजन है। ऐसे में भारत को जिस नई चेतना वाले मनुष्य की जरूरत है वह वही हो सकता है, जिसे अपनी चेतना के किसी भीतरी शिखर पर जड़ और चेतन के बीच समरस एकता दिखाई देती हो। इसीलिए प्रसाद 'कामायनी' में आधुनिक मनुष्य की मनोवृत्तियों पर एकाग्र होते हैं। वे आधुनिक मनोविकारों की तर्ज पर चिन्ता, आशा, ईर्ष्या, आसक्ति आदि पर अपना ध्यान केन्द्रित करते हैं। वहाँ जो निर्वेद और आनन्द है, वह भी प्रत्यभिज्ञा दर्शन वाला वैराग्य और 'सर्वस्पर्शवेद्यातरशून्य चिदानन्द' नहीं है। वहाँ ज्ञान, इच्छा और क्रिया के 'एक दूसरे से मिल न सकने' से जुड़ा 'आधुनिक व्यवहारवादी एवं सापेक्षतावादी दर्शन' है, जो शैव आदर्शवाद को बहुत पीछे छोड़ चुका है और आधुनिक यथार्थवाद के नियतिवादी रूप को भी अपना अनुकरणीय नहीं बना रहा है।

'कामायनी' मूलत: शैव दर्शन की अभिव्यक्ति करने वाला काव्य नहीं है। वहाँ मनु की कैलाश यात्रा की आखिरी सहचरी श्रद्धा है, जो शैव न होकर वैष्णव किस्म के आदर्शवादी नियतिवाद का पर्याय है। तथापि आखिर में वह भी अधिक बड़े सत्य में समाहित होकर पीछे छूट जाती है। दूसरी ओर इड़ा एक हद तक सहचारिणी होने के बावजूद, अन्तत: अनुकरणीय नहीं है, क्योंकि वह भी एक अन्य तरह का, यानी यथार्थवादी कोटि का नियतिवाद है। प्रसाद यथार्थवादी और आदर्शवादी, दोनों तरह के नियतिवाद को अस्वीकार करते हैं। वे मनु के रूप में मन के उस मननशील आत्मबोध के पर्याय हैं, जो संघर्ष और पुरुषार्थ की ज्ञान संकल्पात्मक ऊर्जा के सहारे आगे बढ़ता है।

प्रसाद का छायावाद मनुष्य के भाव जगत को उसकी समग्रता में अभिव्यक्ति देने के लिए, लाक्षणिकता और वक्रता से झाँकने वाली व्यंजना धृत्ति को अपनी भाषा भंगिमा बनाता है। दार्शनिक विचार गर्भत्व के कारण प्रसाद की काव्य भाषा अभिधा की बजाय प्रकृति के प्रतीक रूप पर अधिक भरोसा करती है। वह मनुष्य की कामना, इच्छा, वासना, कामभाव, ईर्ष्या, क्रोध आदि किसी भाव को ऐसे दार्शनिक अर्थों की अभिव्यक्ति के लिए त्याज्य नहीं समझती। इसीलिए वह शैवों की तरह काम का परिहार नहीं करती। अपितु काम के उस उदात्त रूप तक पहुँचती है, जहाँ उसका कर्ममय शब्द व्यापार, अर्थ के तल पर आनन्दमय हो जाता है।

इसका अर्थ यह है कि प्रसाद का छायावाद, अभिव्यक्ति और अन्तर्वस्तु, दोनों रनों में, आधुनिक मनुष्य केन्द्रित दर्शन का काव्यमय प्रतिफलन है। अपनी प्रखर युगबोधक इतिहास चेतना के कारण प्रसाद और हिन्दी का 'ज्ञान संकल्पात्मक

आत्मानुभूति वाला छायावाद', स्वच्छंदतावाद की कल्पना बहुल भावभूमि से बहुत अलग जान पड़ता है। उसके पास उसकी अपनी 'मनुष्य केन्द्रित दर्शनभूमि' है और उसे 'प्रकृति केन्द्रित स्वत:स्फूर्त भाव स्फोट वाले स्वच्छंदतावाद' से अलग कर, भारत की संस्कृति भूमि को अद्वितीय उपज बनाती है।

आचार्य रामचन्द्र शुक्ल ने हिन्दी के आधुनिक काव्य का विवेचन करते हुए उसे, 'आत्मा' की नहीं, 'भावों की मुक्तावस्था' कहा है। इसके साथ वे यह भी कहते हैं कि आधुनिक युगबोध में ज्ञान का जितनी तेजी से विकास हुआ है, उसके मुकाबले हमारे भाव जगत का उतना विकास नहीं हो पाया। 'भावों के ज्ञान से पिछड़' जाने की स्थिति में वे आधुनिक काव्य की असफलता के कारणों को देखते हैं। यहाँ प्रसाद के छायावाद सम्बन्धी विवेचन हिन्दी आलोचना में एक गम्भीर हस्तक्षेप करते प्रतीत होते हैं। शुक्ल जी छायावाद को लेकर अच्छी राय नहीं रखते थे। वे छायावाद को एक भिन्न किस्म की अभिव्यक्ति की भंगिमा तक सीमित करके देख रहे थे, जबकि प्रसाद छायावाद को 'नये भावों के आविष्कारक' के रूप में प्रस्तुत कर रहे थे। नये भावों को वे ज्ञान की नई विकास भूमियों से उपजने वाली वस्तु की तरह देख रहे थे। इससे स्पष्ट है कि प्रसाद हिन्दी काव्य की भावभूमि को आधुनिक ज्ञान के विकास के बरक्स पिछड़ा हुआ नहीं मान रहे थे। यही नहीं, वे ज्ञान की नई मौलिक चिन्तन भूमियों का विकास भी कर रहे थे, जो यथार्थवाद और आदर्शवाद का भारतीय विकल्प होकर सामने आई थीं। इस तरह प्रसाद शुक्ल जी की छायावाद सम्बन्धी दृष्टि की एकांगिता को खारिज करते हैं और हिन्दी छायावाद को स्वच्छंदतावाद के मुकाबले अधिक विकसित काव्य धारा की तरह स्थापित करते हैं।

जहाँ तक भावों की नवीन भूमियों को विकसित करने का सवाल है, प्रसाद का छायावाद प्रेम को इस लायक बनाता है कि वह आधुनिक युगबोध के तनाव, द्वंद्व, अन्तर्विभाजन, छलना और विडम्बना से ताल्लुक रखने वाले अन्तर्विरोधों का वहन कर सके। जो लोग छायावाद को प्रेम काव्य की तरह देखते हैं, उन्हें साथ ही यह भी देखना चाहिए कि प्रकृति की अन्तश्चेतना की तरह अभिव्यक्त यह प्रेम, किस तरह अन्तर्विरोधग्रस्त सम्बन्धों को एक नये मनुष्य केन्द्रित दर्शन की तरह समाहित और समन्वित करता हुआ मानवीय चेतना का पर्याय बनाता है।

इसका मतलब यह है कि हमारा छायावाद न निरा प्रकृति काव्य रहता है, न विशुद्ध प्रेम काव्य होता है, अपितु मनुष्य केन्द्रित आत्मानुभूति का काव्य हो जाता है।

आत्मानुभूति का रूप लेता छायावाद का यह प्रेम 'छलना की माया' की तरह आता है और हमारे अन्तर्सत्य का उद्‌घाटन करने के सन्दर्भ में अपनी चरितार्थता को पाता है। इसे प्रसाद अपने छायावाद की परिभाषा प्रस्तुत करते हुए, 'मोती में झलकने वाली कान्ति को छाया कहते हैं।' यह मोती साधारण भारतीय मनुष्य है—अपने

भावों में सच्चा और खरा; जिसे प्रसाद प्रेम की छाया के असर में झलकने वाली आत्मानुभूति की कान्ति प्रदान करके, उसके 'सच्चा होने की स्थिति' को अभिव्यक्त हो पाने में भी मदद करते हैं—

छलना थी तब भी मेरा उसमें विश्वास घना था
उस छाया की माया में, कुछ सच्चा स्वयं बना था

छलना की इस माया को प्रसाद 'स्वानुभूति' और 'राष्ट्रप्रेम' वाले दोनों स्तरों पर एक साथ, एक दूसरे की छाया की तरह, मौजूद पाते हैं। इस लिहाज से देखा जाए तो प्रसाद का काव्य 'प्रवंचनाओं' और 'विडम्बनाओं' के निजी रूपों का ही नहीं, उनके औपनिवेशिक आख्यानों का खुला चिट्ठा है।

युगबोधक यथार्थ प्रसाद के काव्य में सर्वाधिक मुखर है। निराला में वह अधिक ठोस रूप लेता है, इसलिए वहाँ युगबोध और आत्मबोध के बीच की दरार नाटकीय अभिव्यक्ति के अधिक करीब आ जाती है। पंत इसे अपने सौन्दर्यबोध से और महादेवी भावों के अति विस्तार से व्यंजित करते हैं। इस लिहाज से इन सभी की परस्पर पूरकता में हिन्दी का छायावाद अपने शिखर को छूने लायक होता है।

कविता जैसा जीवन, जीवन जैसी कविता

अच्युतानन्द मिश्र

अठारहवीं सदी के महान शायर मीर तकी मीर की एक गजल है, देखने को लेकर। मीर उसके तमाम शेरों में देखने के व्यापक सन्दर्भ को लेते हैं। पहले शेर में वे कहते हैं—

गरचे कब देखते हो पर देखो
आरजू है कि तुम इधर देखो

यहाँ देखने की क्रिया के विभिन्न पहलू हैं। देखना आँखों की भाषा को मुखर करता है। एक तरह से देखने में एक संवाद निर्मित होता है, उसी गजल के एक अन्य शेर में वे कहते हैं—

इश्क क्या क्या हमें दिखाता है
आह तुम भी तो इक नजर देखो

इश्क द्वारा दिखाने में और माशूका के देखने में एक विरोधाभास है। दोनों इस अर्थ में विरोधी हैं कि एक-दूसरे के पूरक बन जाते हैं। पहले के देखने से जो खलिस पैदा होती है दूसरा उसे भरता है। उसे पूर्ण करता है।

मीर के तकरीबन दो सदी बाद निराला दृश्य में आते हैं। देखना निराला के यहाँ भी खूब है। लेकिन निराला के यहाँ देखने में—देखने की प्रक्रिया का—अतिक्रमण है। वहाँ देखने में तमाम इन्द्रियाँ शामिल हैं। क्योंकि उनके लेखे देखना, उस दृश्य में शामिल होना है। इन्द्रियों की सीमाओं के पार चले जाना है, इन्द्रियानुभव को विस्तारित करना है। देखना उस गति को अंजाम देना है, जो देखने से पहले मौजूद नहीं थी पर देखने भर से आरम्भ होने लगती है। निराला की कविता देखने की प्रक्रिया के अतिक्रमण की कविता है। प्रसिद्ध कविता तोड़ती पत्थर में वे लिखते हैं—

देखते देखा मुझे तो एक बार
उस भवन की ओर देखा, छिन्नतार;
देखकर कोई नहीं,
देखा मुझे उस दृष्टि से
जो मार खा रोई नहीं

इस देखने में न सिर्फ देखना शामिल है, बल्कि कहना, सुनना और आगे के लिए खुद को तैयार करना भी शामिल है। इस पूरी कविता में क्रिया के रूप में सिर्फ देखना ही घटित होता है। बाह्य तौर पर यह देखना बाकी क्रियाओं को द्रष्टा के भीतर अनुभूति के स्तर पर सम्भव करता है। एक तरह से यह देखना इतना तीक्ष्ण और सूक्ष्म है कि वह बाकी क्रियाओं के लिए द्रष्टा के मनोसंवेदन को जागृत करता है। यह देखना, देखने वाले को उसके वजूद से विलग कर देने की क्षमता रखता है। मार खाकर नहीं रोना और उन आँखों से देखना—देखने के तमाम अर्थों के पार चला जाता है। इस नहीं रोने में एक सभ्यता का रोना शामिल होने लगता है। यह नहीं रोना एक सामूहिक रुदन को आमंत्रित करता है। यह सामूहिक रुदन व्यक्ति से समाज, निजी करुणा से सामाजिक संवेदना में रूपान्तरित होने की प्रक्रिया को अंजाम देता है।

निराला की कविताएँ अपने समय, अपने वर्तमान का अतिक्रमण कर दो भिन्न समयों को जोड़ने की कविता है। मीर से लेकर निराला के आगमन से पूर्व की जो भारतीय कविता है—वह संक्रमण की कविता है। निराला की कविताएँ उस संक्रमण के निष्कर्ष की कविता है। दो सदी के भारतीय आत्म की जद्दोजहद के निर्णायक होने की कविता है। इसलिए इसमें जितनी परम्परा की अनुगूँज है, उतना ही परम्परा से विच्छेद का विस्फोट भी। यह कविता हमारे मैं को न सिर्फ परिभाषित करने की कविता है, बल्कि यह हमारे मैं के परिवर्तित और आधुनिक होने की भी कविता है। इसलिए निराला को किसी एक युग या किसी दौर या पीढ़ी का कवि मानना उनके काव्यबोध को सीमित कर देखने जैसा है।

हिन्दी कविता में आधुनिकता का आरम्भ उस विस्फोट से होता है, जिसकी अनुगूँज निराला की कविता में शामिल है। भारतेन्दु युग से गद्य का आरम्भ तो होता है, लेकिन वहीं से आधुनिक कविता का भी आरम्भ होता है—इसे स्वीकार करना कठिन लगता है। आधुनिकता हम उसे कहते हैं, जहाँ एक बहु स्वीकृत शृंखला एवं शास्त्रीय परम्परा टूटती है। क्या भारतेन्दु युग में कविता की बहु स्वीकृत और शास्त्रीय परम्परा टूटती है? क्या वहाँ टूटने की बजाय नये सन्दर्भों में उसी क्रमिकता को कमोबेश बनाये रखने पर बल नहीं है? सवाल यह है कि आधुनिकता जिस क्रमभंग से आरम्भ होती है, क्या उस क्रमभंग को हम भारतेन्दु युग में देख सकते हैं?

ढाई हजार वर्षों की जो काव्य परम्परा थी, उस परम्परा में निराला एक क्रमभंग रचते हैं। दिलचस्प यह कि यह क्रमभंग परम्परा के प्रति विद्रोह तो है ही साथ ही परम्परा का रचनात्मक अनुशीलन भी। कोई भी रचनात्मक विकास यात्रा बगैर किसी विध्वंस के सम्भव नहीं। निराला छंद से छंद-मुक्ति की ओर जिस तरह बढ़ते हैं, वहाँ से हिन्दी कविता में क्रमभंग आरम्भ होता है। यह जरूर स्वीकार किया जाना चाहिए कि इस क्रमभंग के पार्श्व में घनानन्द से निराला तक तकरीबन दो-सवा दो सौ वर्षों का एक संक्रमण काल है। निराला की कविता उस संक्रमण के अन्तः संघर्ष की पूर्णाहुति बनती है। भारतेन्दु युग की कविता में कसमसाहट है, भाषा को लेकर ऊहापोह है, लेकिन इस तरह के परिवर्तन तो हर दो युगों के बीच कविता में देखे जा सकते हैं। अगर हम बारीकी से देखें तो इस परिवर्तन की पृष्ठभूमि का निर्माण तो घनानन्द की कविता से ही हो जाता है, जहाँ घनानन्द प्रेम को दरबार की आबद्ध संस्कृति से बाहर निकालकर, लोक की मार्मिक भावभूमि पर ले आते हैं। परम्परा के प्रति विद्रोह वहाँ भी है, लेकिन परम्परा से पूर्ण विलगाव या क्रमभंग नहीं है। परम्परा से पूर्ण विलगाव भारतेन्दु युग में भी नहीं है और न ही द्विवेदी युग में। द्विवेदी युग की कविता में कविता की विकास यात्रा पर युग सापेक्ष होने का बाह्य दबाव अधिक है, आन्तरिक कसमसाहट कम। इसलिए विस्फोट वहाँ भी नहीं होता। भाषा की दुविधा का बाह्य समाधान वहाँ दिखता जरूर है, लेकिन कविता और काव्य भाषा के बीच की दूरी घटती नहीं।

परम्परा से विलगाव सम्पन्न होता है, निराला के यहाँ, जब वे हजार साल की काव्य-परम्परा के ठीक सामने खड़े हो जाते हैं। छंद से मुक्ति की उनकी कोशिश कविता के पुराने क्रम को तोड़ देती है। निराला के यहाँ आधुनिकता इस अर्थ में है कि वह पुरानी शास्त्रीय परम्परा से न सिर्फ अलग होते हैं, बल्कि उसके समानान्तर एक नई काव्य परिपाटी निर्मित भी करते हैं। उनकी कविता सिर्फ बीज के जमीन फोड़कर निकलने तक महदूद नहीं है। वह नन्हे कोंपल के फूटने से लेकर एक विशाल वृक्ष बनने तक की महागाथा भी है।

कविता और काव्यभाषा के अलगाव का जो संकट द्विवेदी युग में नजर आता है, निराला उसे एक नई, प्रखर और प्रांजल भाषा के रास्ते—जिसमें अन्तः संगीत की सलिला बहती हो—हल करते हैं। यहाँ से हिन्दी कविता में आधुनिकता का एक नया युग आरम्भ होता है।

निराला कविता में युग के साथ बाह्य सम्बन्ध भर नहीं बनाते, वे उसे अपने बोध, अपनी दृष्टि, अपनी रचना-प्रक्रिया से जोड़ते हैं, ऐसा इसलिए भी था कि निराला न सिर्फ किसान जीवन को देख रहे थे, बल्कि उसमें आ रहे बदलाव और उस विघटन को भी देख रहे थे जो औद्योगिक सभ्यता के फलस्वरूप समाज के आन्तरिक दायरे में तेजी से निर्मित हो रही थी।

अट्टालिका नहीं है रे
आतंक भवन,
सदा पंक पर ही होता
जल-विप्लव-प्लावन,

जीर्ण बाहु, है शीर्ण शरीर,
तुझे बुलाता कृषक अधीर,
ऐ विप्लव के वीर!
चूस लिया है उसका सार,
हाड़-मात्र ही है आधार,
ऐ जीवन के पारावार!

यह निराला के शुरुआती दौर की प्रदीर्घ कविता है। यह मात्र किसान जीवन की ही कविता नहीं है, यह किसान जीवन के हाहाकार की कविता भी है। उसके करुण और मार्मिक विघटन की अन्तर्कथा का जो काव्यात्मक चित्रण निराला करते हैं, वह हिन्दी कविता में अभूतपूर्व है। निराला देखते हैं कि धीरे-धीरे किसान मृत्यु के निकट पहुँच रहा है। उसका जीवन-संघर्ष उसके जीवन के विघटन को रोक नहीं पा रहा। निराला महसूस करते हैं कि उसका जीवन, उसके जीवन की गतिशीलता, उसका सौन्दर्य, उसका आत्मसंघर्ष, उसका श्रम सब एक निर्णायक मुकाम पर पहुँच चुका है। अब वह 'जीर्ण बाहु, है शीर्ण शरीर'। उसके पास शेष कुछ नहीं, 'हाड़-मात्र ही है आधार'। परन्तु उसकी अन्तश्चेतना अभी भी किसान ही बनी हुई है, जबकि वह उस स्थिति में पहुँच गया है, जहाँ उसके पास खोने को कुछ भी नहीं सिवाय जंजीरों के। इस कविता का प्रकाशन वर्ष 1924 है। किसान जीवन की इसी अन्तर्कथा की मार्मिक दास्तान प्रेमचन्द तकरीबन एक दशक बाद गोदान में पूर्ण करते हैं। भारतीय सभ्यता का, संस्कृति का एक चरण पूरा होता है।

निराला छायावाद के प्रतिनिधि कवि तो हैं ही, वे उत्तर छायावाद, प्रगतिवाद और प्रयोगवाद के भी प्रतिनिधि कवि हैं। दरअसल वे युग की गतिशीलता के कवि हैं, और इसीलिए युगान्तर उनकी कविताओं को नया अर्थ, नई सार्थकता प्रदान करता है।

निराला ने 1918 के आसपास लिखना आरम्भ किया। जुही की कली उनकी पहली रचना मानी जाती है, जो इसी समय के आसपास लिखी गई। जुही की कली हिन्दी की पहली अतुकान्त मुक्त छंद की कविता है। निराला इस कविता के रास्ते हिन्दी साहित्य संसार पर प्रथम चोट करते हैं। उनकी यह कविता खड़ीबोली की उस सार्थकता को प्रकट करती है, जिसको लेकर बहुत से कवियों को सन्देह था—खड़ी बोली में माधुर्य और कहन की सूक्ष्मता नहीं है।

बह रही है हृदय पर केवल अमा;
मैं अलक्षित हूँ, यही
कवि कह गया है।

इस कविता में शब्द चयन से लेकर अर्थ के निरूपण तक हम लोक स्मृति और आधुनिक काव्यबोध की जटिल मगर भावप्रण संरचना देख सकते हैं। कविता, काव्य-विषय और कवि के बीच के भेद को समाप्त करती सी प्रतीत होती है। कवि का स्व काव्य व्यक्तित्व में बदलता है। पाठक कविता पढ़ते हुए कवि से साक्षात होता है। यहाँ पाठ के रास्ते दृश्य प्रस्तुत होता है, जिसमें काव्य विषय और कवि एकाकार से होते हुए प्रतीत होते हैं। यही वह बिन्दु है जहाँ निराला अपने समकालीनों से भिन्न धरातल पर नजर आते हैं। रचनात्मकता की नई प्रविधि और नया सन्दर्भ ईजाद करते हुए। वे छंद की वैकल्पिक प्रविधि के तौर पर पाठक के साथ एक नया लगाव विकसित करते हैं।

छायावाद ही क्यों, आधुनिक हिन्दी कविता के किसी अन्य कवि की अपेक्षा निराला के काव्य व्यक्तित्व में चुम्बकत्व अधिक है। उनके यहाँ विषय और रचनाकार के बीच के सारे अन्तराल समाप्त हो जाते हैं। निराला की कविताओं से जहाँ उनका आत्म साक्षात्कार प्राप्त होता है, वहीं उनके जीवन के विवरण लम्बी कविता की मानिंद प्रतीत होते हैं।

हम पूछ सकते हैं कि निराला की कविताओं में इतने आत्म विवरण क्यों हैं? जहाँ उनके समकालीन कवियों के यहाँ आत्म का गोपन अधिक है, वहीं निराला के यहाँ उसके प्रकटीकरण की कोशिश लक्षित की जा सकती है। ऐसा इसलिए कि निराला जानते हैं कि छंद से विमुक्त होकर कविता के सामने लोक में प्रसारित होने की बड़ी चुनौती है। ऐसे में कवि का आत्म, वह बिन्दु है जो छंद के विकल्प के रूप में पाठक के समक्ष ध्वन्यात्मक आग्रह के स्थान पर दृश्यात्मक पूर्णता सुनिश्चित करता है। पाठक, कविता में कवि निराला को मूर्त करते हुए कविता की जटिल मगर आधुनिक संरचना के साथ एक सहज सम्बन्ध स्थापित कर लेता है। कहने का तात्पर्य यह कि जहाँ छंद की कविताओं में पाठक ध्वनि के आग्रह से कविता के भावबोध से जुड़ा रहता था, वहीं निराला उसे छंद की जगह मूर्त दृश्य प्रदान करते हैं। ऐसे दृश्य जिनसे सहज आत्मीय जुड़ाव सम्भव हो, जिनसे पाठक गहन रागात्मकता महसूस कर सके। यहाँ यह जो कवि-पाठक के मध्य रागात्मकता है, वह कविता की संरचना से बाहर निकलकर कवि और पाठक के परस्पर सम्बन्ध में बदलने लगती है। छंद के अपदस्थ होने से जो विलगाव कविता में उत्पन्न हुआ, निराला उसे दृश्य के लगाव में बदल देते हैं। यही वजह है कि निराला के यहाँ दृश्यात्मकता, आत्म निरूपण, चाक्षुष बिम्ब और घटित हो रहा जीवन व्यापार

अधिक है। यह सब मिलकर कविता में एक व्यापक परिदृश्य रचते हैं। दृश्यात्मक बोध का लगाव, इन सभी को आधुनिक कविता और विशेषकर निराला की काव्य यात्रा का जरूरी मगर अनिवार्य हिस्सा बना देता है। कवि का अन्त:संसार पाठक के आत्मबोध की पूँजी बनने लगता है।

मैं जीर्ण-साज बहु छिद्र आज,
तुम सुदल सुरंग सुवास सुमन
मैं हूँ केवल पदतल-आसन,
तुम सहज विराजे महाराज।

ईर्ष्या कुछ नहीं मुझे, यद्यपि
मैं ही वसन्त का अग्रदूत,
ब्राह्मण-समाज में ज्यों अछूत
मैं रहा आज यदि पार्श्वच्छवि।

यह जो आत्मावलोकन है, वह निराला का काव्य वैशिष्ट्य है, जिसमें आत्म निरीक्षण भी है, आत्म विश्लेषण भी और आत्म से परे सभ्यता समीक्षा भी। निराला को पढ़ते हुए हम उस समय-समाज से मुखातिब होते हैं, जिसकी विविध छवियाँ कवि के अन्तर-बाह्य जीवन-जगत के ही विविध अंग हैं। जहाँ निराला के बाद के कवियों को अनुभव की प्रमाणिकता और व्यक्तित्व की विभाजकता जैसे पदों पर विचार करना पड़ा, वहीं निराला के समक्ष, ये प्रश्न महत्त्वपूर्ण नहीं थे। निराला के सामने जीवन-दृष्टि और काव्य-संवेदना के मध्य कोई विभाजक रेखा नहीं थी। कविता जैसा जीवन या जीवन जैसी कविता। हालाँकि औद्योगिक समाज में इस विभाजन से बचना सम्भव नहीं। मुक्तिबोध इसी विभाजन के परिणामस्वरूप व्यक्ति और समाज के बीच आई दरार के विरुद्ध सतत आत्मसंघर्ष पर बल देते हैं।

निराला की कविताओं में निकट के दृश्य हैं। उनके यहाँ मनोगत आरोपण या चित्रण की बजाय सीधे-सीधे उन दृश्यों या चरित्रों में, काव्यात्मक उत्कर्ष के साथ प्रवेश करने की एक विकल दृष्टि दिखती है। वे अन्य के अनुभव या परोक्ष के दृष्टिकोण की धुँधली भाषा में नहीं, बल्कि आत्मानुभव के ताप से प्रज्वलित प्रखर और मारक भाषा में अपनी बात कहते हैं। वे उन दृश्यों, चरित्रों को आत्मसात कर यथार्थ की सूक्ष्मतम भाषा या अभिव्यक्ति की खोज करते हैं। कहना न होगा कि छायावाद के अन्य कवियों की अपेक्षा निराला का 'मैं' अधिक सूक्ष्म, अधिक जीवन्त, अधिक मानवीय और विविधताओं से परिपूर्ण है। निराला के 'मैं' का दुख उस वृहत्तर समाज का दुख है, जिसमें कवि अपनी छवि को घुला देता है।

बार बार हार हार मैं गया,
खोजा जो हार क्षार में नया—
उड़ी धूल, तन सारा भर गया
नहीं फूल, जीवन अविकच है—
यह सच है!

निराला के यहाँ पास की दुनिया में मौजूद सच्चे हाड़-मांस के लोग हैं। उनका कष्ट, उनका संघर्ष, उनका सुख, उनका क्रोध ही निराला की कविता का जैविक तत्त्व है।

मास-मास दिन-दिन प्रतिपल
उगल रहे हो गरल अनल
जलता यह जीवन असफल;
हिम-हत पातों-सा असमय ही
झुलसा हुआ शुष्क निश्चल।

निराला विराट असफलता के कवि हैं। उनकी कविता हारे-थके लोगों को जीवन गीत सुनाने की कविता है। यह उनकी कविता है—'जो हिम-हत पत्तों सा असमय ही' विपरीत परिस्थितियों में झुलस गए, खत्म हो गए। ऐसा नहीं है कि निराला की कविता में आशा, उम्मीद या साहस नहीं है। उनके यहाँ और बहुत है, लेकिन वहाँ व्यर्थ की आशा और झूठी सांत्वना नहीं है। निराला किसी झूठी रौशनी की जगह सच्चे गहन तम में गोता लगाना पसन्द करते हैं। वे कहते हैं, 'हमारा डूब रहा दिनमान'। और फिर उस डूब रहे दिनमान की जो मार्मिक गाथा है, वह सिर्फ निराला की अनुभूत पीड़ा या हृदय के स्पंदन तक महदूद नहीं रहती, वह समूची मनुष्यता के संघर्ष में ढलने लगती है। यही निराला का सौन्दर्य है। उनके यहाँ दुख संघर्ष और सौन्दर्य एक-दूसरे में मिले हुए हैं, उन्हें अलगाया नहीं जा सकता, ठीक उसी तरह जैसे कि जीवन में।

उनकी आरम्भिक कविताओं में भी एक परिवेश है, चरित्र है। छायावाद के अन्य कवियों की भाँति उनके यहाँ व्यक्ति किसी बहाने से नहीं बल्कि वास्तव में और सच्चे अर्थों में उपस्थित होता है। छायावाद के अन्य कवि जहाँ किसी चरित्र को उभारने के लिए प्रकृति को या किसी अन्य रूप का सहारा लेते हैं, वहीं निराला उस चरित्र को सीधे उभारते हैं। इसका कारण यह भी है कि निराला के लिए वह व्यक्ति भी उसी प्रकृति का रूप है। वे मनुष्य प्रकृति में अलगाव नहीं देखते। इसलिए उन्हें प्रकृति का मानवीयकरण आरोपित नहीं करना पड़ता। उनके यहाँ वह स्वत: स्फूर्त है।

पंत की तरह वे न तो किसी लता से स्त्री की कमर को जोड़ते हैं और न ही

महादेवी की तरह गलती हुई मोमबत्ती से हृदय के बुझने को अंकित करते हैं, क्योंकि इस समरूपता में अलगाव मुखर होता है। निराला लिखते हैं—

स्नेह-निर्झर बह गया है!
रेत ज्यों तन रह गया है।

आम की यह डाल जो सूखी दिखी,
कह रही है—'अब यहाँ पिक या शिखी
नहीं आते, पंक्ति मैं वह हूँ लिखी
नहीं जिसका अर्थ—
जीवन दह गया है।'

जीवन में जो कुछ है, करुणा, प्रेम, घृणा, वासना, उल्लास वह सब कुछ प्रकृति प्रदत्त है। मनुष्य प्रकृति का अविभाज्य अंश है। वह प्रकृति से ही लेता है, वहीं उत्सर्ग करता है इसलिए यहाँ लेना या देना नहीं है। यह प्रकृति में एक सतत उपस्थिति है, जिसे भाषा से हम जितना देखते हैं शब्दों से जितना पकड़ते हैं, ध्वनियों में जितना सुनते हैं—वह उसके पार है। एक कवि का आत्म-संघर्ष इसे अधिकतम तक पा सकने का संघर्ष है। इसलिए कवि की चेतना अगर भाषा के सीमित दायरे के पार नहीं जा सकती तो उसकी कविता उसे न्यूनतम तक ही पा सकेगी। यह बात निराला को पढ़ते हुए हम बार-बार महसूस कर सकते हैं।

छायावादी कवियों में निराला की स्थिति सबसे भिन्न थी। निराला छायावाद के सबसे प्रमुख कवि भी थे और तीस के दशक में छायावाद के विरुद्ध विद्रोह करनेवाले भी थे। यह निराला का अन्तर्विरोध नहीं था, यह उनके सतत विकासमान रचनाकार का अन्तःसंघर्ष था।

निराला युग के परिवर्तन को भी समझ रहे थे और स्वयं के सामर्थ्य से भी वाकिफ थे। निराला स्वयं छायावाद के अन्तर्विरोधों का सृजन कर रहे थे। इस अर्थ में कहें तो निराला प्रगतिवादियों से पूर्व ही छायावाद के समापन को देख रहे थे। निराला भाषा की कुलीनता से भी संघर्ष कर रहे थे और सामाजिक कुलीनता से भी। अगर हम इस क्रम में निराला के गद्य लेखन को भी शामिल कर लें तो यह देखना कठिन न होगा कि पंत, महादेवी और प्रसाद जिस रास्ते पर बढ़ रहे थे निराला उस रास्ते पर नहीं चल रहे थे। निराला छायावाद में रहते हुए भी आगे का मार्ग तलाश रहे थे। वे अभिव्यक्ति के नये आयामों को परख रहे थे और उसके प्रासंगिक होने के कारणों पर विचार भी कर रहे थे।

तीस के दशक में निराला छायावाद से आगे निकल रहे थे। वे एक पुल की तरह थे जिसके नीचे से युग की गंगा प्रवाहित हो रही थी। वे नई पीढ़ी के लिए

आदर्श रच रहे थे और अपने अन्त:संघर्ष से नये रास्ते की तलाश कर रहे थे। वे गहन है यह अन्धकारा जैसी रचनाएँ लिख रहे थे—

गरजता है घेरकर तनु, रुद्र यह,
कल्पना का ही अपर समुद्र यह
कुछ नहीं आता समझ में
कहाँ है श्यामल किनारा।
प्रिय मुझे वह चेतना दो देह की,
याद जिससे रहे वंचित गेह की,
खोजता फिरता न पाता हुआ,
मेरा हृदय हारा

निराला एक बेचैनी से गुजर रहे थे। वे कई रास्तों का संधान कर रहे थे। तीस के दशक में निराला से कई रास्ते निकलते हैं। एक रास्ता प्रगतिवाद की तरफ जा रहा था तो दूसरा रास्ता प्रयोगवाद की तरफ। उत्तर-छायावादियों की रचनाशीलता के मूल में भी निराला की दार्शनिकता ही मौजूद थी। एक तरह से कहें तो छायावाद के पतन के साथ निराला नये अर्थों में प्रासंगिक हो गए। निराला का विकासक्रम एक-रेखीय नहीं था। उनके भीतर से ही कई राहें फूट रही थीं। ये निराला ही थे जो एक ही दौर में 'राम की शक्तिपूजा' और 'कुकुरमुत्ता' दोनों को सम्भव कर रहे थे।

पूरी बीसवीं सदी में निराला हिन्दी में अकेले कवि दिखते हैं, जिनमें सब कुछ एक रचनात्मक उठान का ही अगला क्रम बनता है। यहाँ तक कि विक्षिप्तता भी। कई बार लगता है, निराला की कविता का विकास और उनकी मानसिक दशा का परिवर्तन, दोनों एक गहरा सम्बन्ध बनाते हैं।

हर नई दिशा एक नये तरह के निराला को रचती है। एक वह जो 'बादल राग' और 'पंचवटी प्रसंग' लिखते हैं। दूसरा 'सरोज स्मृति'। एक अन्य 'राम की शक्तिपूजा' और 'तुलसीदास'। इन्हें एक क्रम में रख भी दें तो एक अन्य निराला भी हैं, जो 'कुकुरमुत्ता' लिखते हैं। किस तरह एक ही कवि के भीतर, एक ही समय के भीतर, एक ही भाषा-समाज के भीतर से इन कविताओं को समझेंगे? इन तमाम तरह की अलग-अलग कविताओं को लिखते हुए जब उनके पास सब कुछ खत्म हुआ तो उसने अपने भीतर की असीम करुणा और वात्सल्य से प्रार्थनारत कविताएँ लिखी। कुछ इस बोध के साथ कि हर तरह की पार्थिवता अन्तत: एक दिन एक विराट अपार्थिवता में चली जाएगी। यह एक कवि का अर्पण है। कविता में जहाँ से लिया, उसे वहीं कविता में उत्सर्ग किया। क्या ऐसे कवि को किसी एक पाठ में समझ सकना साधारण मनुष्य के विवेक की बात है?

•

महादेवी वर्मा : पीड़ा का राज्य

मुक्तेश्वर नाथ तिवारी

'पथ के साथी' में महादेवी वर्मा ने कविता और कवि-कर्म पर एक गर्वोक्ति यह की है कि "कविता सबसे बड़ा परिग्रह है क्योंकि वह विश्व मात्र के प्रति स्नेह की स्वीकृति है।" (पृ. 87) कविता पर प्रस्तुत उद्धरण एक महावाक्य है जिसका दीर्घ आशय खुलता है। प्रकट आशय तो यही है कि 'विश्व' अथवा विश्व में रहनेवाले जड़-चेतन को जो स्नेह की दृष्टि से देखकर कवि-कर्म करता है, सच्चे अर्थ में यही कवि है और उसी की कविता 'कविता' है। स्थानीयता, देशीयता और वैश्विकता—इन सबकी परिपूर्ति कविता द्वारा क्रमशः होती रहती है, इसलिए कविता 'सबसे बड़ा परिग्रह' है। एक दार्शनिक और वैज्ञानिक के परीक्षित सत्य से कविता का सत्य बड़ा और सर्जनात्मक सत्य होता है। इस सत्य का निर्माण से सम्बन्ध है विध्वंस से नहीं। यह भी कि कवियों के लिए काव्य जो कि 'काव्यात्मक सत्य' कहलाकर पृथक भी है, कविता का वह साध्य ठहरता है। तब कविता का साधन क्या है? महादेवी ने ही संकेत किया है कि कविता का साधन 'सौन्दर्य' है। इस प्रकार, महादेवी के साहित्य-निकष में कविता वह विधा है जिसमें स्नेह (करुणा भी), सत्य और सौन्दर्य, इन तीनों उपादानों की आवश्यकता बनी रहेगी। महादेवी का काव्य-संसार इन तीन उपादानों से स्वतः भी निर्मित है। चिन्तक महादेवी और कवयित्री महादेवी में कथनी-करनी की विषमता नहीं है। महादेवी का साहित्य स्नेहिल और कारुणिक प्रतिज्ञा की फलपूर्ति के रूप में रचा गया है। महादेवी की कविता पंक्ति भी है, 'स्नेह भरा जलता है झिलमिल मेरा यह दीपक-मन रे!' महादेवी ने इस पंक्ति में अपने कवि व्यक्तित्व का परिचय दिया है। वे अपने मन को 'दीपक' के रूपक से व्याख्यायित करना चाहती हैं। स्नेह से ऊर्जा या ओजस्विता रहती है। दीपक में स्थित स्नेह (तेल) से दीपक जलता है। मानवीय दृष्टि भी इसी तैलीय स्नेहिलता से ऊर्जस्वित रहे, तो जीवन मूल्यवान ठहरेगा। अब जब महादेवी ने अपने मन को 'दीपक-मन' कहा है, तब दीपक का करणीय क्या है, इसे जानना जरूरी है।

महादेवी की कविता-पंक्तियाँ मार्ग दिखाएँगी—

तम असीम तेरा प्रकाश चिर,
खेलेंगे नव खेल निरन्तर
तम के अणु-अणु में विद्युत-सा—
अमिट चित्र अंकित करता चल! (आधुनिक कवि, पृ. 72)

'चिर प्रकाश' वाला दीपक यहाँ 'असीम तम' से लड़ने का 'नव खेल' खेल रहा है। महादेवी ने दीपक के प्रतीक को लड़ाका बनाया है। कल्मष और तमस से लड़ना आर्ष प्रतिश्रुति है, वेदोक्त मार्ग है। तम को देखिए, जो कल्मष है, वह साम्राज्यवाद से एक अकेला दीपक साहसी योद्धा की तरह लड़ेगा। लड़ाई को महादेवी नया 'खेल' कहती हैं, दीपक सदियों से तम से लड़ता आ रहा है, वह तो विगत है, पुराना है; नई लड़ाई महादेवी के समय-समाज में ठनी हुई है। बीसवीं सदी का स्वातंत्र्य-पूर्व भारत जिसमें स्वराज के लिए अंग्रेजों से लड़ना हुआ था। अंग्रेजों का साम्राज्यवाद था और समग्र भारत उससे एक दीपक सदृश लड़ता हुआ! महादेवी अपने कविता-वितान में दीपक के साथ अन्योन्य हो जाती हैं—

सुभग न तू बूझने का भय कर;
मैं अंचल की ओट किये हूँ
अपनी मृदु पलकों से चंचल (वही)

बुद्ध और गांधी की वाणी से महादेवी प्रभावित रही हैं, इतना तो सब जानते हैं। इन दोनों महात्माओं की करुणा अभिन्न भाव से अन्त:सलिला के समान महादेवी के 'दीपक-घर' में बहती आई है। दीपक को चूँकि पुनीतधर्मी और अत्मन् दीप्ति का मानती हैं, इसलिए उसकी रक्षा में वे सन्नद्ध रहना चाहती हैं : 'सुभग न तू बुझने का भय कर।' वे अंचल मात्र की ओट से जो यथेष्ट है, दीपक को बुझने नहीं देना चाहतीं। करुणा का सम्बद्ध चूँकि 'अन्य के दुख' से है, यहाँ दीपक 'अन्य' है; अन्यत्र प्रसंगात् सृष्टि का दुख भी उनके काव्य-कानन में प्रतिज्ञा वश सुना जा सकता है। महादेवी के काव्य में अन्य किसी बहाने से 'दुखवाद' की छाया देखना, कल्पित उपस्थापन का उद्योग समझा जाएगा। सृष्टि के दुख से महादेवी यदि विरह-कातर हैं, तो यह स्वाभाविक है। कवि-स्वभाव ही विरही होता है। रूपक गढ़-गढ़कर महादेवी ने विरह की ज्वाला की बारहवाँ अभिव्यक्ति की—यह उनकी अभिव्यक्ति की ढाल है। बहाने से विरह को भी 'निजी' बनाकर पेश न करने से काव्यश्रुत प्रतिज्ञा भंग होती है। सृष्टि में व्याप्त 'दुख' और 'ज्वाला' को वे समस्वर में उद्गीरण का विषय बनाती हैं। दुख, ताप और जल उठने के कारोबार सृष्टि व्यापी हैं : 'जलमय सागर का उर जलता', 'विद्युत ले घिरता है बादल' और 'वसुधा के जड़ अन्तर में भी/

बन्दी है तापों की हलचल।' अब? दुख रहेगा, क्योंकि यह सब दिन रहा है। इस दुख का साथ और अश्रुओं का संभार धारित करते चलना होगा। विश्रुत पंक्ति है महादेवी की : 'आँसुओं का कोष उर, दृग अश्रु की टकसाल।' काव्यांगन में महादेवी का धारित वियोग कल्पित नहीं है, बल्कि जो जीवन और निसर्ग में दुख के मात्रात्मक आधिक्य की मानुषी एवं काव्यात्मक प्रतीति है। पृथ्वी पर 'दुख का संचय' करना ही पड़ता है; केवल स्वर्ग में 'सुख का संचय' होता है। पृथ्वी पर जीवन-मरण से लगा-लगा चलता है। छायावादियों ने इस भावसत्य की बारम्बार आवृत्ति की है। महादेवी तो 'देव' से वितकर्णा करके जब देख लेती हैं कि मिटना पृथ्वी तलवासियों के लिए अपरिहार्य है, तब उपालम्भ में यह कह देती हैं—

क्या अमरों का लोक मिलेगा
तेरी करुणा का उपहार
रहने दो हे देव! अरे!
यह मेरा मिटने का अधिकार।

मर्त्यलोक पाकर महादेवी ने देव से यह जिरह की थी कि अमरों का लोक ('कौन पहुँचा देगा उस पार') मिलेगा भी या नहीं? लेकिन देव का उत्तर सकारात्मक नहीं आया था। बड़े क्षोभ में, नैराश्य में भरकर उन्होंने अपनी लघुता पर गर्वोक्ति करते हुए कहा था : 'अरे! यह मेरा मिटने का अधिकार' बरकरार रहे। क्षणभंगुरता सृष्टि के कण-कण में परिव्याप्त है। कवयित्री ने इन्द्रधनुष का मिटना देखा है, दिन का ढलना देखा, सुमन का झर जाना देखा, लघु दीपक का बुझना देखा; बीजों का गलना, पल्लवों का वृन्त से अलगाव, पलों का मिटना'—ये सारी क्रियाएँ अल्पजीविता की हैं। परन्तु, इस क्षणजीविता को उन्होंने कभी भी व्यक्तित्व-प्रस्फुटन का बाधक नहीं माना। वे इस कारण से दुख संचय चाहे प्राथमिक स्तर पर भले ही करें, परन्तु तर्कणा के बलबूते दुख से निवृत्ति का उपाय सोचती है और यही नहीं, 'कोमल कमनीय प्रकाश' इन सबमें झलमला रहा है। प्रेरणा और संकल्प यदि सबल रहे तो अल्पजीविता को जीता जा सकता है—

शून्य से बन जाओ गम्भीर
त्याग की हो जाओ झंकार,
इसी छोटे प्याले में आज
डुबा डालो सारा संसार (यामा, पृ. 23)

गम्भीरता और त्याग को जीवन में धारित कर लेने से तमाम प्रकार की शून्यताओं, दुखों, क्लेशों और प्रताड़नाओं से बचा जा सकता है। लघुता से मुक्ति मिल सकती है और क्षणभंगुरता का अपसरण हो जाता है।

क्षणभंगुरता का विषय काव्यवस्तु का सनातन और आदिम विषय है। इसे मोटे विषय के रूप में चिह्नित करते हुए महादेवी ने इसकी सूक्ष्म अभिव्यक्ति की है। महादेवी के काव्य की पीड़ा का अर्द्धांश यही क्षणभंगुरता है, बाकी विरह का काव्योपम कलाकरण है जिसे महादेवी के वैयक्तिक जीवन से सम्बद्ध करना अनुचित है क्योंकि उनके गद्य-संसार में वैयक्तिक विरह-ताप की रत्तीभर भी चर्चा नहीं मिलती और गद्य को महादेवी समग्र लेखन के प्रकट अन्त:साक्ष्य के रूप में अस्वीकार करना भी सम्भव नहीं। भारतीय काव्यधारा में 'विरह' स्त्री से नाभिनालबद्ध है। स्त्री-विरह की विवृत्ति के सामने पुरुष-विरह प्रलाप लगता है अथवा प्रलाप में 'विलाप' लगता है। दोनों की अलग-अलग बानगियाँ हैं। विरह में स्त्री जितनी 'सर्वसुखवंचित' लगती है, पुरुष उतना नहीं लग सकता। पुरुष के परदेश-गमन करने से, नागमती के प्रसंग रत्नसेन के परस्त्री-गमन से नागमती का आत्मविश्वास डोल जाता है, रानी की हैसियत में रहने पर भी राज्य का अनिश्चय और तज्जनित दुश्चिन्ता यद्यपि कवि द्वारा कथित नहीं है, तथापि इतना सजग पाठक ओढ़कर-मानकर चलता है। ऐसे में असुरक्षा विरहिणी के केन्द्रवर्ती रहता है। पुरुषों के बारे में यह सच नहीं। वे सर्वाधिकारी एवं सम्पत्तियों, भूमियों के स्वामी हैं। उनका विलाप या तो कामेच्छा जनित है अथवा साहचर्य-विच्छेद की पीड़ा है। प्रोषित पतिकाओं का विरह, कदाचारी नायक की उपस्थिति में स्त्री के 'करम' फोड देता है। प्राचीन काव्यों में स्त्री का प्रणय-निवेदन सुरक्षा-संरक्षा-कामेच्छा सबकी परिपूर्ति करनेवाला था, इसके विपरीत पुरुषों द्वारा किया गया प्रणय-निवेदन कामेच्छाजनित मान लिया गया था। पुरुषों के संसार में अन्यों से सम्पर्कित है। स्त्री केवल अपने पति से सम्पर्कित है। स्त्री 'गेही' रही और पुरुष 'संसारी' रहा। स्त्री 'अवयव की कोमलता' की वाचिका थी, पुरुष कर्म पथ पर कभी एक अशरण, दूसरा शरणदाता। पितृसत्तात्मकता के दुर्वह नियम में स्त्री 'बन्दिनी'। पुरुष की खुली जाती थी, स्त्री की अनसुनी होती थी। महादेवी की कल्पना का प्राणप्रिय अनसुना करने में दक्ष है—

इन बलचायी पलकों पर
पहरा था जब व्रीड़ा का
साम्राज्य मुझे दे डाला
उस चितवन ने पीड़ा का! (वही, पृ. 8)

स्त्री की पीड़ा का जैसा ऊपर की पंक्तियों में चित्रण है, वह प्रतिकारमूलक अधिक है। पुरुषसत्ता ने 'व्रीड़ा (लज्जा)' का 'पहरा' बिठा रखा था, फलतः अपनी पलकों का विस्तारण काव्य-नायिका नहीं कर पाती। दूसरे, रूपासक्ति से सिंचित, खचित और आकर्षित नायिका को क्या मिला! पीड़ा का 'साम्राज्य'। प्रेम का प्राप्त साम्राज्य पीड़ा का साम्राज्य होता भी है, इसमें सन्देह नहीं क्योंकि प्रेम की अभिव्यक्ति

'हँसकर भी होती है और रोकर भी।' लेकिन केवल रुदन केवल स्त्री पक्ष में केवल रुदन! और नायक क्रूर, अनसुनी करनेवाला?

उस सोने के सपने को
देखे कितने युग बीते!
आँखों के कोष हुए हैं
मोती बरसाकर रीते! (वही)

रीतापन और 'सूनेपन की मतवाली रानी' कहलाकर ही, प्रतीक्षा की घड़ियाँ गिन-गिन कर ही स्त्री का दिन-रैन कटना घटिता दिखाया है। स्त्री की तब की ताकत सहनशीलता और शब्दश: उपालम्भ के रूप में थी। महादेवी की काव्य-नायिका का उपालम्भ देखिए—

चिन्ता क्या है, हे निर्मम!
बुझ जाये दीपक मेरा,
हो जाएगा तेरा ही
पीड़ा का राज्य अँधेरा। (वही)

उपर्युक्त पंक्तियों में महादेवी के काव्य को खोलने की एक कुंजी मिलती है। एक तो यह कि काव्य-नायिका किसी मानुषी-प्रेमी से प्रणय-निवेदन नहीं करती। उसका उपर्युक्त उपालम्भ किसी 'देव' के प्रति है(उनकी कविता में कथित है 'देव' ही)। उस देव के द्वारा निर्मित राज्य में, प्रदत्त व्यवस्था में काव्य-नायिका रहती है और उसके संसाधनों का उपभोग करती हुई—प्रदत्त व्यवस्था में उपभोग की सभी वस्तुएँ देव-प्रदत्त हैं, पर व्यावहारिक रूप में प्रिय-पात्र की सब वस्तुएँ काव्य-नायिका को अपनी लगती हैं ('दीपक मेरा'), लेकिन प्रणय-निवेदन निरन्तर ठुकरानेवाले 'देव' को एक तो सम्बोधन का 'निर्मम' मिलता है, दूसरे वह आशीष-श्राप कि तुम्हारा राज्य 'पीड़ा' का राज्य है और कि इस राज्य में अँधियाला व्याप जाए। मेरी आस-साध यदि मिटी (दीपक का बुझना) तो फिर तुम्हारे राज्य के सुलभ संसाधनों का क्या करना! सम्भवत: एक क्षितिज है जिसको भेद देने से देव का अधिवास दिखने लगे। और क्षितिज के इस पार निहायत ही पृथ्वी या मर्त्यलोक है जिसमें काव्य-नायिका रहती है और अपने लोक का गर्व वहन करते हुए जी रही थी कि प्रेम का देवता आ पहुँचा इस पार—

सिखनि जीवन का संगीत
तभी तुम आए थे इस पार।

महादेवी के काव्य में शृंगार के संयोग-चित्र जितने हैं, सब अतीत के हैं। वर्तमान

में तो न मिलने का विरह है। मिलन भी बहुत बार का नहीं है। एक बार मिलना हुआ है और संचित रह गया है 'स्थायी' विरह। संयोग का व्यापक विवरण महादेवी के काव्य में मिलता है। स्मृति संवेग रूप में है और यही संवेग संयोग को सींचता रहता है। मिलन की घड़ियाँ गिनना और प्रत्याशा की बाटें जोहना अन्य प्रकार से मनोरम तथा कवि-समय की रीत्यात्मकता के साथ ही सुमेलित हैं। यहाँ स्मृत्याभास कल्पना मनोहर है, वहीं संयोग-क्षणों की मिलनोत्सुकता और शृंगार जनित स्त्रीपक्ष की तैयारियाँ अत्यन्त सरस हैं। लहराती आ रही है मधु-बयार, रसालों पर पागल पिक का आलाप उठ रहा है। काव्य-नायिका नव अशोक का अरुण राग अपने शिथिल चरणों में लगा रही है। अन्य आभरण के हित रजनीगंधा का पराग काम में लाया जा रहा है। कवरी यूथी की कलियों से सजाई जा रही है। वस्त्रादि में उज्ज्वल दुकूल को पाटल के सुरभित रंगों से रँगा जा रहा है। रसना में अलि-गुंजन से पूरित बकुल फूल मधु संभाषण के लिए गूँथे जाने लगे हैं। नयनों के कोर का काजल रजनी से माँगा जा रहा है। पथ में हरसिंगार के फूल बरसाये जा रहे हैं। मिलन की शृंगारोपम तैयारी ऐसी है! लेकिन मिलन-यामिनी कभी काव्य-नायिका को नसीब नहीं होती। लेकिन मिलनोत्कंठा बनी रहती है। 'नयन श्रवणमय' और 'श्रवण नयनमय' हुए जा रहे हैं। उत्तप्त मन को ऐसा लग रहा है कि 'दिन निशिकों और निशि दिन को बारी-बारी से कनक-रजत के मधु-प्याले पकड़ा रहे हैं और मन के कोर में गाहे-बगाहे आशा चमक उठती है—

मुस्काता संकेत भरा नभ
अलि क्या प्रिय आनेवाले हैं?

लेकिन प्रिय नहीं अते। वर्षों नहीं आते, तब 'जीवन विरह का जलजात' कहलाने लगता है और—

नित जलता रहने दो तिल-तिल
अपनी ज्वाला में उर मेरा (वही, पृ. 87)

कवयित्री प्रस्तावित ज्वाला नैसर्गिक मिलन-विरह की निष्ठित ज्वाला है; यह देह-ताप नहीं है। यह निश्छल धरित्री प्रेम है। इसमें अर्पण है, प्राप्ति शून्य है। प्रिय को चाहे सुख संचित हो प्रेयसी का संचय तो दुख है :

तुम मुझमें अपना सुख देखो
मैं तुममें अपना दुख प्रियतम! (वही, पृ. 77)

महादेवी ने अपने काव्य में स्त्री विरह को एक तार्किकता प्रदान की है। चूँकि उनकी कविता गलदश्रु भावुकता से सर्वथा मुक्त है, इसलिए यह कहना उचित है

कि भावों और विचारों का उनके काव्य में युगयत् सामंजस्य देखने को मिलता है। कवयित्री के द्वारा प्रस्तावित स्त्री का जीवन 'आँसुओं का कोष उर, दृग अश्रु की टकसाल' वाली उक्ति से ही संचालित नहीं होता, बल्कि कभी-कभी तो स्त्री 'वज्रादपि कठोरानि' भी संज्ञित दीखती है। अपने गद्य संसार में स्त्री की प्राकृतिक पहचान करते हुए उन्होंने लिखा था, "नारी के हृदय में जो अपना सजल वीर-भाव उत्पन्न होता है, वह पुरुष के उग्र शौर्य से अधिक उदात्त और भव्य होता है" (पथ के साथी, पृ. 40) वे स्त्री को काठ निर्मित बीन सी मानती है तथा उस बीन से निकलनेवाली रागिनी भी। महादेवी में स्त्री के कुछ रूपकों में स्त्री की प्रतिमा को सामंजस्य विधायिनी बताती हैं। वे स्त्री को एक ही साथ आस, हिमजल, पुलक, प्रस्तर आदि संज्ञाओं से भी अभिसिंचित करती हैं—

आग हूँ जिससे ढुलकते बिन्दु हिम जल के,
शून्य हूँ जिसके बिछे हैं पावड़े पल के;
पुलक हूँ वह जो पला है कठिन प्रस्तर में,
हूँ वही प्रतिबिम्ब जो आधार के उर में;
नील घन भी हूँ सुनहली दामिनी भी हूँ। (यामा, पृ. 94)

महादेवी के काव्य में स्त्री स्वर्ण पिंजर में प्रलय की वायु पालनेवाली स्त्री है(सजनि, मैंने स्वर्ण-पिंजर में प्रलय की वात पाला)। महादेवी का स्त्री-बोध ऐसा नहीं कि स्त्रियों की सम्मान प्राप्ति के समानान्तर पुरुषों का अनादर हो—

तुम को विधु के बिम्ब और मैं
मुग्धा रश्मि अजान
जिसे खींच लाते अस्थिर कर
कौतूहल के बाण! (वही, पृ. 65)

ऊपर के उदाहरण में अज्ञात प्रियतम के साथ अपना भी सम्मान सुरक्षित रखा गया है। 'विधु के बिम्ब' और 'मुग्धा रश्मि' में द्वैत भी नहीं है, अन्योन्य हैं दोनों।

महादेवी के काव्य का वैचारिक और शैक्षिक संसार भी देखते बनता है। उनके साहित्य की सचेतनता शैक्षिक अभिप्रायों से उदासीन नहीं है। काव्य में विनयवश शिक्षा के लायक उक्तियाँ स्वत: प्रस्तावित हो जाती हैं। कुछ काव्य पंक्तियाँ तो भारतीय जीवन-शैली के उच्चाशय को खोजती है :

कर जाता संसार सुरभिमय
एक सुमन झरता-झरता
भर जाता आलोक तिमिर में
लघु दीपक बुझता बुझता (वही, पृ. 99)

उपर्युक्त पंक्तियों में उपकारिता की शिक्षा हमें फूल और दीपक से मिल रही है।

महादेवी ने 236 गीत 'नीहार' से 'दीपशिखा' तक के काव्य-संकलनों में लिखें। ये गीत अपने सकल विन्यास में सर्वाधिक कलात्मक एवं सघन हैं। छायावाद में उनका-सा गीत लेखन किसी कवि ने नहीं किया। महादेवी गीत सृजन में लाघव प्राप्त थीं। उनमें काव्यगत शिक्षा थी। स्वार्जन तो सर्वाधिक था। उनके गीतों में हिन्दी काव्य-परम्परा का भारतीय तर्क है। गीतों में कथा भी है, केवल भाव-स्फोट नहीं है। इनके सभी गीतों को यदि एकतान पढ़ा जाए तो कथा-वैविध्य के साथ प्रस्तुति वैविध्य के भी दर्शन होंगे। महादेवी कविता कहने की शैली पर बल देती थीं। इसी कहने की शैली से एक कवि दूसरे से भिन्न होता है। महादेवी ने अपनी भिन्नता इसी आधार पर प्रदर्शित की। उनके काव्य में मानव-संसार का कोलाहल तो नहीं दीखता, परन्तु मानव कार्य-व्यापार उनके यहाँ अपरिमित एवं अक्षुण्ण हैं। प्रकृति के उपादानों के ब्योरे संस्कृति की अभिव्यक्तियाँ हैं। प्रकृति का विपुल संसार लेकर उनकी कविता पृथ्वी और आकाश के संवाद बहाल करती है।

छायावाद 'परिवर्तनों का समारोह' बन रहा था, जब महादेवी ने अपने समकालीनों के साथ मिलकर 'काव्य के केन्द्र' और प्रस्थान बदलने में अत्यन्त सक्रिय रहीं। छायावाद की नारी-अस्मिता का वे जोरदार प्रवर्तन करती हैं और पूरे छायावाद को आवर्तित करती हुई इस साहित्यिक प्रवृत्ति का गर्व करती हैं। वे छाया-युग की अकेली कवयित्री हैं जिन्होंने नारी-शक्ति को कविता के भीतर वाणी दी। स्वयं उनकी स्वीकारोक्ति है, "छाया-युग की नारी की शक्ति ने पुरुष की वासना-व्यवसायी दृष्टि को एक दीर्घ काल तक जहाँ का तहाँ ठहरा दिया।"

सुमित्रानन्दन पंत के काव्य में अप्रस्तुतविधान

बहादुर मिश्र

छायावादी बृहत्रयी में परिगणित सुमित्रानन्दन पंत (1900-1977 ई.) ने अपने जीवन-काल में कुल अड़तीस पुस्तकों का प्रणयन किया। इनमें इकतीस काव्य हैं, जिनका रचना-काल लगभग छह दशकों में व्याप्त है। 'वीणा' (1918 ई.) उनकी आरम्भिक काव्य-कृति है तो 'संक्रान्ति' (1977 ई.) अन्तिम।

अध्ययन की सुविधा के लिए पंत की काव्य-यात्रा को तीन चरणों में विभक्त किया जा सकता है—

1. छायावादी काव्य-चरण (1918-1934)
2. प्रगतिवादी काव्य-चरण (1935-1940) तथा
3. अन्तश्चेतनावादी काव्य-चरण (1947-1977)

वीणा (1918), ग्रंथि (1920), पल्लव (1926), गुंजन (1932) तथा ज्योत्स्ना (1934) पंत के प्रथम चरण की काव्य-कृतियाँ हैं तो युगान्त (1935), युगवाणी (1939) और ग्राम्या (1940) द्वितीय चरण की। स्वर्णकिरण (1947) से संक्रान्ति (1977) तक की उनकी काव्य-यात्रा 'बहि:' से 'अन्तर्', 'धरती' से 'आकाष' तक की यात्रा है। मूलत: उनके आत्ममंथन व आत्मविकास, प्रकारान्तर से 'शिव' से 'सत्य' की यात्रा है। उनका प्रथम काव्य-चरण सुन्दर का लीला-क्षेत्र रहा तो द्वितीय 'शिव' का।

इस प्रकार, उनकी काव्य-चेतना निरन्तर विकसनशील रही। उनकी यह प्रगतिशीलता मात्र 'अनुभूति तक सीमित नहीं, बल्कि अभिव्यंजना-पक्ष तक प्रसरित है।'

पंत के कथ्य और कथन-भंगिमा में अभेद की स्थिति ने उनकी काव्य-कला को अखंड सौन्दर्य में ढाल रखा है। ऐसी कला, जो अपने भीतर विराज रही मोती के पानी की तरह अन्तर-स्पर्श कर भाव-समर्पण करने वाली अभिव्यक्ति की छाया

है। डॉ. नगेन्द्र के शब्दों में, "तितली के पंखों से चुराई गई कला"। वे प्राय: अमूर्त भावनाओं को मूर्तता प्रदान करने के लिए मूर्तविधान का प्रयोग करते हैं तो मूर्त को अमूर्तता प्रदान करने के लिए अमूर्तविधान का। यह समग्र शैल्पिक सौन्दर्य-विधान अप्रस्तुतविधान की सृष्टि करता है।

अप्रस्तुतविधान प्रस्तुत (वर्ण्य विषय) के सदृश अप्रस्तुत (अवर्ण्य/उपमान/उपमेय/अवास्तविक) का निर्देश है। यह निर्देश प्रस्तुत के रूप, गुण, धर्म इत्यादि के प्रति भावोत्कर्ष (उद्दीपन) के निमित्त किया जाता है। इसके अन्तर्गत अलंकार के अतिरिक्त बिम्ब और प्रतीक भी आते हैं।

काव्य में प्रयुक्त होने वाले अप्रस्तुत मूर्त होते हैं अथवा अमूर्त। इस आधार पर अप्रस्तुतविधान के तीन भेद किये गए हैं—

1. मूर्तविधान या मूर्तिकरण
2. अमूर्तविधान या अमूर्तिकरण
3. मूर्तामूर्तविधान या मूर्तामूर्तिकरण।

पुन:, तीनों के दो-दो प्रकार; जैसे—(1.1) मूर्त प्रस्तुत के लिए मूर्त अप्रस्तुत, (1.2) अमूर्त प्रस्तुत के लिए मूर्त अप्रस्तुत, (2.1) मूर्त प्रस्तुत के अमूर्त अप्रस्तुत, (2.2) अमूर्त प्रस्तुत के लिए अमूर्त अप्रस्तुत, (3.1) मूर्त के लिए मूर्तामूर्त, (3.2) अमूर्त के लिए मूर्तामूर्त। इस तरह, अप्रस्तुतविधान के कुल छह प्रकार हुए।

1. मूर्तिकरण— मूर्त या अमूर्त प्रस्तुत के लिए मूर्त अप्रस्तुत का विधान मूर्तविधान अथवा मूर्तिकरण कहलाता है। इसे वस्तु या स्थूलविधान भी कहते हैं। इसके निम्न दो रूप हैं—

1.1 मूर्त प्रस्तुत के लिए मूर्त अप्रस्तुत— इसके अन्तर्गत मूर्त प्रस्तुत के लिए मूर्त अप्रस्तुत की योजना की जाती है। मूर्त अप्रस्तुत चेतन और अचेतन—दोनों हो सकते हैं। पंत-काव्य से दो उदाहरण देखे जा सकते हैं। पहला उदाहरण उनकी काव्य-कृति 'गुंजन' में संकलित प्रसिद्ध कविता 'नौका विहार' (1927) से लिया गया है; यथा—

मृदु मन्द-मन्द मन्थर-मन्थर, लघुतरणि हंसिनी-सी सुन्दर,
तिर रही, खोल पालों के पर।

इस अवतरण में कवि ने दुहरा अप्रस्तुतविधान किया है—पहला, पूर्णोपमा अलंकार के सहारे प्रस्तुत 'लघुतरणि' के लिए अप्रस्तुत 'हंसिनी' का प्रयोग और दूसरा, रूपक अलंकार की सहायता से 'पालों के पर' में प्रस्तुत 'पाल' के लिए अप्रस्तुत 'पर' का प्रयोग।

जिस तरह सुन्दर 'हंसिनी' मन्द-मन्द मन्थर गति से अपने पंख खोलकर नदी

की लहरों पर सन्तरण कर रही है, ठीक उसी तरह 'लघुतरणि' (नौका) भी पालों के सहारे नदी में सन्तरण कर रही है। यहाँ प्रस्तुत 'लघुतरणि' मूर्त है तो अप्रस्तुत 'हंसिनी' भी मूर्त। उसी तरह मोटे कपड़ों से बना 'पाल' मूर्त प्रस्तुत है तो 'पर' (पंख) मूर्त अप्रस्तुत। प्रस्तुत और अप्रस्तुत—दोनों मूर्त हैं। पंत ने मूर्तविधान का सटीक प्रयोग किया है।

दूसरा उदाहरण पल्लव की 'उच्छ्वास' (1921) कविता से द्रष्टव्य है—

जिसके चरणों में पला ताल
दर्पण-सा फैला है विशाल।

प्रथम पंक्ति में प्रस्तुत 'ताल' (तालाब) पद प्रस्तुत बनकर आया है, जबकि द्वितीय पंक्ति का 'दर्पण' (आईना) अप्रस्तुत बनकर। दोनों ही पद मूर्त हैं, अर्थात् दृश्य और स्पृश्य। प्रस्तुत तरल है तो अप्रस्तुत ठोस।

कविवर पंत के कहने का आशय यह है कि 'ताल' विशाल 'दर्पण' के समान पर्वत के चरणप्रान्त, अर्थात् तलहटी में फैला पड़ा है। ध्यातव्य है कि 'ताल' के पानी की निर्मलता को उद्भासित करने के लिए अप्रस्तुत-रूप में 'दर्पण' का प्रयोग किया गया है। हम 'दर्पण' को स्वच्छता-निर्मलता का प्रतिमान मानते हैं। अप्रस्तुत के रंग-साम्य के सहारे प्रस्तुत का भावोत्कर्ष हुआ है। यही नहीं, यहाँ 'ताल' का सही बिम्बन भी हुआ है। 'युगपथ' की 22वीं रचना में कवि ने मूर्तविधान का परम्परित प्रयोग किया है; यथा—'उकसे थे अँबियों से उरोज' (सु. नं. पंत ग्रंथावली : 2; पृ. 17) यहाँ कवि परम्परागत मूर्त अप्रस्तुत 'अंबिया' (टिकोला—शिशु आम) से 'उरोज' (वक्ष) की तुलना की है। दोनों मूर्त हैं। जो सादृश्य-विधान ऐसा नहीं कर पाता है, वह व्यर्थ है। बुद्धिनाथ झा 'कैरव' की ये पंक्तियाँ देखी जाएँ—"वस्तु-विधान द्वारा जहाँ प्रस्तुत के प्रति भावोत्कर्ष में सहायता नहीं पहुँचायी जाती, वहाँ अलंकर भी सम्पूर्ण सामग्री रखते हुए भी उसका विनियोग व्यर्थ हो जाता है।" (साहित्य साधना की पृष्ठभूमि, ज्ञानपीठ, पटना, 1964 ई, पृ. 125)

इस प्रकार के मूर्तिकरण का प्रयोग पंत ने अनेकत्र किया है।

1.2 अमूर्त प्रस्तुत के लिए मूर्त अप्रस्तुत— इस प्रकार के अप्रस्तुतविधान में अमूर्त प्रस्तुत के लिए मूर्त अप्रस्तुत का प्रयोग किया जाता है। इसके पीछे प्रयोक्ता-कवि का प्रयोजन अमूर्त भाव का मूर्तिकरण अर्थात् बिम्ब-सृष्टि होता है। दूसरे शब्दों में, अमूर्त प्रस्तुत की भाँति ही मूर्त अप्रस्तुत के प्रभाव की ग्राह्यता आवश्यक हो जाती है। डॉ. प्रतिमा कृष्णबल के शब्दों में—"इसके माध्यम से भाव-जैसी अमूर्त अनुभूति संवेद्य बनकर साकार एवं चित्रमय रूप धारण कर लेती है।" (छायावाद का काव्य-शिल्प; राधाकृष्ण प्रकाशन, दिल्ली; 1971; पृ. 265)

इस तरह की अप्रस्तुत योजना कवियों के लिए अपेक्षाकृत कठिन होती है;

क्योंकि जो भाव अमूर्त या भावात्मक हैं, उनके वैसे ही मूर्त अप्रस्तुत होने चाहिए, ताकि उचित भाव-साम्य बना रहे।

सुमित्रानन्दन पंत की काव्य-कृति 'वीणा' के बत्तीसवें गीत से लिया गया उदाहरण देखिए—

जब मेरा चिर संचित प्यार,
उमड़ उदधि-सा अतल अपार।

इसमें प्रस्तुत (वर्ण्य) 'प्यार' अमूर्त (सूक्ष्म) है, जबकि अप्रस्तुत 'उदधि' मूर्त। एक भाव है दूसरा तरल पदार्थ, अर्थात् पानी का संचित भंडार। 'उदधि' (समुद्र) के साथ 'चिरसंचित प्यार' की तुलना के पीछे कवि का उद्देश्य मूर्तविधान है। आँखों के सामने 'प्यार' उमड़ते अथाह सागर के रूप में प्रकट होता है। कवि ने प्यार की अतलता, तरलता और व्यग्रता-उदग्रता का सम्मूर्तन किया है। यही बात इसको अन्य प्यार से विलगाती है। इसके पूर्व कवि ने विशेषण-रूप में 'चिरसंचित' का साभिप्राय प्रयोग किया है। जिस तरह चिरसंचित जल थोड़ा-सा मार्ग (निकास) पाकर ही अबाध गति से प्रवाहित होने लगता है, उसी तरह 'प्यार' भी उमड़ पड़ा है। यहाँ उपमालंकार के सहारे साधर्म्य-निरूपण हुआ है। अप्रस्तुतविधान का यह रूप भी वस्तुमूलक दृष्टिकोण पर आश्रित है।

सुमित्रानन्दन पंत ने ऐसे अनेक प्रयोग कर रखे हैं। 'ग्रन्थि' में एक स्थल पर अमूर्त प्रस्तुत 'स्पृहा' के लिए मूर्त अप्रस्तुत 'ऊर्मि' (लहर) का प्रयोग हुआ है। उद्धरण द्रष्टव्य है—

वह स्पृहा जो ऊर्मि-सी उठ
...प्राण को
भेजती संवाद थी,...।

यहाँ कवि ने 'स्पृहा' (इच्छा) का औपम्य-विधान 'ऊर्मि' से कर सटीक बिम्बन किया है।

इस तरह, 'स्वप्न' (अमूर्त प्रस्तुत) की तुलना अश्रु (मूर्त अप्रस्तुत) से की है। 'ग्रन्थि' में इस तरह का मूर्तविधान अनेक स्थलों पर हुआ है। 'ग्रन्थि' ही क्यों, उनकी अन्य काव्य-कृतियों में भी ऐसे अनेकानेक उदाहरण देखे जा सकते हैं।

2. अमूर्तविधान/अमूर्तिकरण— जहाँ मूर्त या अमूर्त प्रस्तुत के लिए अमूर्त अप्रस्तुत का विधान होता है, वहाँ अमूर्तविधान/अमूर्तिकरण होता है। इसे भाव या सूक्ष्म विधान भी कहते हैं। प्रयोग के आधार पर इसके दो रूप मिलते हैं, जो निम्नलिखित हैं—

2.1 मूर्त प्रस्तुत के लिए अमूर्त अप्रस्तुत— काव्य में जहाँ मूर्त प्रस्तुत के

लिए अमूर्त अप्रस्तुत की योजना होती है, वहाँ अप्रस्तुत योजना का यह रूप होता है। यहाँ कवि का उद्‌देश्य प्रस्तुत के सूक्ष्म सौन्दर्य का अनावरण होता है, साथ ही पाठकों-श्रोताओं की मानसिक प्रतिक्रिया को अधिकाधिक अनुभूतिगम्य बनाना। अमूर्त से तात्पर्य उन वस्तुओं, बल्कि भावों से है, जिन्हें हम न तो छू सकते हैं, न ही देख पाते हैं। उन्हें हम मात्र अनुभूत कर सकते हैं। अँगरेजी में इसे 'एब्सट्रैक्ट' कहा जाता है। एक उदाहरण 'पल्लव' की उच्छ्‌वास कविता से देखा जाए—

सरल शैशव की सुखद सुधि-सी वही,
बालिका मेरी मनोरम मित्र थी।

यहाँ पंत जी ने मूर्त प्रस्तुत 'बालिका' के लिए अमूर्त अप्रस्तुत 'शैशव की सुखद सुधि' का प्रयोग कर रखा है, जो बिलकुल सही है। फलस्वरूप, जहाँ एक ओर प्रस्तुत के सूक्ष्म सौन्दर्य का उन्मीलन हुआ है, वहाँ दूसरी ओर उसकी अनुभूतिगम्यता बढ़ी है। कवि का विवक्षितार्थ यह है कि जिस प्रकार शिशुकालिक 'सुधि' (स्मृति) में मोहक सरलता (निश्छलता-निष्कपटता) रची-बसी होती है, उसी प्रकार का सारल्य (सादगी) बालिका में भी था। दूसरे शब्दों में कवि की बालिका-मित्र सरलता की साक्षात् प्रतिमूर्ति थी। इसमें साधर्म्य-निरूपण हुआ है।

एक उदाहरण 'स्वर्णकिरण' में संकलित कविता 'स्वर्णोदय' से देखिए—

नलिनी उर में लेटा हिमजल
बाल चेतना-सा तारोज्वल,
हँसमुख, निर्मल, चंचल। (सु.न.पंत ग्रंथावली-2; पृ. 228)

यहाँ पंत के कवि ने मूर्त प्रस्तुत 'हिमजल' के लिए अमूर्त अप्रस्तुत 'बाल-चेतना' का अमूर्तविधान किया है। दोनों के बीच साम्य का आधार उज्ज्वलता (निर्मलता) है।

इसी तरह अन्यत्र भी इसका प्रयोग देखा जा सकता है। किन्तु यह अप्रस्तुतविधान किंचित् दुरूह है। इसके मूल में प्रयोक्ता का प्रयोजन साधर्म्य-प्रतिपादन होता है। ऐसा करके कवि अपनी बात को प्रभावोत्पादक बनाता है। कविता की आधुनिक प्रवृत्तियों में अमूर्तविधान का स्थान ऊँचा माना गया है। इस दृष्टि से पंत का स्थान ऊँचा माना जाएगा।

2.2 अमूर्त प्रस्तुत के लिए अमूर्त अप्रस्तुत— इसमें अमूर्त प्रस्तुत के लिए अमूर्त अप्रस्तुत का ही प्रयोग होता है, अर्थात् दोनों सूक्ष्म या भाव-रूप। बुद्धिनाथ झा कैरव ने सही ही कहा है—"जहाँ प्रस्तुत और अप्रस्तुत दोनों भाव-रूप में, अर्थात् सूक्ष्म रहते हैं, वहाँ प्रस्तुत सूक्ष्म के प्रति अप्रस्तुत का चित्र भी सूक्ष्म ही उपस्थित किया जाता है।" (साहित्य-साधना की पृष्ठभूमि; पृ. 125)

यह अप्रस्तुतविधान का जटिलतम रूप है। इसके पीछे औपम्य की सूक्ष्मता

का निरूपण ही मुख्य होता है। इसमें वर्ण्य का मूर्तिकरण न कर उसके प्रभाव की आभ्यन्तर सूक्ष्मता को उभारकर सहज संवेद्य बनाना होता है। इसमें कल्पना-शक्ति की अतलता, तीक्ष्णता तथा चिन्तन की सूक्ष्मता जितनी अधिक होंगी, अप्रस्तुतविधान भी उतना ही प्रभविष्णु होगा।

सुमित्रानन्दन पंत की काव्य-कृति स्वर्णकिरण से एक उदाहरण द्रष्टव्य है—

स्निग्ध पूस की धूप, स्वर्ग-आशीर्वाद-सी
बरस रही भू पर शैशव के मुक्त ह्लाद-सी।

यहाँ कवि ने अमूर्त प्रस्तुत 'पूस की धूप' के लिए दो अमूर्त अप्रस्तुतों—'स्वर्ग-आशीर्वाद' तथा 'शैशव का मुक्त ह्लाद' का प्रयोग करते हुए अमूर्तिकरण का निदर्शन प्रस्तुत किया है। सचमुच पूस का महीना हाड़ को कँपकँपाने वाला होता है। इस माह में थोड़ी-सी पछिया हवा बह जाए तो और भी दुस्सह हो जाता है। प्रेमचन्द की कहानी 'पूस की रात' इसका उदाहरण है। इस माह में सूर्य कमजोर पड़ जाता है। कुहासा भी छाया रहता है। यदि ऐसे दुर्दिन में सूर्य की गुनगुनी धूप मिल जाए तो प्रतीत होता है स्वर्गिक आशीर्वाद की प्राप्ति हो गई हो। जैसे स्वर्ग, अर्थात् भगवान का आशीर्वाद अत्यन्त सुखद प्रतीत होता है, ठीक वैसी ही पूस की धूप। कवि ने दूसरे अप्रस्तुत के रूप में शैशव के उन्मुक्त आह्लाद का प्रयोग किया है। छोटे बच्चे का आह्लाद भी कम सुखद नहीं होता। ठीक इसी तरह ठिठुरन भरे पूस माह में मिलने वाली धूप प्रीतिकर प्रतीत होती है। कितना सटीक अप्रस्तुत विधान हुआ है!

दूसरा उदाहरण पंत की ग्राम्या काव्य-पुस्तक में संकलित 'वह बुड्ढा' (जनवरी, 1940) कविता से लिया गया है। देखा जाए—

उसका लम्बा डील-डौल है, हट्टी कट्टी चौड़ी
इस खँडहर में बिजली-सी उन्मत्त जवानी होगी दौड़ी।

यहाँ कवि ने बुड्ढे की 'जवानी' की तुलना 'बिजली' से की है। ध्यातव्य है कि प्रस्तुत (जवानी) और प्रस्तुत (बिजली)—दोनों अप्रस्तुत हैं। फलस्वरूप, यह अमूर्तविधान का निदर्शन कहा जाएगा। दोनों के बीच के साम्य का आधार साधर्म्य 'चपलता' है।

इस तरह, 'युगपथ' की कविता 'मर्यादा पुरुषोत्तम के प्रति' की यह पंक्ति भी अमूर्तिकरण का उदाहरण कहलाएगी; यथा—

जीवन के तम को, छाया-सा, सहज प्रणत कर।

यहाँ 'तम' व छाया क्रमशः प्रस्तुत-अप्रस्तुत हैं और दोनों ही अमूर्त।

अप्रस्तुतविधान का यह रूप भी दुरूह है, यद्यपि प्रबुद्ध कवि इसे अपनी चतुराई

से सहज बना लेता है। इसकी दुरूहता इस बात में निहित है कि इसमें प्रस्तुत और अप्रस्तुत—दोनों सूक्ष्म होते हैं, अर्थात् अनुभवगम्य मात्र।

3. मूर्त प्रस्तुत के लिए मूर्तामूर्त अप्रस्तुत— जहाँ एक या अधिक मूर्त प्रस्तुतों के लिए एक या अनेक मूर्त और अमूर्त अप्रस्तुतों का विधान किया जाता है, वहाँ मूर्त के लिए मूर्तामूर्त अप्रस्तुतविधान होता है। चूँकि, इसमें एक साथ दो अप्रस्तुत (मूर्त-अमूर्त) आते हैं, इसलिए स्वभावतः कवि को दुहरा प्रयत्न करना पड़ता है। यही नहीं उसे सचेत भी रहना पड़ता है, अन्यथा मूर्तामूर्तविधान में दूरारूढ़ता आ सकती है। इसके भी दो रूप होते हैं; यथा—

3.1 मूर्त प्रस्तुत के लिए मूर्तामूर्त अप्रस्तुत— इसमें मूर्त प्रस्तुत के लिए मूर्त और अमूर्त दो अप्रस्तुत प्रयुक्त होते हैं; जैसे—

नई-नई कोंपलें
फूट रही हैं
...
रतनार चितवन-सी,
शुभ्र पीत चिनगियों-सी। (कला और बूढ़ा चाँद/कोंपलें)

'कला और बूढ़ा चाँद काव्य-कृति' (1959) में संगृहीत 'कोंपलें' (1958) शीर्षक कविता से उद्धृत उपरिलिखित पंक्तियों में 'ललछौंहीं कोंपलें' मूर्त प्रस्तुत है, जबकि 'रतनार चितवन' और 'पीत चिनगियाँ' अप्रस्तुत। इनमें 'चितवन' तो अमूर्त है, पर 'चिनगियाँ' मूर्त। इस प्रकार यह मूर्त के लिए अमूर्त-मूर्तविधान का उदाहरण बना। दोनों के बीच रंग-साम्य है। कवि का उद्देश्य यहाँ बिम्बोद्भावना है।

3.2 अमूर्त के लिए मूर्तामूर्तविधान— अप्रस्तुत के इस रूप में अमूर्त प्रस्तुत के लिए मूर्त-अमूर्त या अमूर्त-मूर्त अप्रस्तुतों का विधान होता है। पंत जी ने इस तरह का भी अप्रस्तुतविधान बखूबी किया है। 'शंखध्वनि' काव्य-पुस्तक में संकलित कविता 'स्तुति के प्रति' की ये पंक्तियाँ द्रष्टव्य हैं—

उतर वस्त्र-सा देह-बोध छाया-सा गिर चरणों पर,
अपने में ही उसे अनावृत स्थिति रख सके निरन्तर।

यहाँ कवि ने अमूर्त प्रस्तुत 'देह-बोध' के लिए क्रमशः मूर्त अप्रस्तुत 'वस्त्र' तथा अमूर्त अप्रस्तुत 'छाया' का विधान किया है। 'देह-बोध' का औपम्य-विधान पहले 'वस्त्र' से किया गया है, तदुपरान्त 'छाया' से। इस प्रकार यहाँ कवि ने साधर्म्य-निरूपण किया है।

पंत जी ने अन्यत्र भी इस तरह का प्रयोग किया है। जिस प्रकार वाल्मीकि 'राम' का उलटा नाम जानकर ब्रह्म के समान 'ब्रह्मर्षि' हो गए, उसी प्रकार

हिन्दी-काव्य में उस युग की ज्योति 'छाया' बनकर हिन्दी काव्य को प्रतिष्ठित कर गई—वर्चस्वी बना गई। फलस्वरूप, छायावाद-युग को इतिहास में भक्तिकाल के बाद दूसरा गौरवपूर्ण स्थान प्राप्त हुआ। उसमें भक्तियुगीन भाव-तन्मयता व समग्रता का अभाव भले ही हो, पर उसकी साम्प्रदायिक एकांगिता से सर्वथा मुक्त रहकर विश्व-चैतन्य के संस्पर्श से युक्त अखिल मानव-समाज की कल्याण-भावना की लौ जगाता रहा। उपहास में दिया गया नाम 'छायावाद' उसके माथे का कलंक-टीका न बनकर अन्तर्प्रवाही प्राणधारा का साहित्यिक पर्याय बना गया। इस कार्य में उसका अभिव्यंजना-पक्ष बराबर का सहकारी रहा। इसमें अप्रस्तुतविधान की भूमिका की अवहेलना नहीं की जा सकती। इस पक्ष को लेकर सुमित्रानन्दन पंत अपेक्षाकृत सजग और सहज रहे।

सभ्यता विमर्श और कामायनी

पी. रवि

नए ज्ञान के साथ एक नई दुनिया बन गई
हम गोरे आदमी की राहों पर ला दिए गए
प्रसन्नता और कृतज्ञता से हमने सब मान लिया
तुम्हारी सारी चीजें हमारी जरूरतें बन गईं
लेकिन याद रखना
यदि जीवन शान्ति और खुशी के लिए है
गोरे, तुम्हें भी काफी बदलना होगा।

(आस्ट्रेलिया की कवयित्री ऊडजेरु नुनूकल की 'सभ्यता' शीर्षक कविता से।
वागर्थ पत्रिका से साभार)

आधुनिक सभ्यता का आविर्भाव पश्चिम में हुआ था। आधुनिक सभ्यता की भाँति आधुनिक सभ्यता की आलोचना का आरम्भ भी पश्चिम में ही शुरू हुआ था। पश्चिम में लियो तोल्स्तॉय, जॉन रस्किन, थामस कारलाइल, हेनरी डेविड थोरो, आर. डब्ल्यू एसर्सन, मैथ्यू अर्नाल्ड आदि ने आधुनिक सभ्यता की आलोचना की है। मैथ्यू अर्नाल्ड की उक्ति इस सन्दर्भ में बहुत प्रसिद्ध है—

This strange disease of modern life, with its sick hurry, its divided aims. सन् 1909 में गांधी ने अपनी 'हिन्द स्वराज' पुस्तक के जरिए इसको भारत में प्रस्तुत किया। वे इसके द्वारा भारतीय चिन्तनधारा की रक्षा और उसके सतत प्रवाह तथा यथार्थ को देखने-परखने तथा अनुभव करने का रास्ता खोजते थे। यानी भीतरी तौर पर अपने को ताकतवर बनाना, तद्द्वारा विकास की वर्तमान प्रक्रिया को चुनौती दे सकें तथा विकास और आधुनिकता की अवधारणा को बदल सकें। आधुनिक सभ्यता की सबसे बड़ी उपलब्धि सर्वनाश के भयानक हथियारों की खोज मानते गांधी औद्योगिक पूँजीवादी सभ्यता को मनुष्य एवं प्रकृति

के हितकारी नहीं मानते थे। इस सभ्यता में भोग एवं आडम्बर की प्रमुखता है, संयम, करुणा, पर की चिन्ता, प्रेम एवं सामाजिकता के लिए जगह नहीं है। इसलिए गांधी ने मशीनीकरण का विरोध किया था। उनके अनुसार मशीनीकरण से पूँजी एकत्रित होगी और एकत्रित पूँजी के भीतर हिंसा छिपी रहती है। दूसरी ओर वह मनुष्य के रोजगार को मिटा देता है, जिससे गरीबी, भूख आदि व्यापक हो जाएँगी। गांधी की इस विश्वदृष्टि पर नेल्सन मंडेला ने लिखा है कि "आज के सन्दर्भ में केवल गांधी ही विकसित औद्योगिक समाज की एक सम्पूर्ण समीक्षा है। अन्य लोगों ने इसके सर्वसत्तावाद की आलोचना की है, इसकी उत्पादन की व्यवस्था की नहीं। गांधी विज्ञान और टेक्नोलॉजी के विरुद्ध नहीं, लेकिन वे काम के अधिकार को प्राथमिकता देते हैं और मशीनीकरण का वहाँ तक विरोध करते हैं जहाँ वह इस अधिकार को छीन लेता है। गांधी का विचार है कि वह बाकी लोगों पर जुल्म करता है। गांधी छोटी मशीन के पक्ष में हैं, वे चाहते हैं कि व्यक्ति के काम करने के औजार उसके नियंत्रण में हों। उन दोनों में एक दूसरे पर निर्भरता और प्रेम का रिश्ता हो। आज जब हम रोजगार को छीननेवाली अर्थव्यवस्थाओं के चंगुल में हैं ऐसी अर्थव्यवस्थाएँ, जिसमें मुट्‌ठी भर लोग उपभोग करते हैं जबकि अवाम भुखमरी के शिकार हैं—ऐसी स्थिति में हम इस बात के लिए बाध्य हैं कि हम अपने वर्तमान वैश्वीकरण के मूलाधारों से गौर करें और गांधी के विकल्प पर पुनर्विचार करें।" (नेलसन मंडेला, मुक्ति का महायोद्धा : गांधी, टाइम पत्रिका, जनवरी 2000) याने गांधी इस पूँजीवादी आधुनिक सभ्यता के विकास से बहुत परेशान थे। 'हिन्द स्वराज' के छठे अध्याय में इसलिए उन्होंने लिखा है कि 'यह सभ्यता दूसरों का नाश करनेवाली और खुद नाशवान है।' इससे सन्तुष्ट न होने के कारण वे लिखते हैं कि पैगम्बर मोहम्मद के मुताबिक यह शैतानी सभ्यता है। हिन्दू धर्म इसे निरा कलजुग कहता है। सन् 1903 में पेरिस मेट्रो में हुई मानव त्रासदी पर अपनी दुख भरी प्रतिक्रिया व्यक्त करते हुए गांधी ने लिखा था कि "...आधुनिक सभ्यता की भव्य चमक-दमक के पीछे एक भयावह त्रासदी हमेशा छिपी और घटने के इन्तजार में रहती है। जीने की त्वरा और भोग की लिप्सा ने हमारे सोचने का जरा भी अवकाश नहीं रहने दिया है।" (वीरेन्द्रकुमार बरनवाल, नव सभ्यता विमर्श : हिन्द स्वराज, पृ. 38) आधुनिक सभ्यता के भौतिक पक्ष से भली-भाँति परिचित गांधी इसे मानवता के विकास के लिए हानिकारक ही मानते हैं।" चमकीली सतह, भौतिक आकर्षण और पागलों की उत्तेजना भरी भागदौड़ के बावजूद आधुनिक सभ्यता मनुष्य की आत्मा की जरूरतों और बेहतर जीवन की कामना के मार्ग में सहायक सिद्ध होने के बजाय, बाधक ही थी।" (वही, पृ. 38) भौतिक सुख-सुविधा की भागदौड़ मनुष्य जीवन को मानवता से अलग करेगी, यही गांधी का अभिमत है। भागदौड़ व स्पर्धा में हिंसा, मुनाफा, फायदा आदि आगे आते हैं। अपने विरोध को स्पष्ट करते हुए गांधी ने कहा था कि "मेरा पश्चिमी सभ्यता का

विरोध वास्तव में पश्चिमी देश के उस हेकड़ीपूर्ण दावे का विरोध है कि एशियाई देशों की नियति केवल पश्चिमी देशों की नकल करना है, उनमें किसी मौलिक चिन्तन या रचना की सामर्थ्य नहीं।" (पूरनचन्द्र जोशी, स्वप्न और यथार्थ : आजादी की आधी सदी, पृ. 40 से उद्धृत) उन्होंने स्वतंत्र भारत के लिए नैतिक विकेन्द्रित लोकतंत्र का प्रस्ताव रखते हुए आधुनिक सभ्यता पर आधारित उदार लोकतंत्र की जगह नया विकल्प रखा। इसके बारे में मस्तराम कपूर लिखते हैं कि "गांधी जी ने आधुनिक सभ्यता पर आधारित लोकतंत्र का विरोध किया था। उन्होंने हमारे स्वाधीनता आन्दोलन के दौरान पश्चिम के इस स्वार्थ चालित लोकतंत्र को अस्वीकार कर नैतिक लोकतंत्र की रूपरेखा प्रस्तुत की। उन्होंने शक्तिशाली की उत्तर जीविता को नकारकर निर्बल की उत्तर-जीविता का सिद्धान्त रखा।" (नैतिकता के नए सवाल, सं. राजकिशोर, पृ. 108)

औद्योगिक क्रान्ति के साथ सम्पूर्ण दुनिया का काया पलटने लगा। इसने उत्पादन एवं वितरण में एक क्रान्तिकारी परिवर्तन का आरम्भ किया। उत्पादन में हुई वृद्धि के साथ वे बाजार की खोज करने लगे। परिणामस्वरूप साम्राज्यवाद-उपनिवेशवाद की शुरुआत भी हुई। इसे मजबूत एवं स्थायी बनाने के लिए देशी संस्कृतियों को मिटाना अनिवार्य था, नहीं तो विरोध एवं प्रतिरोध की सम्भावनाएँ हैं, इससे वे वाकिफ थे। इसके औजार के रूप में पश्चिमी शिक्षा और धर्म के साथ आधुनिक सुविधाओं जैसे रेल, तार, मशीनों को ईजाद करने लगे। इस तरह ढाई सदी के भीतर विश्व भर में पश्चिमी सम्प्रभुता हावी हो गई। स्थानीय सभ्यता-संस्कृतियों के साथ वहाँ की उत्पादन प्रणालियाँ भी गायब होने लगीं। इस सिलसिले में उन्होंने सभ्य एवं असभ्य का द्वंद्व खड़ा करके पश्चिमी सभ्यता को श्रेष्ठ तथा अन्य संस्कृतियों को असभ्य सिद्ध किया। उनका उपदेश यह था कि सभ्य बनने के लिए हमारा चश्मा लगाओ और उससे विश्व को देख लें। यहाँ चश्मे (जीवन दृष्टि) के रूप में उपनिवेशी शिक्षा एवं सभ्यता को देख सकते हैं। इस सभ्यता के केन्द्र में सहिष्णुता एवं पर को समझने की आदत नहीं है, उसके मूल में मुनाफा एवं उपयोगितावादी व्यवहार हैं। हमें क्या? मुझे क्या फायदा है? पर आधारित इस आदत की वजह से प्रकृति और उसकी जैविकता रौंदी जाती है। प्रकृति एवं पर के प्रति क्रूर तथा नृशंस इस सभ्यता में साँस लेते मनुष्य उसके अनुरूप अभ्यस्त हो जाते हैं। ऐसे मनुष्य स्वार्थी, क्रूर एवं असामाजिक होते हैं। इस प्रकार के समाज से सामाजिक-राजनीतिक-सांस्कृतिक अभियान असली पटरियों से बाहर हो जाता है। इसकी ओर इशारा करते हुए सच्चिदानन्द सिन्हा ने लिखा है कि "अठारहवीं शताब्दी से यूरोप में शुरू हुई औद्योगिक क्रान्ति ने मनुष्य के विकास को प्रकृति की संरचना और उसकी स्वाभाविक प्रक्रियाओं के विरुद्ध अतिक्रमण या आक्रमण का रूप दे दिया।" (गांधीवाद रहे न रहे, सं. राजीव रंजन गिरी, पृ. 25) पूँजी पर आधारित औद्योगीकरण अर्थव्यवस्था को विकृत करता आ रहा है। यांत्रिकता इसकी उपज

है। वहाँ संवेदना के लिए जगह नहीं है। सर्वग्रासी मशीनीकरण आधुनिक सभ्यता का लक्षण है। ऐसे समाज में जीवन के सूचकांक का रेखांकन शुद्ध पानी, शुद्ध हवा, पौष्टिक भोजन से नहीं, उपभोग एवं क्रयशेषी के आधार पर निर्णीत होता है। इस झुटपुटे में सभ्यता एवं संस्कृति के अन्तर को भी मिटाते रहें। इन दोनों के बीच के अन्तर को हिन्दी साहित्यकोश यों स्पष्ट करता है—"हमारी समझ में संस्कृति और सभ्यता में अन्तर किया जाना चाहिए। सभ्यता से तात्पर्य उन आविष्कारों, उत्पादन के साधनों एवं सामाजिक-राजनीतिक संस्थाओं से समझना चाहिए, जिनके द्वारा मनुष्य की जीवन-यात्रा सरल एवं स्वतंत्रता का मार्ग प्रशस्त होती है। इसके विपरीत संस्कृति का अर्थ चिन्तन तथा कलात्मक सर्जन की वे क्रियाएँ समझनी चाहिए, जो मानव व्यक्तित्व और जीवन के लिए साक्षात् उपयोगी न होते हुए भी उसे समृद्ध बनानेवाली है।" (धीरेन्द्र वर्मा, पृ. 712)

सभ्यता का उद्‌भव पहले नदी के किनारे हुआ था पर औद्योगिक युग में कारखानों, मॉलों, बस व हवाई अड्डों या अन्य बड़ी संस्थाओं के अगल-बगल में हो रहा है। यानी मनुष्य सुविधा एवं फायदे को प्रथम स्थान देने लगे, और प्रकृति के साथ उसके सम्बन्ध को नजरअन्दाज करने लगे। इसके साथ पारस्परिकता तथा मानव-मूल्य जैसे-करुणा, दया, ममता, प्रेम, सहानुभूति आदि गायब होने लगे।

असन्तुलित अर्थव्यवस्था समाज में यांत्रिकता को बढ़ावा देती है, सामाजिकता और उस पर आधारित मानवता को मिटा देती है। औद्योगिक सभ्यता में मुनाफा, सुविधा, उपभोग एवं मादकता के लिए जगह है, न कि मानव गुणों के लिए। इस सन्दर्भ में गांधी ने पूँजीवादी औद्योगिक सभ्यता के मूल में निहित हिंसा को देखा था। सुविधा एवं समय लाभ के नाम पर पहले यंत्रों का निर्माण तथा उपयोग का स्वागत किया गया। लेकिन वह पूँजी के केन्द्रीकरण एवं शोषण का हेतु बन गया। सुविधा सम्पन्न मध्यवर्ग उपभोग को जीवन का मापदंड मानने लगा। ऐसे भोगातुर मादक जीवन को स्वतंत्रता आन्दोलन कालीन जन कोई महत्त्व नहीं देते थे। वे पश्चिमी हेकड़ी एवं मादकता का विरोध करके नैतिक होना चाहते थे। इसके लिए भारतीय इतिहास एवं संस्कृति का आधार ढूँढ़ते रहें। इस संस्कृति की विशेषता के बारे में निर्मल वर्मा 'ढलान से उतरते हुए' में लिखते हैं कि "दुनिया की अन्य सभ्यताओं की तुलना में भारतीय संस्कृति का यह एक विशेष संस्कार रहा है कि उसने कभी मनुष्य को प्रकृति से ऊपर नहीं माना, बल्कि प्रकृति और मनुष्य के बीच एक ऐसे पवित्र और सन्तुलित सम्बन्ध की परिकल्पना की, जहाँ दोनों एक-दूसरे के प्रतिद्वंद्वी नहीं, एक-दूसरे के पोषक हैं।" प्रेमचन्द, प्रसाद, निराला आदि ने 1930 के आसपास में ही इस औद्योगिक सभ्यता का विरोध किया था। 'कामायनी' मनु या उसके वर्ग की, अपने को नियामक और कर्ता समझने की प्रवृत्ति तथा मादक जीवन रीति की आलोचना करती है।

अभिजात वर्ग औद्योगिक सभ्यता को स्थायी एवं सत्य मानकर अपने को सबका नियंता मानता है। वह प्रकृति को भी उपभोग की वस्तु मानकर व्यवहार करने लगा है। पूँजी एवं प्रौद्योगिकी को सबसे ताकतवर मानने लगा। धरती की सम्पूर्ण सुविधाओं को उसने अपने चारों ओर केन्द्रीकृत किया, कैद कर दिया। यह वर्ग अन्यों की परवाह नहीं करके धरती और उसके सम्पूर्ण चराचर उसके भोग-विलास के साधन बन गए। कामायनी का मनु उक्त वर्ग का प्रतिनिधित्व करता है।

सुख, केवल सुख का वह संग्रह, केन्द्रीभूत हुआ इतना,
छायापथ में नव तुषार का सघन मिलन होता जितना।

लेकिन प्रकृति पर विजय हासिल करने का, मनु के इस वर्ग का प्रयास असफल रहा और उसके अहंकार के साथ उसकी सभ्यता भी प्रलय के पानी में डूब गई। प्रकृति के भीषण तांडव में उसका सारा वैभव धराशायी हो गया। यह वर्ग धरती को भी अपनी सम्पत्ति के रूप में तब्दील कर रहा था।

सब कुछ
थे स्वायत्त, विश्व के-बल, वैभव, आनन्द अपार,

उद्वेलित लहरों सा होता उस समृद्धि का सुख संसार।

प्रसाद के अनुसार इस तरह का निरंकुश विकास और उस पर आधारित उच्छृंखल जीवन स्थायी नहीं है। इनके भोग-विलास से पृथ्वी का अस्तित्व तक खतरे में पड़ गया। पृथ्वी का विनाश हो रहा था, औद्योगीकरण के चपेट में धरती भी काँपने लगी थी। धरती का, प्रकृति का विनाश औद्योगिक सभ्यता का अनिवार्य परिणाम हो गया। ऐसी सभ्यता की आलोचना प्रसाद यों करते हैं—

शक्ति रही हाँ शक्ति प्रकृति थी पद-तल में विनम्र विश्रांत
काँपती धरणी उन चरणों से होकर प्रतिदिन ही आक्रांत।

इस सभ्यता के पहिए के नीचे गाँव, गाँव के लोग ही नहीं, सम्पूर्ण प्रकृति नाश के कगार पर पहुँच गई है। इस तरह की लूट, लम्पट जीवन और उपभोग में जीवन की सार्थकता ढूँढ़ती यह जीवन शैली पूँजी को सिरहाने पर रखती आ रही है। उस वर्ग के जीवन-दर्शन में न पर है, न प्रकृति है, न समाज है। उसके स्वार्थ ने सबको लीलने के लिए मुँह खोल रखा है। अन्यों के सुख में अपना सुख ढूँढ़ने की आवश्यकता की परवाह नहीं करता है। मनु और उसका वर्ग प्रवृत्तिमार्ग में आगे बढ़ना नहीं चाहते हैं, वासना में, विलास में सराबोर होकर अन्यों पर अधिकार जमाकर जीने को उद्यत रहते हैं। वे सिर्फ भोग के पक्ष में हैं, काम और रति के

बीच सामंजस्य लाने के पक्ष में नहीं हैं। जिस तरफ श्रद्धा मनु को ले जाना चाहती है, मनु को निमंत्रण देती है उस रास्ते पर चलने को वह तैयार नहीं होता है। उसके लिए श्रद्धा की देह मात्र की जरूरत है। श्रद्धा के अनुसार अन्य प्राणियों को भी धरती पर जीने का अधिकार है। अन्यों पर वर्चस्व स्थापित करने वालों के जीवन दर्शन के मूल में हिंसा है, पाशविकता है। लेकिन मनु जीवन में जितना लूट सकें उतना लूट लें, भोग लें, इसी में जीवन की सार्थकता देखता है, और अपनी भलाई समझता है। भोग में अतिरंजित आस्था रखता मनु अपने सुख-भोग एवं आनन्द की तलाश सदा करता रहता है। लेकिन श्रद्धा कभी भी इस जीवन दर्शन से सहमत नहीं होती है। उसके अनुसार यह सुख नहीं, स्वार्थ का पराकाष्ठा है। यदि असली सुख चाहते हो तो तुम दूसरों को भी सुखी बनाने की कोशिश करो। अन्यों के दुख-दर्द एवं परेशानियों को समझने और सुखी बनाने का प्रयत्न करो और उसमें अपने सुख की तलाश करो।

अपने में सब कुछ भर कैसे व्यक्ति विकास करेगा,
यह एकान्त स्वार्थ भीषण है, अपना नाश करेगा।
औरों को हँसते देखो मनु हँसो और सुख पाओ,
अपने सुख को विस्तृत कर लो सबको सुखी बनाओ।

मनु ने श्रद्धा को जो आश्वासन दिया है वह झूठा था, इसलिए उसके बाद भी हर कहीं फिर से वह हिंसा में आनन्द ढूँढ़ता दिखाई देता है। वह मृगया में, हिंसा में प्रवृत्त होता है और श्रद्धा से दूर रहने लगता है। गर्भवती श्रद्धा भविष्य को, याने आनेवाले बच्चे को लेकर चिन्तित दिखाई देती है। उसकी शारीरिक कान्ति भी ढीला होने लगती है। श्रद्धा के साथ हमेशा भोग में लीन होना चाहता मनु इससे बेचैन होने लगा, अन्दर ही अन्दर जलने लगा। आखिर वह श्रद्धा को छोड़कर चला गया और इड़ा से मिलता है। उससे भी वह कामुकता प्रदर्शित करने लगता है। हर कहीं वह अपना अधिकार भी दिखाना चाहता है—

मैं शासक, मैं चिर स्वतंत्र, तुम पर भी मेरा—
हो अधिकार असीम, सफल हो जीवन मेरा।

इससे इड़ा ही नहीं, प्रजा एवं प्रकृति भी रुष्ट होने लगीं। इड़ा पर अपना अधिकार जमाने वाले, राज्य एवं प्रजा पर अधिकार जमाने वाले मनु का विरोध जनता करने लगी। तब भी मनु दावा करता रहता है कि मैं ही तुम्हारा शासक हूँ और मैंने ही तुम्हें सभ्य बनाया है, सुख की सामग्रियाँ एकत्रित की हैं। यहाँ पौर्वात्यवादियों की आवाज एशियाई देशों का भविष्य पश्चिम के अनुकरण एवं अनुसरण में है—स्पष्ट झलकती है—

तुम्हें तृप्ति कर सुख के साधन सकल बताया,
मैंने ही श्रम-भाग किया फिर वर्ग बनाया।

लेकिन जनता इस दावे को मानने के लिए तैयार नहीं, उसका तिरस्कार करने लगी। तुमने सुख से अधिक दुख ही दिया। सब्जबाग दिखाकर कष्ट में डाल दिया। यंत्रों का आविष्कार करके तुमने हमारी प्रकृत शक्ति छीन ली, हमारी उत्पादन प्रणाली को ध्वस्त करके हमारे जीवन का सर्वनाश कर दिया।

तुमने योगक्षेम से अधिक संचय वाला,
लोभ सिखाकर इस विचार-संकट में डाला।

हम संवेदनशील हो चले यही मिला सुख, कष्ट समझने लगे बनाकर निज कृत्रिम दुख!

प्रकृत-शक्ति तुमने यंत्रों से सब की छीनी!
शोषण कर जीवनी बना दी जर्जर झीनी!

मनु कुटीर उद्योग, परम्परागत उद्योग-धंधे, खेती सब उजाड़ दिए गए। इसको लेकर देशी जनता और मनु के बीच संघर्ष शुरू हुआ, देश कंकाल हुआ। मनु भी जख्मी हुआ। मनु की तलाश में निकले श्रद्धा और मानव से आखिर कहता है कि मुझे तर्क ने भ्रमित कर दिया था और स्वार्थ में अन्धा होकर मैं तुम्हें छोड़कर सुख भोग का पीछा करता रहा। इसमें अपने को दोषी कहती इड़ा से श्रद्धा कहती है कि तुम तर्क बुद्धि की कैद में पड़कर संवेदन हीन हो गई। पारस्परिकता एवं हृदयपक्ष की उपेक्षा करके दूसरों को शत्रु मानने लगी। दोनों का मिलन अनिवार्य है, तभी समाज कल्याण सम्भव होगा। हृदय परिवर्तन कराना श्रद्धा का उद्देश्य है। घोर स्वार्थ की उपेक्षा के बिना मनुष्य को शान्ति नहीं मिलेगी, आनन्द प्राप्ति नहीं होगी। वह हमेशा महत्त्वाकांक्षा की भट्टी में जलकर पर-पीड़ा एवं हिंसा का रास्ता अपनाएगा। कामायनी के इस पक्ष को, उसके जीवन दर्शन को स्पष्ट करते हुए 'कामायनी : उपभोक्तावादी संस्कृति की आलोचना' शीर्षक लेख में श्रीभगवान सिंह लिखते हैं कि "इड़ा और मनु दोनों के ऊपर श्रद्धा को महत्त्व देकर या दोनों को श्रद्धा की अधीनता में लाकर प्रसाद इस सत्य का बोध कराना चाहते हैं कि आधुनिक सभ्यता अपने आविष्कारों, नवनिर्माणों की उपलब्धियों से गर्वोन्मत्त होकर जितनी आगे बढ़ेगी, मानव समाज उतना ही समस्या संकुल होगा। अतएव मानव अस्तित्व की शान्ति एवं सुरक्षा के लिए आवश्यक है, श्रद्धा सूत्र को अपनाना, जो एक तरफ भौतिक आवश्यकताओं में न्यूनता लाकर यांत्रिक सभ्यता की वांछनीयता को कम करता है, तो दूसरी तरफ अतिशय उपभोक्तावाद पर अंकुश लगाकर मनुष्य और प्रकृति

के बीच सह अस्तित्व, मैत्री स्थापित करने का मार्ग निर्दिष्ट करता है।" (आलोचना त्रैमासिक अंक 7-8, पृ. 157) अन्त में हृदय परिवर्तित मनु स्वीकार करता है—

मनु ने कुछ-कुछ मुस्क्या कर कैलास ओर दिखलाया,
बोले, 'देखो कि यहाँ पर कोई भी नहीं पराया।
हम अन्य न और कुटुम्बी हम केवल एक हमीं हैं,
तुम सब मेरे अवयव हो जिसमें कुछ नहीं कमी है।'

मनुष्य और समाज उसके बुनियादी गुणों से वंचित होने लगे हैं। दया, करुणा, प्रेम, पारस्परिकता तथा परपीड़ा का कद्र करना आज के जीवन में कम-से-कमतर होने लगे हैं। अपनी-अपनी सुविधा की तलाश करते और उक्त सुविधा में राहत ढूँढते मनुष्य क्या मनुष्य कहलाने योग्य है? ऐसी हालत में मनुष्य एवं समाज सांस्कृतिक संकट की शिकायत करते हैं। आधुनिक सभ्यता के धक्के का सामना नहीं करते मनुष्य व समाज आधुनिक सभ्यता की चमक को, चकाचौंध को संस्कृति के रूप में अपनाने को मजबूर होते हैं। सभ्यता विमर्श के विचारकों ने ऐसी आगामी स्थिति के प्रति सैकड़ों साल पहले ही आगाह किया था। पर आधुनिक सभ्यता एवं उसकी सुविधा की जलवायु में, स्वार्थ एवं तत्कालीन फायदे को लक्ष्य करके ऐसी चेतावनियों को लोग नजरअन्दाज करते आ रहे हैं। कामायनी के द्वारा प्रसाद भी इस अन्धाधुंध उन्मत्त जीवन की आलोचना करते हैं।

परिशिष्ट

रामचन्द्र शुक्ल

"'छायावाद' शब्द का प्रयोग दो अर्थों में समझना चाहिए। एक तो रहस्यवाद के अर्थ में, जहाँ उसका सम्बन्ध काव्य-वस्तु से होता है अर्थात जहाँ कवि उस अनन्त और अज्ञात प्रियतम को आलम्बन बनाकर अत्यन्त चित्रमयी भाषा में प्रेम की अनेक प्रकार से व्यंजना करता है। रहस्यवाद के अन्तर्भूत रचनाएँ पहुँचे हुए पुराने सन्तों या साधकों की उस वाणी के अनुकरण पर होती हैं जो तुरियावस्था या समाधि-दशा में नाना रूपकों के रूप में उपलब्ध आध्यात्मिक ज्ञान का आभास देती हुई मानी जाती थी। इस रूपकात्मक आभास को यूरोप में 'छाया' (फैंटसमाटा) कहते थे। इसी से बंगाल में ब्रह्म समाज के बीच उक्त वाणी के अनुकरण पर जो आध्यात्मिक गीत या भजन बनते थे वे 'छायावाद' कहलाने लगे। धीरे-धीरे यह शब्द धार्मिक क्षेत्र से वहाँ के साहित्य-क्षेत्र में आया और फिर रवीन्द्र बाबू की धूम मचने पर हिन्दी साहित्य-क्षेत्र में भी प्रकट हुआ।" (हिन्दी साहित्य का इतिहास, रामचन्द्र शुक्ल रचनावली, खंड 1, राजकमल प्राकाशन, 2016, पृ. 562-63)

'छायावाद' शब्द का दूसरा प्रयोग काव्य-शैली या पद्धति-विशेष के व्यापक अर्थ में है। सन् 1885 में फ्रांस में रहस्यवादी कवियों का एक दल खड़ा हुआ जो प्रतीकवाद (सिंबालिस्टस) कहलाया। वे अपनी रचनाओं में प्रस्तुतों के स्थान पर अधिकतर अप्रस्तुत प्रतीकों को लेकर चलते थे। इसी से उनकी शैली की ओर लक्ष्य करके 'प्रतीकवाद' शब्द का व्यवहार होने लगा। आध्यात्मिक या ईश्वर-प्रेम-सम्बन्धी कविताओं के अतिरिक्त और सब प्रकार की कविताओं के लिए भी प्रतीक शैली की ओर वहाँ प्रवृत्ति रही। हिन्दी में 'छायावाद' शब्द का जो व्यापक अर्थ में—रहस्यवादी रचनाओं के अतिरिक्त और प्रकार की रचनाओं के सम्बन्ध में भी—ग्रहण हुआ वह इसी प्रतीक शैली के अर्थ में। छायावाद का सामान्यतः अर्थ हुआ प्रस्तुत के स्थान पर उसकी व्यंजना करने वाली छाया के रूप में अप्रस्तुत

का कथन। इस शैली के भीतर किसी वस्तु या विषय का वर्णन किया जा सकता है।" (वही, पृ. 563)

"'छायावाद' का केवल पहला अर्थात् मूल अर्थ लेकर तो हिन्दी-काव्य-क्षेत्र में चलने वाली श्री महादेवी वर्मा ही है। पंत, प्रसाद, निराला इत्यादि और सब कवि प्रतीक-पद्धति या चित्रभाषा शैली की दृष्टि से ही छायावादी कहलाए।" (वही)

"रहस्यवाद के भीतर आनेवाली रचनाएँ तो थोड़ी या बहुत सभी ने...की हैं,पर उनकी शब्द-कला वासनात्मक प्रणयोद्गार, वेदना-विवृत्ति, सौन्दर्य-संघटन, मधुचर्य्या, अतृप्ति व्यंजना इत्यादि में अधिकतर नियुक्त रही। जीवन के अवसाद, विषाद और नैराश्य की झलक भी उनके मधुमय गानों में मिलती रही। इसी परिमित क्षेत्र के भीतर चित्रभाषा-शैली का वैलक्षण्य के साथ वे प्रदर्शन करते रहे।...वैलक्षण्य लाने के लिए अंग्रेजी की लाक्षणिक पदावलियों के अनुवाद भी ज्यों-के-त्यों रखे जाते रहे। जिनकी प्रवृत्ति लाक्षणिक वैचित्र्य की ओर कम थी वे बंगभाषा के कवियों के ढंग पर श्रुतिरंजक या नादानुकृत पदावली गुम्फित करने में अधिक तत्पर दिखाई दिए।" (वही)

"अन्योक्ति-पद्धति का अवलम्बन भी छायावाद का एक विशेष लक्षण हुआ।... छायावाद का चलन द्विवेदी-काल की रूखी इतिवृत्तात्मकता की प्रतिक्रिया के रूप में हुआ था। अतः इस प्रतिक्रिया का प्रदर्शन केवल लक्षण और अन्योक्ति के प्राचुर्य के रूप में ही नहीं, कहीं-कहीं उपमा और उत्प्रेक्षा की भरमार के रूप में भी हुआ।" (वही)

"छायावाद की रचनाएँ गीतों के रूप में ही अधिकतर होती हैं। इससे उनमें अन्विति कम दिखाई पड़ती है। जहाँ यह अन्विति होती है वहीं समूची रचना अन्योक्ति-पद्धति पर की जाती है। इस प्रकार साम्य-भावना का ही प्राचुर्य हम सर्वत्र पाते हैं। यह साम्य-भावना हमारे हृदय का प्रसार करने वाली, शेष सृष्टि के साथ मनुष्य के गूढ़ सम्बन्ध की धारणा बँधाने वाली, अत्यन्त अपेक्षित मनोभूमि है। इसमें सन्देह नहीं, पर यह सच्चा मार्मिक प्रभाव वहीं उत्पन्न करती है जहाँ यह प्राकृतिक वस्तु या व्यापार से प्राप्त सच्चे आभास के आधार पर खड़ी होती है।" (वही, पृ. 566)

नामवर सिंह

"स्वानुभूति, कल्पना, प्रकृति का मानवीकरण, आध्यात्मिक छाया, मूर्तिमत्ता, लाक्षणिक विचित्रता आदि छायावाद की विशेषताएँ कही जाती हैं।...वस्तुतः ये सभी विशेषताएँ कमोबेश कहीं-न-कहीं अन्यत्र भी मिल जाती हैं; लेकिन एकत्र ही छायावाद के

अतिरिक्त किसी एक युग के काव्य में इतनी प्रचुरता के साथ नहीं मिलती। इसका अर्थ यह है कि स्वानुभूति, कल्पना, प्रकृति का मानवीकरण आदि में कोई कार्य-कारण-सम्बन्ध है और ये किसी एक ही मनोवृत्ति की तर्कसंगत परिणति हैं। इस मनोवृत्ति को ठीक-ठीक समझे बिना छायावाद के किसी विवेचन में सुसंगति और व्यवस्था नहीं आ सकती।" (छायावाद, 1979, भूमिका)

"छायावाद का सारा सौन्दर्य व्यक्ति की स्वाधीनता की भावना से उत्पन्न हुआ है और वह स्वाधीनता भी व्यक्ति के माध्यम से सम्पूर्ण समाज की स्वाधीनता की अभिव्यक्ति है।...छायावाद में स्वाधीनता संग्राम के कुछ पहलू छूट गए हैं और कहीं-कहीं छाया भी बहुत धुँधली और मूल से दूर चली गई है। फिर भी छायावाद की कविता से राष्ट्रीय जागरण का पर्याप्त आभास मिलता है।" (वही)

"शुरू-शुरू में जिस अस्पष्टता के लिए छायावाद शब्द चलाया गया, वही थोड़ा नाम बदलकर मुकुटधर पांडेय और आचार्य शुक्ल से होती हुई नन्ददुलारे वाजपेयी और नगेन्द्र तक आई और अब भी अनेक विद्यार्थियों का संस्कार बन गई है। सुशील कुमार की अस्पष्टता, मुकुटधर की आध्यात्मिकता, आचार्य द्विवेदी का रहस्य, शुक्ल जी का आध्यात्मिक छायाभास, वाजपेयी का 'आध्यात्मिक छाया का भान' और नगेन्द्र का 'स्थूल के प्रति सूक्ष्म का विद्रोह' सब एक ही चिन्तन-क्रम में हैं।" (वही, पृ. 17)

"छायावाद नाम सबसे पुराना होने के साथ ही प्रसाद, निराला, पंत और महादेवी की कविता के लिए रूढ़ भी हो गया है। ऐसी हालत में 'छायावाद' शब्द का अर्थ चाहे जो हो, परन्तु व्यावहारिक दृष्टि से यह प्रसाद, निराला, पंत, महादेवी की उन समस्त कविताओं का द्योतक है जो 1918 से 36 ई. के बीच लिखी गईं। छायावाद की मनमानी परिभाषा करने की अपेक्षा उसके ऐतिहासिक और व्यावहारिक अर्थ को स्वीकार करना अधिक वैज्ञानिक है।" (वही, पृ. 19)

"रीतिकाल और छायावाद की कविता के रूप-विन्यास में वही अन्तर है जो दोनों युगों की नारियों अथवा पुरुषों के रूप-विन्यास में अन्तर है।...रीतिकाल और छायावाद की कविता के रूप-विन्यास का अन्तर अलंकारों की बहुलता और न्यूनता का नहीं, बल्कि उन अलंकारों के पीछे काम करने वाली रुचि अथवा सौन्दर्य-भावना का है। एक के पीछे मध्ययुगीन रुचि है तो दूसरी के पीछे आधुनिक रुचि। ऐतिहासिक विकास के परिणामस्वरूप आधुनिक युग ने मध्य युग के अधिकांश अलंकारों और वेश-विन्यास के ढंग छोड़ दिये।" (वही, पृ. 94-95)

"छायावादी कविता अपनी अतिशय नागरिकता अथवा नागरता के बावजूद लोक-तत्त्वों से मुक्त थी। छायावाद जिस सांस्कृतिक जागरण का परिणाम था और आगे चलकर उसने जिस स्वाधीनता-आन्दोलन का साथ दिया, वह स्वयं मध्यवर्गीय नेतृत्व में लोकजीवन का जागरण और आन्दोलन था।" (वही, पृ. 115)

"बीस वर्षों के इतिहास में छायावाद ने क्रमशः काफी रूप बदला। पैंतीस-छत्तीस तक जाते-जाते छायावाद वही नहीं रह गया, जो सोलह या अठारह में था। छायावाद के इस क्रमिक विकास की ओर स्वयं छायावादी कवियों तथा आलोचकों ने भी ध्यान दिया है। अन्य काव्य-धाराओं की तरह छायावाद में भी क्रमशः भावों का प्रसार हुआ और भावना तथा रूप-विन्यास में प्रौढ़ता आई।" (वही, पृ. 139)

"छायावाद हिन्दी साहित्य की परम्परा की एक महत्त्वपूर्ण कड़ी है। इसका जन्म 'हमारे साहित्य' की विशेष सामाजिक और साहित्यिक परिस्थितियों में हुआ और फिर विशेष परिस्थितियाँ उत्पन्न हो जाने के कारण इनका पर्यवसान भी हो गया। पर अब यह हिन्दी साहित्य के इतिहास में एक स्थापित सत्य है।" (वही, पृ. 152)

जयशंकर प्रसाद

"कविता के क्षेत्र में पौराणिक युग की किसी घटना अथवा देश-विदेश की सुन्दरी के बाह्यवर्णन से भिन्न जब वेदना के आधार पर स्वानुभूतिमयी अभिव्यक्ति होने लगी, तब हिन्दी में उसे छायावाद के नाम से अभिहित किया गया। रीतिकालीन प्रचलित परम्परा से जिसमें बाह्य वर्णन की प्रधानता थी—इस ढंग की कविताओं में भिन्न प्रकार के भावों की नये ढंग से अभिव्यक्ति हुई।...बाह्य उपाधि से हटकर आन्तर हेतु की ओर कवि-कर्म प्रेरित हुआ।" ('यथार्थवाद और छायावाद', काव्य और कला तथा अन्य निबन्ध, पंचम संस्करण, संवत् 2015, पृ. 121-22)

"हिन्दी ने आरम्भ के छायावाद में अपनी भारतीय साहित्यिकता का ही अनुसरण किया। कुन्तक के शब्दों में अतिक्रान्त प्रसिद्ध व्यवहार सरणि के कारण कुछ लोग इस छायावाद में अस्पष्टवाद का भी रंग देख पाते हैं।...सिद्धान्त में ऐसा रूप छायावाद का ठीक नहीं कि जो कुछ अस्पष्ट, छाया-मात्र हो, वास्तविकता का स्पर्श न हो, वही छायावाद है। ...मूल में यह रहस्यवाद भी नहीं है। प्रकृति विश्वात्मा की छाया या प्रतिबिम्ब है, इसलिए प्रकृति को काव्यगत व्यवहार में ले आकर छायावाद की सृष्टि होती है, यह सिद्धान्त भी भ्रामक है।" (वही, पृ. 125-26)

"छाया भारतीय दृष्टि से अनुभूति और अभिव्यक्ति की भंगिमा पर अधिक निर्भर करती है। ध्वन्यात्मकता, लाक्षणिकता, सौन्दर्यमय प्रतीक-विधान तथा उपचार वक्रता के साथ स्वानुभूति की विवृत्ति छायावाद की विशेषताएँ हैं। अपने भीतर से मोती के पानी की तरह अन्तर स्पर्श करके भाव समर्पण करने वाली अभिव्यक्ति छाया क्रान्तिमयी होती है।" (वही, पृ. 126)

सुमित्रान्दन पंत

"काव्य-वस्तु तथा जीवन-बोध आदि की दृष्टि से छायावाद के बीज सृजन-चेतना की भूमि में 19वीं शती के उत्तरार्द्ध से भी पहिले पड़ने आरम्भ हो गए थे। ××× द्विवेदी के वयोवृद्ध साहित्यिकों तथा आलोचकों ने, अपने काव्य-सम्बन्धी पूर्वाभ्यासों से उस नई काव्य-वस्तु की संगति न बिठा सकने के कारण, तथा नवीन कला-बोध के अपनी अधिक स्पष्टता में उन्हें अस्पष्ट प्रतीत होने के कारण, उस काव्य-धारा का नाम छायावादी काव्य और उस धारा के कवियों को छायावादी कहना आरम्भ कर दिया, जिसके कारण उनके विस्तार सम्बन्धी आत्मतोष की परितृप्ति होती रहती थी। इस प्राकर छायावाद का जन्म उन विधा-चंचुओं की उपेक्षा, अल्पता-बोधक भाव तथा अभिमान को ठेस लगने की प्रतिक्रिया के पलने ही में प्रारम्भ में हुआ।" (छायावाद : पुनर्मूल्यांकन, पंत ग्रन्थावली, खंड 6,1979, पृ. 53-54)

"किसी ने उसे रहस्यवाद का छोटा भाई, किसी ने अंग्रेजी से उधार लिया हुआ 'फैनटेजमटा' का पानी मिला हुआ अनुवाद, और यहाँ तक कि उसके लिए मनगढ़न्त औचित्य तथा प्रमाण खोजने की दौड़-धूप में उसे बंगला साहित्य में प्रचलित छायावाद का ही, बंगाल से आए हुए यात्री के समान, हिन्दी-संकाय के लिबास में उत्तर प्रदेश का हिन्दी नागरिक मान लिया।" (वही, पृ. 54)

"छायावाद की समय-समय पर अनेक व्याख्याएँ हुईं, पर कोई भी व्याख्या उस युग के कृतित्व के प्रति अथवा उस नये काव्य संचरण के मूल्यांकन के प्रति पूर्ण न्याय नहीं कर सकी...छायावाद के सर्प-रज्जु भ्रम में समीक्षक स्वयं भी भटकते रहे और दूसरों को भी भटकाते रहें।" (वही, पृ. 56)

"छायावाद को कवि चतुष्ट्य तक ही सीमित रखना अनुचित है, उसके षडमुख व्यक्तित्व के दो प्रमुख स्तम्भ श्री भगवतीचरण वर्मा तथा डॉ. रामकुमार वर्मा भी रहे हैं, जिनकी देन छायावाद को बहुमूल्य रही है। इन छह प्रथित कवियों को कुछ आलोचक बृहत्रयी तथा लघुत्रयी अथवा वर्मा त्रयी के नाम से भी सम्बोधित करते हैं।" (वही, पृ. 61)

"गांधी युग में जन्म लेने पर एवं द्विवेदी-युग का उत्तराधिकारी होने पर भी छायावाद की प्रेरणा के स्रोत इस बहिर्मुखी राष्ट्रीय जागरण की शक्तियों से बहुत भीतर मानव के अन्तरतम रस-मूलों में, उनसे बहुत ऊपर उपनिषदों की सहज स्फुरित प्रज्ञा-ज्योति के शिखरों पर, और उनसे बहुत व्यापक विश्व-चेतना तथा विश्व-जीवन के धरातल पर जन्म ले रहे नवीन आशा-उल्लास-सौन्दर्य तथा भावी प्रगति-विकास के स्वप्न-सत्य-संवेदनों से उतरे हैं।" (वही, पृ. 64)

"छायावाद केवल अभिव्यंजना परक ही नहीं, नवीन मूल्य-परक काव्य है।...

यदि वह अपने भीतर एक नये आलोक-जगत को छिपाये न होता...तो उसके रूप विधान एवं शैली में इतना अधिक कला-वैभव तथा अभिव्यक्ति के सौन्दर्य का होना सम्भव नहीं होता। उसका कला बोध महार्घ इसलिए है कि उसका भावबोध तथा मूल्य-चैतन्य नये युग के लिए अत्यन्त बहुमूल्य अथवा अमूल्य है।" (वही)

"छायावाद को पाश्चात्य काव्य तथा बंगला का अवांछनीय अनुकरण मानना ऐतिहासिक दृष्टि के प्रति आँख मूँद लेने के समान है।...हिन्दी का हिन्दी के भीतर से विकास हो, वह बाहरी प्रभाव आत्मसात न करे, यह स्वस्थ दृष्टि नहीं है।... छायावाद न शुद्ध स्वच्छंदतावाद है—जिसे शुक्ल जी ने रोमैंटिसिज्म के लिए व्यवहृत किया है—और न हूबहू बँगला का अर्थात् रवीन्द्रनाथ का ही अनुकरण है।" (वही, पृ. 67)

"कुछ लोग छायावाद को केवल पूँजीवादी राष्ट्रवादी मध्यवर्गीय सांस्कृतिक साहित्यिक आन्दोलन कहते हैं वे केवल अपने समाजवादी दर्शन की अपच तथा छायावाद के विकासकामी मानव-मूल्य के प्रति अपना अज्ञान ही प्रदर्शित करते हैं। ××× उस युग के आलोचकों के मध्ययुगीन तथा अर्वाचीन पूर्वग्रहों के कारण छायावाद की प्राय: सभी व्याख्याएँ तथा परिभाषाएँ अपर्याप्त, एकांगी तथा असंगतिपूर्ण हुई हैं, जिनमें भावात्मक-तत्त्वों तथा मार्मिक सहानुभूति का एकान्त अभाव मिलता है।" (वही, पृ. 69)

"उस युग के अन्तरिक्ष में जिस महत काव्य संचरण तथा संवेदन ने हिन्दी के भीतर जन्म लिया उसका नाम छायावाद देना उतना ही उत्तरदायित्व हीन तथा उपेक्षापूर्ण निर्णय था जितना उस युग के काव्य को सन् '18 से '38 तक के प्राय: बीस वर्षों के बित्ते में बाँधकर उसका अन्त घोषित कर देना था।" (वही, पृ. 73)

"छायावाद वस्तुत: नवीन युग के काव्य का एक व्यापक संचरण था...वह केवल नये मूल्य का बौद्धिक बोध ही नहीं, भावनात्मक, रागात्मक तथा चेतनात्मक अनुभूति भी रहा।...छायावादी काव्य व्यक्तिनिष्ठ न होकर मूल्यनिष्ठ रहा है।" (वही, पृ. 112)

"छायावाद नाम हमारी पीढ़ी की कविता पर सम्भवत: पीछे आरोपित किया गया।...'पल्लव' की भूमिका में भी, जो सन् '26 के पार्श्व में लिखी गई थी, छायावाद शब्द नहीं आया है। 'वीणा' की भूमिका में सन् 1917 में इस शब्द का प्रयोग अवश्य मिलता है।" (साठ वर्ष : एक रेखांकन, पंत ग्रन्थावली, खंड छह, 1979, पृ. 153)

महादेवी वर्मा

"छायावाद का जन्म से प्रथम कविता के बन्धन सीमा तक पहुँच चुके थे और सृष्टि के बाह्याकार पर इतना अधिक लिखा जा चुका था कि मनुष्य का हृदय अपनी अभिव्यक्ति के लिए रो उठा। स्वच्छंद छंद में चित्रित उन मानव-अनुभूतियों का नाम छाया उपयुक्त ही था और मुझे तो आज भी उपयुक्त ही लगता है।" (छायावाद : महादेवी साहित्य समग्र 3, सम्पादक : निर्मला जैन, वाणी प्रकाशन, 2000, पृ. 468)

"छायावाद का कवि धर्म अध्यात्म से अधिक दर्शन के ब्रह्म का ऋणी है, जो मूर्त और अमूर्त विश्व को मिलाकर पूर्णता पाता है। बुद्धि के सूक्ष्म धरातल पर कवि ने जीवन की अखंडता का भावन किया, हृदय की भाव-भूमि पर उसने प्रकृति में बिखरी सौन्दर्य-सत्ता की रहस्यमयी अनुभूति प्राप्त की और दोनों के साथ स्वानुभूत सुख-दुखों को मिलाकर एक ऐसी काव्य-सृष्टि उपस्थित कर दी, जो प्रकृतिवाद हृदयवाद, अध्यात्मवाद, रहस्यवाद, छायावाद आदि अनेक नामों का भार सँभाल सकी।" (वही)

"छायावाद ने मनुष्य के हृदय और प्रकृति के उस सम्बन्ध में प्राण डाल दिये, जो प्राचीन काल से बिम्ब-प्रतिबिम्ब के रूप में चला आ रहा था और जिसके कारण मनुष्य को अपने दुख में प्रकृति उदास और सुख में पुलकित जान पड़ती थी। छायावाद की प्रकृति घट, कूप आदि में भरे जल की एकरूपता के समान अनेक रूपों में प्रकट एक महाप्राण बन गई, अतः मनुष्य के अश्रु, मेघ के जलकण और पृथ्वी के ओस-बिन्दुओं का एक ही कारण, एक ही मूल्य है। प्रकृति के लघुतृण और महान वृक्ष, कोमल कलियाँ और कठोर शिलाएँ, अस्थिर जल और स्थिर पर्वत, निविड़ अन्धकार और उज्ज्वल विद्युत-रेखा, मानव की लघुता-विशालता, कोमलता-कठोरता, चंचलता-निश्चलता और मोह ज्ञान को केवल प्रतिबिम्ब न होकर एक ही विराट् से उत्पन्न सहोदर हैं।" (वही, पृ. 468-69)

"छायावाद ने नये छंदबंधों में, सूक्ष्म सौन्दर्यानुभूति को जो रूप देना चाहा वह खड़ीबोली की सात्त्विक कठोरता नहीं सह सकता था। अतः कवि ने कुशल स्वर्णकार के समान प्रत्येक शब्द को ध्वनि, वर्ण और अर्थ की दृष्टि से नाप-तौल और काट-छाँट कर तथा कुछ नए गढ़कर अपनी सूक्ष्म भावनाओं को कोमलतम कलेवर दिया।" (वही, पृ. 471)

"छायावाद स्थूल की प्रतिक्रिया में उत्पन्न हुआ, अतः स्थूल को उसी रूप में स्वीकार करना उसके लिए सम्भव न हुआ, परन्तु उसकी सौन्दर्य-दृष्टि स्थूल के आधार पर नहीं है, यह कहना स्थूल की परिभाषा को संकीर्ण कर देना है। उसने जीवन के इतिवृत्तात्मक यथार्थ चित्र नहीं दिए, क्योंकि यह स्थूल से उत्पन्न सौन्दर्य-

सत्ता की प्रतिक्रिया थी, अप्रत्यक्ष सूक्ष्म के प्रति उपेक्षित यथार्थ की नहीं, जो आज की वस्तु है। परन्तु उसने अपनी क्षितिज से क्षितिज तक विस्तृत सूक्ष्म की सुन्दर और सजीव चित्रशाला में हमारी दृष्टि को दौड़ा-दौड़ा कर ही, उसे विकृत जीवन की यथार्थता तक उतरने का पथ दिखलाया। इसी से छायावाद के सौन्दर्य-द्रष्टा की दृष्टि कुत्सित यथार्थ तक भी पहुँच सकी।" (वही, पृ. 472)

"छायावाद ने कोई रूढ़िगत अध्यात्म या वर्गगत सिद्धान्तों का संचय न देकर हमें केवल समष्टिगत चेतना और सूक्ष्मगत सौन्दर्य-सत्ता की ओर जागरूक कर दिया था, इसी से उसे यथार्थ रूप में ग्रहण करना हमारे लिए कठिन हो गया।" (वही, पृ. 473)

"छायावाद आज के यथार्थ से दूर जान पड़ने पर भी भारतीय काव्य की मूल प्रेरणाओं के निकट है। उसके प्रतिनिधि कवि, भारतीय संस्कृति, दर्शन तथा प्राचीन साहित्य से विशेष परिचित रहे। पश्चिमीय और बंगला काव्य-साहित्य से उनका परिचय हुआ अवश्य, परन्तु उसका अनुकरण मात्र काव्य को इतनी समृद्धि नहीं दे सकता था। विशेषतः बंगला से उन्हें जो मिला, वह तत्त्वतः भारतीय ही था, क्योंकि कवीन्द्र स्वयं भारतीय संस्कृति के सबसे समर्थ प्रहरी हैं।" (वही, पृ. 477)

"छायावाद तत्त्वतः प्रकृति के बीच में जीवन का उद्‌गीत है, अतः कल्पनाएँ बहुरंगी और विविध रूपी हैं।" (वह, पृ. 486)

"छायावाद को दुखवाद का पर्याय समझ लेना भी सहज हो गया है। जहाँ तक दुख का सम्बन्ध है, उसके दो रूप हो सकते हैं—एक जीवन की विषमता की अनुभूति से उत्पन्न करुण भाव, दूसरा जीवन के सूक्ष्म धरातल पर व्यक्तिगत असफलताओं से उत्पन्न विषाद।" (वही, पृ. 487)

नन्ददुलारे वाजपेयी

"छायावाद को कोरी नकल बतलाना, रवीन्द्रनाथ तथा शेली आदि से ही उसे अनुप्राणित समझना मेरी दृष्टि में विशेष महत्त्व नहीं रखता। मैं छायावाद को पहले हिन्दी के विकास की एक अवस्था-विशेष पीछे और कुछ समझता हूँ।" ('आधुनिक हिन्दी कविता में छायावाद', माधुरी, वर्ष 8, खंड 1, 1929, नन्ददुलारे वाजपेयी रचनावली, खंड-2, 2008)

"छायावाद नया शब्द है, स्वच्छंदतावाद और रहस्यवाद पुराने शब्द हैं। वर्तमान समय में छायावादी काव्य की ऐसी अनेक प्रवृत्तियाँ मिलती हैं, जिनका विवेचन अन्य देशों में स्वच्छंदतावाद और रहस्यवाद के अन्तर्गत किया गया है। ××× हिन्दी के छायावादी काव्य को फैंटेसमाटा की परिधि में रख देना न्यायसंगत नहीं है और

महादेवी के रहस्यवादी काव्य को साम्प्रदायिकता की भूमि पर देखना भी उचित नहीं है। ××× आधुनिक छायावादी और रहस्यवादी काव्य रचनाएँ स्वच्छंदतावाद की ही विभिन्न शैलियाँ हैं।" ('स्वच्छंदतावाद-छायावाद-रहस्यवाद', नन्ददुलारे वाजपेयी रचनावाली, खंड 3, 2008, पृ. 23)

"छायावाद का मुख्य सम्बन्ध मानवीय जीवन की अनुभूति से है। इसे केवल प्राकृतिक सौन्दर्य का काव्य मानना ठीक नहीं। प्रकृति के व्यापक अर्थ में (सृष्टि मात्र के अर्थ में यह उससे सम्बन्धित काव्य अवश्य है। वास्तव में छायावाद व्यष्टि सौन्दर्यबोध की भावना है और रहस्यवाद समष्टि सौन्दर्य-बोध की भावना है।... आध्यात्मिक सौन्दर्य-बोध छायावादी कविता का केन्द्रीय उपकरण है।" (वही, पृ. 266)

"छायावाद सांसारिक वस्तुसत्ता के भीतर एक दिव्य सौन्दर्य का प्रत्यय है। उसमें अद्वैत तत्त्व का भास मिल जाता है। काव्य की दृष्टि से छायावाद प्रकृति, मानव-जीवन प्रेम और सौन्दर्य को अधिक गहन रूप में प्रकट करता है। ××× छायावादी काव्य-दृष्टि अधिक मानवीय है।" (वही, पृ. 26-27)

"वह मुख्यत: सामाजिक और साहित्यिक परम्पराओं के विरुद्ध विद्रोह का युग था। इस युग के कवियों ने बदलते हुए सामाजिक जीवन और अन्तिम साँसें गिनती हुई साहित्य की रीतिकालीन रूढ़ियों को अच्छी तरह देखा और पहचाना। व्यक्ति के नवीन स्वातंत्र्य और मानव के नवीन महत्त्व की अनुभूतियाँ इस युग के काव्य साहित्य को नवीन उल्लास और नया आत्मबल प्रदान करती है। गांधी जी द्वारा जगाई गई नई राष्ट्रीय चेतना का वेग भी इन अनुभूतियों के मूल में है।" (वही, पृ. 33)

"बहुधा छायावादी काव्य युग की तुलना यूरोप के उन्नीसवीं शताब्दी के स्वच्छंदतावादी काव्य-आन्दोलन से की जाती है और अक्सर प्रसाद, निराला और पंत की समता में वर्ड्सवर्थ, शेली, कीट्स आदि का नाम लिया जाता है। जहाँ तक व्यक्तिगत परिस्थितियों और वस्तु जगत की गतिविधियों का सम्बन्ध है, दोनों में पर्याप्त समानता दिखाई देती है। ××× कवियों के व्यक्तित्व और उनकी काव्य साधना में भी स्पष्ट अन्तर है; फिर भी एक हद तक इन दोनों की सामाजिक परिस्थितियों और युगादर्शों में समानता भी रही है।" (वही, पृ. 34-35)

"छायावादी काव्य शैली स्वच्छंदतावादी काव्य की एक शाखा है। आचार्य शुक्ल इसे अभिव्यंजना की एक शैली मात्र मानते हैं। नव युग की चेतना संवाहक के रूप में नए काव्य का मूल्य इन्होंने स्वीकार नहीं किया। उनमें उन्हें शैली की लाक्षणिकता, उक्ति की वैचित्र्यपूर्ण भंगिमा ही दिखाई दी। अभिव्यंजना की इस नई शैली को उन्होंने 'छायावाद' नाम दिया। किन्तु उन्होंने छायावादी काव्य के केवल रूप पक्ष को ही द्योतित किया, उसके समस्त स्वरूप की व्याख्या नहीं की। अव्याप्ति के कारण यह व्याख्या स्वीकृत नहीं हुई।" (वही, पृ. 25)

"प्रसाद के अनुसार छायावादी काव्य उस मोती के सदृश है जो एक आध्यात्मक वातावरण की सृष्टि करता है। छायावादी काव्य को उन्होंने मोती के सदृश उज्ज्वल (वस्तु पक्ष) तथा कला पक्ष को मोती की आभा के समान चमकदार माना है। उपमा पद्धति पर होने के कारण यह परिभाषा भी निर्दोष नहीं है। यह तार्किक पद्धति न होकर काव्यात्मक पद्धति है।" (वही, पृ. 26)

"डॉ. नगेन्द्र ने छायावाद को स्थूल के प्रति सूक्ष्म का विद्रोह कहा है। यह परिभाषा छायावाद-रहस्यवाद-स्वच्छंदतावाद सभी पर लागू होगी, क्योंकि यह नवीन वस्तु के अन्त:पक्ष से सम्बन्ध रखती है। वह अन्तर्मुखी काव्य-यात्रा की व्याख्या करती है।" (वही)

डॉ. नगेन्द्र

"जिन परिस्थितियों ने हमारी कर्म-वृत्ति को अहिंसा की ओर प्रेरित किया, उन्होंने भाव-वृत्ति को छायावाद की ओर। उसके मूल में स्थूल से विमुख होकर सूक्ष्म के प्रति आग्रह था।" (छायावाद की परिभाषा, 'विचार और अनुभूति', चतुर्थ संस्करण, 1965, पृ. 51)

"छायावाद में आरम्भ से ही जीवन की सामान्य और निकट वास्तविकता के प्रति एक उपेक्षा, एक विमुखता का भाव मिलता है। नवीन चेतना से उद्दीप्त कवि के स्वप्न अपनी अभिव्यक्ति के लिए चंचल हो रहे थे, परन्तु वास्तविक जीवन में उसके लिए कोई सम्भावना नहीं थी। अतएव स्वभावत: ही उसकी वृत्ति निकट यथार्थ और स्थूल से विमुख होकर सुदूर, रहस्यमय और सूक्ष्म के प्रति आकृष्ट हो रही थी।...वास्तव पर अन्तर्मुखी दृष्टि डालते हुए उसको वायवीय अथवा अतीन्द्रिय रूप देने की यह प्रवृत्ति ही छायावाद की मूल वृत्ति है।" (वही, पृ. 51-52)

"द्विवेदी युग की कविता इतिवृत्तात्मक और वस्तुगत थी। उसकी प्रतिक्रिया में छायावाद की कविता भावात्मक एवं आत्मगत हुई।...उस कविता का विषय बहिरंग सामाजिक जीवन था; द्विवेदीयुग का कवि बहिर्मुख होकर कविता लिखता था। छायावाद की कविता का विषय अन्तरंग व्यक्तिगत जीवन हुआ; छायावाद का कवि आत्मलीन होकर कविता लिखने लगा। उसका यही व्यक्ति भाव प्रसाद में आनन्द भाव, निराला में अद्वैतवाद, पंत में आत्म-रति और महादेवी में परोक्ष रति के रूप में प्रकट हुआ।" (वही, पृ. 52)

"महादेवी वर्मा ने कहा है, छायावाद का मूल दर्शन सर्वात्मवाद है—प्रकृति के अन्तर में प्राण-चेतना की भावना करना सर्वात्मवाद की ही प्रकृति है।...छायावाद में समस्त जड़-चेतन को मानव-चेतना से स्पंदित मानकर अंकित किया गया है, और

इस भावना को यदि कोई दार्शनिक रूप दिया जाएगा तो वह निश्चय ही सर्वात्मवाद होगा।...छायावाद का कवि आरम्भ से ही सर्वात्मवाद की अनुभूति से प्रेरित नहीं हुआ है। उसकी प्रेरणा उसकी कुंठित वासनाओं में से ही आई है, सर्वात्मवाद की रहस्यानुभूति से नहीं, यह निर्विवाद है।" (वह, पृ. 54)

"छायावाद के विषय में तीन प्रकार की भ्रान्तियाँ हैं—पहला भ्रम उन लोगों ने फैलाया है जो छायावाद और रहस्यवाद में अन्तर नहीं कर पाते।...दूसरी भ्रान्ति उन आलोचकों की फैलाई हुई है जो मूल-वर्तिनी विशिष्ट परिस्थितियों का आकलन न कर सकने के कारण—और उन अपराधियों में मैं भी हूँ—केवल बाह्य साम्य के आधार पर छायावाद को यूरोप के रोमांटिक काव्य-सम्प्रदाय से अभिन्न मानकर चले हैं।...तीसरे भ्रम को जन्म दिया है आचार्य शुक्ल ने, जो छायावाद को शैली का एक तत्त्व-मात्र मानते थे। उनका मत है कि विदेश के अभिव्यंजनावाद, प्रतीकवाद आदि की भाँति छायावाद शैली का एक प्रकार मात्र है।" (वही, पृ. 55-56)

"छायावाद एक विशेष प्रकार की भाव पद्धति है। जीवन के प्रति एक विशेष भावात्मक दृष्टिकोण है। जिस प्रकार भक्ति-काव्य जीवन के प्रति एक प्रकार का भावात्मक दृष्टिकोण था और रीतिकाव्य एक दूसरे प्रकार का, उसी प्रकार छायावाद भी एक प्रकार का भावात्मक दृष्टिकोण है।...उसकी समृद्धि की समता केवल भक्ति-काव्य ही कर सकता है।" (वही, पृ. 57-58)

हजारीप्रसाद द्विवेदी

"यह शब्द (छायावाद) बिलकुल नया है। यह भ्रम ही है कि इस प्रकार के काव्यों को बांग्ला में छायावाद कहा जाता था और वहीं से यह शब्द हिन्दी में आया है। 'छायावाद' शब्द केवल चल पड़ने के जोर से ही स्वीकरणीय हो सका है, नहीं तो इस श्रेणी की कविता की प्रकृति को प्रकट करने में यह शब्द एकदम असमर्थ है। बहुत दिनों तक इस काव्य का उपहास किया गया है और बाद में भी इसे या तो चित्रभाषा-शैली या प्रतीक-पद्धति के रूप में माना गया या फिर रहस्यवाद के अर्थ में। उपहास और व्यंग्यों का काफी विस्तृत साहित्य सूचित करता है कि औसत श्रेणी के सहृदय को इस कविता की महत्ता स्वीकार करने में समय लगा है, वह पहले से एकदम नवीन और अवांछनीय वस्तु समझता रहा। शैली रूप में इसे स्वीकार करने वालों के मन में भी इस श्रेणी की कविता के विषय में विशेष गौरव का भाव नहीं है।" (हिन्दी साहित्य : उसका उद्‌भव और विकास, हजारीप्रसाद द्विवेदी ग्रंथावली, खंड 3, 1981, पृ. 511-12)

"छायावाद एक विशाल सांस्कृतिक चेतना का परिणाम था, यद्यपि उसमें नवीन शिक्षा के परिणाम होने के चिह्न स्पष्ट हैं तथापि वह केवल पाश्चात्य प्रभाव नहीं था, कवियों की भीतरी व्याकुलता ने ही नवीन भाषा-शैली में अपने को अभिव्यक्त किया और सभी उल्लेख-योग्य कवियों में थोड़ी-बहुत आध्यात्मिक अभिव्यक्ति की व्याकुलता भी थी। जिन कवियों ने शास्त्रीय और सामाजिक रूढ़ियों के प्रति विद्रोह का भाव दिखाया, उनके उस भावना का कारण तीव्र सांस्कृतिक चेतना ही थीं।" (वही, पृ. 512)

"मानवीय दृष्टि के कवि की कल्पना, अनुभूति और चिन्तन के भीतर से निकली हुई, वैयक्तिक अनुभूतियों के आवेग की स्वत: समुच्छित अभिव्यक्ति—बिना किसी आयास के और बिना किसी प्रयत्न के, स्वयं निकल पड़ा हुआ भावस्रोत ही छायावादी कविता का प्राण है।" (वही, पृष्ठ 512-13)

"शुरू-शुरू में इस प्रकार की कविता के उपासक ऐसे कवि अवश्य थे, जो मोर का पंख खोंसकर मोर बने हुए थे। उनमें न तो वास्तविक कवित्व-शक्ति थी, न उनके पास कहने योग्य कोई बात ही थी। ऐसे कवियों ने उस श्रेणी की कविता के यश को म्लान किया, जिसे आगे चलकर छायावादी कविता कहा जाने लगा। चित्रगत उन्मुक्तता इस कविता का प्रधान उद्‌गम थी और बदलते हुए मानों के प्रति दृढ़ आस्था इसका प्रधान सम्बल। इस श्रेणी के कवि ग्राहिका-शक्ति से बहुत अधिक सम्पन्न थे और सांमाजिक विषमता और असामंजस्यों के प्रति अत्यधिक सजग थे। शैली की दृष्टि से भी ये पहले के कवियों से एकदम भिन्न थे। इनकी रचना प्रधानत: विषयी-प्रधान (Subjective) थी।" (वही, पृ. 507)

गजानन माधव मुक्तिबोध

"स्वर्गीय पंडित रामचन्द्र शुक्ल ने अपने हिन्दी साहित्य के इतिहास में छायावाद के प्रति जो क्षोभ प्रकट किया, वह एकदम नि:सार और अनर्गल है, यह नहीं कहा जा सकता। उन्होंने बार-बार यह शिकायत की है कि छायावाद में अर्थ-भूमि का संकोच हो गया है, मानव-मन के बहुत ही अल्प और अ-महत्त्वपूर्ण विषयों की ओर ध्यान दिलाया गया है।" (छायावाद और नई कविता, मुक्तिबोध रचनावली, खंड 5, 1980, पृ. 319)

"सौन्दर्य, दुख, कष्ट, लक्ष्य, आदर्श, क्रोध, क्षोभ का चित्रण जो छायावाद में हुआ, वह वास्तविक मनोदशाओं का नहीं, वरन कल्पित दुख, कष्ट, क्रोध आदि का है। छायावादी मनोदशा वास्तविक जीवन का प्रतिनिधित्व नहीं, करती—वह जीवन

जो जिया जाता है—उसकी करुणा वास्तविक करुणा नहीं। छायावादी मनोभावों में रंगीनी इसीलिए है कि उसमें जिन्दगी जैसी कि वह जी जाती है, की असलियत लापता है।" (वही, पृ. 317-18)

"छायावाद के आलोचक-समीक्षकों की दृष्टि अनुभूतियों की जीवनगत वास्तविकताओं का विश्लेषण-सामान्यीकरण नहीं करती, वरन उस अनुभूति-मात्र को ही सर्वाधिक प्रधानता देती है। ××× हमारी आपत्ति यह है कि छायावादी काव्य की मान्यताओं के आधार पर कोई साहित्य-सिद्धान्त तैयार नहीं हो सकता।" (समाज और साहित्य, वही, पृ. 32)

"छायावाद को स्थूल के प्रति सूक्ष्म का विद्रोह कहना बेमानी-सा लगता है। यदि म 'स्थूल' का अर्थ द्विवेदी युगीन इतिवृत्तात्मकता ग्रहण करते हैं, अथवा हमारे दैनिक जीवन के लोक-व्यवहारात्मक पक्ष को लेते हैं, और 'सूक्ष्म' का अर्थ हृदय की निविड़ रोमैंटिक इच्छाओं अथवा भावुक आकांक्षाओं और सुकुमारताओं को लेते हैं, तो हमारे सामने तुरन्त ही यह प्रश्न उपस्थित होता है कि आखिर क्यों व्यवहारात्मक अथवा (उसकी नैतिक-साहित्यिक अभिव्यक्ति के) इतिवृत्तात्मक पक्ष के विरोध में यह तथाकथित 'सूक्ष्म' उठ खड़ा हुआ। ××× आपको यह बतलाना होगा कि छायावादी 'सूक्ष्म' किस प्रकार मध्ययुगीन 'सूक्ष्म' से भिन्न है। ××× वस्तुत: जिसे हम 'सूक्ष्म' कहते हैं, वह यदि वस्तुत: सूक्ष्म है, तो सामाजिक-ऐतिहासिक विचारधारा का अंगभूत होकर ही वह सूक्ष्म है, अन्यथा वह कुछ है ही नहीं।" (वही, पृ. 53-54)

विजयदेव नारायण साही

"यह सब जानते हैं कि 'छायावाद' के कवि 'परिवर्तनवादी' हैं, लेकिन मेटाफिजिक्स, मनुष्य देशकालातीत अनन्त सत्त्व के प्रभामंडल का दामन नहीं छोड़ते। मेटाफिजिक्स छायावाद के लिए चिन्तन का अनुभव की विधा उतनी नहीं है, जितनी कि एक काव्यात्मक मुद्रा। इससे छायावादी काव्य में एक तरफ तो 'आदर्श', 'महत' की झलकियाँ मिलती रहती हैं, दूसरी ओर गम्भीरता की दृष्टि भी होती है। ××× छायावाद-युग की प्रचलित धारणा है कि मेटाफिजिकल होना ही 'भारतीय परम्परा और संस्कृति' से जुड़ जाना है।" (लघुमानव के बहाने हिन्दी कविता पर एक बहस, नई कविता, खंड 1, 2000, पृ. 187)

"लघु-महत, यथार्थ-आदर्श की इस 'उन्मुखता' के सन्दर्भ में हम एक और प्रश्न पूछ सकते हैं। यह एक दृष्टि से महत्त्वपूर्ण भी है...हिन्दी के 'छायावाद युग'

ने—जिसे हम अखिल भारतीय दृष्टि सत्याग्रह युग कह सकते हैं—और भाषाओं के साहित्य से कुछ भिन्न ढंग से दिया। ××× हिन्दी के एक विशिष्ट 'व्यक्तित्व' का निर्माण उस युग में हुआ।" (वही, पृ. 192)

"छायावाद की चर्चा में अक्सर योरप के रोमैंटिसिज्म का नाम चिपका दिया जाता है। ××× योरप की अठारहवीं सदी के अन्त और उन्नीसवीं सदी के पूर्वार्ध में—फ्रेंच क्रान्ति की गोद में—जिस मानसिक उद्वेलन को आजादी मिली, उसके स्वप्नों का केन्द्र प्रधानत: प्रभुत्व-सम्पन्न, शाक्त या सत्ताभिलाषी है। ××× योरपीय रोमांटिक कवियों ने मानवीय शक्ति के विस्फोट में नैतिकता के विलयन के स्थूलतम से लेकर सूक्ष्मतम क्षणों को पकड़ने की कोशिश की है। हिन्दी के छायावादी काव्य में सत्याग्रह युग की भारतीय अनुभूति की पूरी कथा हो, ऐसा तो नहीं है। ××× जो कुछ भी कहा जा सका है, वह प्रधानत: नैतिकता में शक्ति के त्रिलयन की ही कथा है। निराला, पंत, महादेवी मुख्यत: नैतिकता में ही शक्ति का होम करते हैं। ××× सबसे अधिक शाक्त जयशंकर प्रसाद भी योरपीय अर्थ में रोमांटिक नहीं हैं।" (वही, पृ. 194)

"रोमैंटिसिज्म और छायावाद का साम्य उस एनर्जी में है जो मॉरल विजन और इमेजिनेटिव विजन के साथ-साथ भभक उठने से पैदा होती है, लेकिन दोनों तत्त्वों का अनुपात इन दोनों मनोभूमियों में बहुत भिन्न है, बल्कि हम कह सकते हैं कि परस्पर विलोम भी है। इसलिए दोनों का प्रकाश भिन्न है। इस भिन्नता को ध्यान में रखकर ही हम रोमैंटिसिज्म की शब्दावली का व्यवहार छायावाद के सन्दर्भ में कर सकते हैं।" (वही, पृ. 194-95)

"जिस तरह छायावाद युग की चरम आस्था यह है कि अन्तर्जगत का सत्य और बहिर्जगत का सत्य एक ही है, और दोनों में कभी व्यवधान नहीं पैदा हो सकता, उसी तरह उसकी मान्यता की दूसरी आधारशिला यह है कि नैतिक विजन और कल्पनाशील विजन दोनों वस्तुत: एक हैं और इन दोनों में कभी भी दरार नहीं पड़ सकती।...छायावाद की हर रचना एक साथ नैतिक भी है, कल्पनात्मक्र भी है और राजनैतिक भी है। इससे काव्य में अर्थ और लय की गूँज-अनुगूँज की सम्भावना बहुत बढ़ जाती है।" (वही, पृ. 195)

"कहा गया है कि छायावाद ने यथार्थ का तिरस्कार करके हवाई या स्वप्नदर्शी उड़ान में निकल भागना चाहा। इसको 'पलायनवादी' दृष्टि भी कहा गया है। इस ढंग से कभी-कभी कवियों की तुलना में प्रेमचन्द को यथार्थवादी या यथार्थ के निकट कहा गया है। ××× वस्तुत: प्रेमचन्द, प्रसाद और दूसरे छायावादी कवि समान मनोभूमि पर स्थिति हैं। ××× वे यथार्थ का तिरस्कार नहीं करते। यथार्थ के प्रति उनकी एक दृष्टि है। वे यथार्थ को मूलत: अपरिभाषित, निर्माणातुर, अविरोधी, कच्ची और गीली मिट्टी की तरह देखते हैं, जिस पर आदर्श की कोई मुहर लगाई

जा सकती है, जिसको किसी भी शक्ल या रूप-रंगत में मोड़ा जा सकता है।" (वही, पृ. 196)

"छायावादी युग का लघु प्रतिक्षण महत् में विसर्जित या विलीन हो जाने को आतुर है। ××× छायावादी दृष्टि उसे आतुरता के क्षण में ही पकड़ती है। उससे पहले, या उसके तले, वह देखती ही नहीं। उसके लिए 'लघु' का कोई साकार, ठोस, प्रतिरोधी रूप प्रस्तुत ही नहीं होता। मानव या तो महामानव है, या है ही नहीं। ××× छायावादी दृष्टि की विशेषता एक युग से उपजी थी, उसके अन्दर हमको आकर्षित करने वाली मुद्रा उसे उस युग से ही मिली थी।" (वही, पृ. 197)